AF617804

Olga Benario

Una vida por la revolución

RUTH
WERNER

Olga Benario

Una vida por la revolución

Traducción:
MIKEL **ARIZALETA**

EDICIÓN ORIGINAL
Olga Benario : Die Geschichte eines tapferen Lebens. Neues Leben, Berlín, 1961

PRIMERA EDICIÓN DE TXALAPARTA
Tafalla, 1995
SEGUNDA EDICIÓN DE TXALAPARTA
Tafalla, 2024

© DE LA EDICIÓN: Txalaparta
© DEL TEXTO: Ruth Werner
© DE LA TRADUCCIÓN:
Mikel Arizaleta Barberia

EDITORIAL TXALAPARTA S.L.
San Isidro 35
31300 Tafalla NAFARROA
Tfno. 948 703 934
info@txalaparta.eus
www.txalaparta.eus

ISBN
978-84-10246-07-2
DEPÓSITO LEGAL
NA. 677-2024

DISEÑO DE COLECCIÓN Y CUBIERTA
Esteban Montorio

Portada basada en el cartel *Раскрепощенная mujer, construye el socialismo!* de Adolf Strakhov (Braslavsky), 1926

MAQUETACIÓN: Monti

IMPRESIÓN
Rodona Industria Gráfica S.L.
Polígono Agustinos, calle A
31013 Pamplona – Navarra

NOTA DE LA EDITORIAL

LA NOVELA BIOGRÁFICA QUE TIENES en tus manos es el relato de una juventud repleta de ilusión, marcada por la determinación de asaltar todos los palacios de invierno a un tiempo; porque después de octubre de 1917 todo era posible, o, al menos, valía la pena intentarlo. Se trata de la historia de la comunista alemana Olga Benario (1908-1942), una figura poco conocida en su país natal y en Europa en general, pero ampliamente reconocida en Brasil.

La vida de Olga Benario resulta fascinante: con solo 15 años se unió a la organización juvenil del Partido Comunista Alemán; a los 20 participó en una acción armada para liberar a su pareja de prisión; posteriormente recibió la misión de la Internacional Comunista de acompañar a Luiz Carlos Prestes a preparar un levantamiento en Brasil; tras el fracaso de ese intento fue deportada y encarcelada en Alemania, donde finalmente fue asesinada por el régimen nazi. «He luchado por lo justo, por lo bueno y por lo mejor del mundo. Quiero que me entiendan bien: prepararme para la muerte no significa que me rinda, sino saber hacerle frente cuando llegue. Hasta el último momento me mantendré firme y con ganas de vivir», escribió Benario en su última carta.

La autora de esta obra, Ursula Kuczynski, exagente secreta soviética que tras su jubilación escribió bajo el seudónimo de Ruth Werner, basó su relato en entrevistas con aproximadamente 60 personas que conocieron a Benario. Entre los entrevistados se encontraban Luiz Carlos Prestes, la pareja de Benario, y Anita Leocadia Prestes, su hija. Pero también quienes fueron sus camaradas, sus amigos y amigas, o quienes la conocieron en un campo de concentración nazi pero, a diferencia de ella, pudieron dar su testimonio. Numerosas personas que coincidieron con Olga en su breve pero intensa vida.

Werner tuvo acceso también a cartas originales escritas por ella en prisión, cuyos fragmentos se incluyen en este libro, que fue publicado originalmente en 1961 bajo el título *Olga Benario : Die Geschichte eines tapferen Lebens.* Txalaparta lo publicó en castellano por primera vez en 1995 y ha sido traducido a varios idiomas.

Dado que la narrativa de la obra es ficcional, la figura de Benario se muestra como la de una militante sin fisuras, sin apenas sombras ni incoherencias; a lo largo del relato se elogia su inteligencia, su valentía, su fuerza, su humildad... Sin embargo, a pesar de la falta de complejidad en los personajes, la historia que nos presenta este libro resulta conmovedora y merece ser leída y difundida.

Un siglo después, la vida de Olga Benario reafirma el valor del compromiso con las convicciones políticas y la lucha por un mundo más justo. Nos invita a reflexionar sobre la importancia de creer en nuestros principios y defenderlos incluso en tiempos de adversidad.

I

LAS CALLES EMPEDRADAS brillaban con las lluvias de abril. Los pocos ciudadanos muniqueses que transitaban metían la cabeza entre los hombros y corrían, pegados a las fachadas de los edificios, evitando mojarse.

De pronto arreció el viento y la lluvia se hizo más intensa, los paseantes se cobijaron en los portales de las tiendas cerradas para preservar de ese modo sus costosas prendas de domingo. Envueltos en el desconsuelo y aburrimiento de aquel atardecer temprano miraban, desde sus cobijos, aquellas desérticas calles.

Ocupando la calzada, se acercaba una muchacha; caminaba erguida, feliz, despreocupada, como si no lloviera; como si nadie más transitara por la calle; como si la calle le perteneciera. Un nuevo golpe de viento le escupió lluvia en el rostro y ella sonriendo y contenta irguió aún más su cabeza.

Un matrimonio de comerciantes bien educados, un poco rechonchos, que a pesar de tener dos paraguas se habían parado al amparo de un saliente, contemplaban a esta singular muchacha como todos aquellos que esperaban que amainara la lluvia.

¡Es mucho lo que puede percibir el ojo con una sola mirada o lo que puede elaborar el pensamiento en breves segundos aun cuando este sea tan romo como el de esta señora de negocios!: «A lo más 17 años, y como siga creciendo va a mostrarse desgarbada, flaca –qué manera de caminar, qué zancadas, bamboleando los brazos–, cómo se puede educar tan mal, qué descaro, por el medio de la calle y levantando el rostro como si hiciera sol; cómo es posible calzar zapatos planos y llevar abrigo tirolés, seguro que no se ha teñido el pelo aun cuando ese color negro de azabache parece mentira que sea natural». ¡Y los ojos! Aquello sí que no se lo esperaba, transgredía toda norma: pelo negro y ojos azules muy claros y brillantes.

Todo esto hizo que la mujer mirara a su marido, y, como era de esperar, el marido también se entretenía mirando a la muchacha: le agradaba sobremanera, su figura estirada, su caminar elástico, garboso, aquel rostro alargado y enjuto y, sobre todo, su alegría y alborozo.

La muchacha miró al matrimonio percatándose al mismo tiempo de aquellos transeúntes expectantes. Se olvidó por un momento de su juego con la lluvia y se detuvo divertida mirando a la pareja bajo su paraguas y al amparo del edificio. El hombre, confundido, miraba buscando amparo en torno a su corbata, que estaba escondida en el impermeable. De pronto bajó la mano y se extinguió su sonrisa; la mujer le seguía con los ojos y en su rostro se dibujó el enojo.

Olga se dio pronto cuenta de qué se trataba: su forma, su manera de vestir y caminar no les agradaba. Su mirada en un principio displicente y más tarde altiva había enfadado a la pareja. Al terminar de pasar por delante oyó la voz hostil de la señora que decía:

—Seguro que piensas algo malo.

Olga se hubiera acercado de buena gana a ellos para decirles: ¿algo malo? Sí, señores, voy a casa de un hombre que para vosotros es un criminal, que tiene sus papeles falsificados y al que busca la policía. Pero en silencio continuó su camino. ¡Así de dividido está el mundo! Vuestros periódicos lo califican como bandido y para mí es un héroe. Siento palpitar el corazón cuando pienso que se ha molestado por conocerme.

En caso de que Sepp, el amigo común, no esté aún en el local, ¿cómo voy a saber quién es? ¿Por el distintivo? Ella permaneció de pie, quieta. Un ilegal perseguido por la policía no portaba señal alguna. Su despiste le hubiera podido delatar. La muchacha retiró la estrella roja con la hoz y el martillo de la solapa.

Cuando Olga llegó al Parque Inglés caía un pequeño sirimiri; luego paró. Estaba sola en el encharcado y disfrutó del olor a tierra mojada, del césped verde y de las perlas que la lluvia había depositado en las flores primaverales. Las cuidadas sendas se estrechaban, algunos yerbajos traspasaban los límites de los caminos cuidadosamente recortados y espacios de flores silvestres relevaban a otros trabajados con esmero y paciencia.

En la cercanía del restaurante el parque recobró otra vez su aspecto ordenado y formal. Olga arrugó la nariz ante el boj podado, se acordó de los muebles de su casa ornamentados con arabescos. Le produjo dolor tener que pensar ahora en su casa. Y eso evocó el ambiente de la última discusión con su padre.

Cuando el local se hizo presente entre los árboles, Olga estaba segura de adivinar quién era el compañero Kurt[1] aun sin ayuda de Sepp. Un hombre así destaca en cualquier caso de la masa de cervatos que toman café un domingo por la tarde. Sin duda alguna, vestirá de otro modo, seguro que no llevará corbata, su indomable pelo

1. El personaje de Kurt se trata en realidad del líder comunista alemán Otto Braun.

le caerá sobre la frente y el fuego revolucionario brillará en sus ojos oscuros.

Sepp estaba tranquilo y confiado en el bastidor de la puerta y condujo a Olga a través de la sala, casi vacía, hasta la mesa colocada enfrente de la gran ventana. El saludo fue sencillo.

—Esta es Olga. Este es Kurt.

Olga se llevó un profundo chasco al ver un Kurt impecablemente vestido con su elegante corbata ceñida al cuello, sus relucientes zapatos y peinado a raya; buscó refugio con su mirada en el gran compañero Sepp que vestía pantalón corto de cuero y calcetines blancos de punto hechos a mano.

Kurt se levantó y empujando una silla hacia atrás le propuso sentarse; luego le hizo una señal al camarero, invitó a Olga y se informó de toda la oferta de tartas a su disposición. Olga lo observaba en silencio con ojos muy abiertos. Le venía bien que Kurt hablara tanto y que Sepp le contestara. Acostumbrada a analizar rápida y profundamente hechos o sentimientos poco claros y confusos, Olga comenzó a darle vueltas. ¿Por qué se sentía desengañada de un hombre cuyas acciones había admirado tanto hasta el día de hoy? ¿Simplemente porque sus aventuradas imaginaciones sobre su porte exterior no concordasen, rebajaban su valor? De otra parte, como ilegal, el compañero tenía que asemejarse al ciudadano normal; llamar la atención sin duda alguna constituía un error.

Kurt estaba sorprendido del aspecto de la muchacha. Sepp, que conocía a Kurt desde su participación en la Unión de la Juventud, le había hablado ya de Olga Benario. No había acabado la escuela superior porque quería trabajar en un oficio y empezar a ganar para independizarse. Tenía 16 años y era miembro de las Juventudes Comunistas. Kurt meneaba la cabeza: «¡No acabar la escuela! Otros luchan y se esfuerzan para alcanzar una buena formación. ¡Pequeña, esto significa una cierta veleidad!».

Sepp sonreía por otras razones. Kurt se había imaginado a una colegiala de cara redonda con largas trenzas rubias, porque para el muchacho de 23 años, maduro para su edad, quedaban muy atrás los 16. Ahora se sentaba frente a él esa muchacha de interesante presencia y con unos ojos que lo miraban fijamente a su misma altura.

Durante ese rato Olga llegó a la conclusión de que con Kurt había sido víctima de su propio engaño. Olga inclinó hacia él la cabeza, en ademán de saludo, como si hasta entonces no lo hubiera hecho, y pronunció sus primeras palabras:

—Sí, ahora cuéntanos.

Kurt se sorprendió:

—¿Cuéntanos qué?

Ella respondió como si contestara a una pregunta superflua:

—Comienza desde el principio, ¿cómo te ha ido?

Él seguía sin entender y, mientras ella arqueaba las cejas, Sepp terció:

—Ella siempre quiere conocer todo con detalle, si fuera posible le gustaría que le contaras tu vida desde el inicio.

—No –respondió Olga–, cuéntame lo de las Juventudes Libres Socialistas y lo que sepas sobre la República.

Ella no pide, ella exige, pensó Kurt, y en lugar de responderle preguntó:

—¿Desde cuándo eres comunista?

—Desde siempre –contestó Olga.

—¿Y cómo ha sido eso?

—Pregunta más bien a los demás por qué no son ya comunistas, eso es lo incomprensible.

A Kurt no le pareció la respuesta suficiente, pero captó una cierta impaciencia y comenzó a contar cómo, poco después de la fundación de las Juventudes Libres Socialistas, llegó a ser un entusiasta militante, más tarde entró en el partido y con 18 años, en tiempos de la República de Baviera, combatió con las armas en la mano.

En aquella época Olga tenía 11 años y ahora escuchaba de un actor lo que aconteció en su ciudad en la primavera de 1919.

Kurt habló de los días y las noches de aquel abril en el que se trataba de proteger al reciente y revolucionario Gobierno de la traición de los socialdemócratas de derechas y, al mismo tiempo, defenderse de las tropas reaccionarias que volvían a Múnich.

El mandato del partido a Kurt y su grupo era el de retardar y molestar a un contingente de tropas de transporte que debía llegar a la estación Este de Múnich. Los jóvenes comunistas se situaron y lograron entorpecer el trayecto por medio de señales cambiadas. Una serie de unidades enemigas tuvieron que permanecer paradas ante las puertas de la ciudad. El combate fue incansable y duro, pero ya era tarde para que el proletariado revolucionario pudiera hacerse con el poder. Las tropas reaccionarias entraron en Múnich y, a inicios de mayo, el enemigo, perfectamente armado, tomó la ciudad. El grupo de jóvenes solo dejó las armas cuando la ciudad ya estaba tomada por entero, las últimas granadas de mano las lanzaron contra los acantonamientos y posiciones de las tropas reaccionarias.

El rostro de Olga se había encendido y sus ojos chispeaban.

—¿Participaron chicas?

—En nuestro grupo, no –contestó Kurt.

—¡Qué rabia! Y ¿cómo siguió luego?

—Luego vino mi detención.

Lo miraba con tanto entusiasmo que Kurt se sintió obligado a añadir:

—Me detuvieron, pero por poco tiempo.

—Posiblemente cuando uno está detenido el tiempo se hace largo –filosofó Olga.

Kurt asintió con la cabeza y ambos enmudecieron.

—¿No comes tarta? –preguntó Sepp a Olga.

Ella detectó un cierto tono de enfado en las palabras de Sepp y sin utilizar la cuchara cogió el pastel con la mano. Sepp, que se sentía un tanto excluido de la conversación, aprovechó la pausa para preguntarle a Kurt si continuaba en pie lo de subir al monte el próximo domingo. Los dos amigos conversaron con entusiasmo y viveza sobre la marcha. Olga seguía sentada sin intervenir y molesta. Kurt no podía medir el efecto de la conversación en Olga, pero Sepp lo sabía perfectamente.

Al fin no pudo contenerse:

—Cómo, ¿vais solos al monte y por la ruta que a mí tanto me gusta? ¿Puedo ir con vosotros? –Su mano se posó sobre el brazo de Kurt y sus ojos miraban suplicantes. Volviéndose a Sepp le dijo–: Dile que jamás molesto y que puedo ir tan deprisa como vosotros.

Pero Sepp no se apresuró en confirmar sus palabras. Kurt titubeó confuso. Quería ver más veces a esta joven, discutir y hablar con ella, pero no quería renunciar a su paseo por el monte. Llevaba meses pensando de antemano en el esfuerzo de la subida y en la belleza de la cumbre; el silencioso y resistente Sepp, que conocía al dedillo cada atajo y cada nevero, era el único compañero ideal.

A Olga le bastaron la tardanza de Kurt y el silencio de Sepp. Por un momento pensó en levantarse y marchar, pero tampoco a ella le agradaban las personas que a primera de cambio se sienten agraviadas y molestas. Pensó que había que entender: Sepp y Kurt se conocían de años y era normal que quisieran ir juntos y solos. A pesar de todo era una desgracia ser chica porque seguro que si hubiera sido muchacho hubiera ido con ellos.

* * *

Olga se encontró con Sepp a los pocos días en reuniones de grupo y en otros encuentros, pero jamás mencionó a Kurt o comentó la excursión al monte.

Kurt había estado muy atareado toda la semana. De camino a una cita se detuvo ante el escaparate, artísticamente decorado, de la casa editora Georg Müller. Suspiró; cuesta y se hace duro ser lector empedernido y no tener dinero para comprarlos. La mayoría de sus libros de Berlín estaban comprados en las furgonetas de los anticuarios, pero las librerías lo atraían. Entró en la tienda y se topó de narices con la vendedora. Era Olga.

Sorprendido, Kurt le preguntó:

—¿Quieres venir?

Ella supo enseguida que se trataba del paseo a algún monte. Los compañeros, a pesar de su ruego, la habían dejado el domingo en tierra, y se hacía difícil enlazar esta invitación con aquella situación. En silencio reordenó sobre la mesa los libros que ya estaban ordenados. Kurt vio venir el rechazo como respuesta y rápidamente se adelantó con el comentario:

—Me alegraría mucho. –Y como vio que aún guardaba silencio, añadió–: Créeme.

El domingo hacía un tiempo fenomenal. Al aumentar el ritmo de la marcha, Kurt propuso repartir entre Sepp y él el peso de la mochila de Olga para facilitarle la subida. «Yo no soy más débil que vosotros», fue la contestación un tanto dolida de Olga, y corrió por delante.

Allí donde el verde valle se ampliaba y un puente atravesaba el pequeño río, alcanzaron ambos a la muchacha.

Olga caminaba ligera y rápida, no era fácil seguir sus pasos. A Kurt le gustaba tenerla cerca, le agradaba su presencia, su sonrisa, su canto, la manera de inclinarse ante las fuentes o su forma de recoger flores. Pensó cómo era posible privar a esta muchacha de un día tan bello; le resultaba incomprensible. Sentía y temía que la subida rápida la pudiera agotar antes de tiempo. Le pareció inútil que se parara con frecuencia a recolectar nomeolvides que, sin duda, se iban a marchitar antes del regreso. Pero no dijo nada, se dio cuenta por el color de sus ojos de que se había equivocado. Olga era más transparente y radiante que las flores que portaba.

Colocó el ramo en el cinto y, cogiendo una piedra redonda de la orilla del río, preguntó a Kurt:

—Cuando lanzabais las granadas contra el campamento de los reaccionarios, ¿a qué distancia lo hacíais? Señálame.

Kurt ejecutaba el lanzamiento y ella lo repetía con todas sus fuerzas; protestaba porque en la Unión de Juventudes Comunistas se instruyera tan poco en temas militares. Tales conocimientos se requieren urgentemente para la revolución. Y como Kurt se ocupaba de ese aspecto de la lucha de clases, le respondía que primero era más importante conocer a fondo el marxismo, y le preguntaba por lo que había leído.

—A diario *El joven bolchevique* y luego el *Manifiesto Comunista* y *El Estado y la Revolución* de Lenin.

Él le hacía preguntas sobre el *Manifiesto* y ella le respondía con conocimiento. Le gustó que tratara de expresar a su modo las cosas que había captado. A esta muchacha inteligente y capaz no le espantaba el esfuerzo.

—Sigue leyéndolo aún varias veces –dijo él– y verás cómo vas encontrando nuevas cosas, profundizando en lo anterior.

Esperaba ver en ella ese gesto rebelde y terco que ya había observado un par de veces en su labio inferior agrietado hacia afuera. Pero no, ella, meneando solamente la cabeza, dijo:

—Tienes razón, sigue leyendo, sigue leyendo.

Esta sencilla respuesta le emocionó.

—Tú serás una buena comunista.

—Sí –respondió apasionadamente y con infantil seriedad.

Cuando, caminando, se abrió ante ellos un nuevo paisaje, Kurt se paró, la agarró suavemente del brazo y comenzó a enumerar los distintos montes y barrancos. Sepp estaba sorprendido de que Olga se dejara enseñar, puesto que ella conocía perfectamente la zona. Y ocurrió lo que es de temer en un paseo de tres, que para Sepp no fue una excursión con Kurt y Olga, sino que él caminaba como un marginado junto a ambos. Y tal vez esto no hubiera molestado tanto a Sepp si no se hubiera tratado precisamente de Olga; ciertamente no era propiedad suya, personalmente no pertenecía a nadie, pero sí formaba parte de su grupo de la Unión de Jóvenes Comunistas y siempre había sido para todos la misma buena compañera.

Recordó cuando Olga, con 15 años, se acercó a él. Entonces, en 1923, el Gobierno de la República de Weimar había suprimido la Unión Alemana de Jóvenes Comunistas (KJVD). El grupo muniqués de Schwabing se reunía secretamente en un pajar alejado y cerrado. Los jóvenes desclavaban una tabla, se introducían a hurtadillas en su interior y luego, desde dentro, reponían la tabla en su sitio. El viento silbaba entre la madera y ellos sentados en viejos y roñosos arados, en cubos vueltos y pesebres de forraje, celebraban sus reuniones y asambleas. La mayoría estaba sin trabajo y solo uno de ellos disponía de un abrigo.

Cuando alguien llamó a la puerta del granero, rápidamente los compañeros lo designaron para que, saliendo por el agujero camuflado de la pared de atrás, se acercara a la puerta haciendo como que pasaba por allí de casualidad. Y en lugar de la esperada policía se encontró con una muchacha de coletas negrísimas. Una vez que se hubo informado de lo que quería llamó a los demás. La cosa se aclaró: un compañero, conocido de todos ellos, les había enviado a la muchacha; hasta entonces había pertenecido a un grupo de niños comunistas. Al preguntarle los jóvenes por sus padres, ella, encogiéndose de hombros, dijo: «Madre no tengo y mi padre es socialdemócrata y abogado, lo siento». Los jóvenes rieron y ella sonrió con ellos. En el fondo, el grupo recibió con cierta desgana a esta muchacha, que provenía de círculos burgueses y para colmo era hija de un padre perteneciente al Partido Socialista Alemán. Quien, como estos jóvenes, conoce la pobreza tiene una cierta antipatía natural hacia aquellas personas provenientes de clase acomodada y vida asegurada. Ellos mismos eran bastante toscos en la expresión y no siempre finos entre sí, y cuando les apretaba el hambre no dudaban en recolectar patatas del campo o recoger manzanas de los árboles. Con los enemigos políticos eran más partidarios de golpes y palos que de discusiones, y entre los enemigos políticos contaban no solo la gente de derecha sino incluso los socialdemócratas, como el padre de Olga. Una vez que la muchacha se hubo identificado suficientemente, fue aceptada en el grupo. Y como susurraba Sepp a sus compañeros: ahora todos estamos metidos en el mismo carro.

En la primera reunión Olga escuchó con atención y en silencio lo que otros decían, pero cuando había algo que le hacía gracia los acompañaba con naturalidad en sus risas. Cuando llegó a la distribución del trabajo, se apuntó de inmediato para pegar carteles clandestinamente.

—¿Qué va a decir tu padre de todo esto? –preguntó Sepp. Todos rieron.

—Esto es asunto mío. –Y esta vez ella no se rio. A la noche apareció puntualmente en el lugar convenido y permaneció hasta pegar el último cartel. Como determinaron que incluso en tiempos de clandestinidad debían continuar con su formación teórica y que un compañero maduro comenzara a instruirlos, se hizo patente que Olga sabía más que los demás. Es cierto que poseía una mejor formación escolar, pero ella no se conformaba con sus conocimientos, preguntaba continuamente y no se daba por vencida hasta entender con exactitud y precisión. Los jóvenes no valoraban demasiado la teoría y había un cierto ambiente de tildar a cualquier muchacha inteligente que sabía y hablaba más que los demás de arrogante. Bastaba observar con qué atención seguía las palabras del orador, con qué seriedad discutía y cómo con palabras sencillas exponía sus dudas y pensamientos. No hacía alardes, ella estaba allí para aprender, quería saber. En las excursiones de grupo era una de las más alegres, en el descanso recogía leña menuda con esmero y en el fuego del campamento saltaba audaz el montón de brasas. Olga conocía muchas canciones y le gustaba cantar, podía jugar tan bien como los chavales y participaba contenta en las diversas tonterías. Sus defectos no llamaron la atención en el grupo porque todos adolecían en parte de los mismos: impertinentes con los mayores, campechanos en su porte exterior y fuertemente intolerantes frente a todos aquellos que no fueran comunistas. Pero había un defecto por el que se destacaba Olga de sus compañeros, el desorden. Si tras los viajes o las reuniones quedaba algo en el local, sin duda alguna, aquello le pertenecía.

Sepp se reía, Olga era para todos una compañera. Él mismo, políticamente algo más maduro y mayor que los demás, era del grupo quien más intimaba con ella.

Kurt trataba de escudriñar el pasado de Olga, le interesaba el camino recto y poco conflictivo que había recorrido esta joven hacia el comunismo, donde residían las causas de su gran entusiasmo. Le iba sonsacando información con cuidado. Olga mencionó a su madre de pasada, sus padres vivían separados. Del padre hablaba al mismo tiempo con amor, impaciencia, atención y sorna.

—Es listo, bueno y terriblemente honrado, lleva más procesos no pagados de gente pobre que remunerados de personas ricas y pudientes.

—Entonces puedes estar orgulloso de él.

—Sí y no. Ayer mismo tuvimos de nuevo un altercado, estaba de buen humor porque había ganado un juicio de un pequeño agricultor contra un noble por razones de lindes.

—Es una victoria inesperada, ¿no? ¿Por qué entonces la disputa?

—¡Si yo le había felicitado! Y él, radiante, me dijo: «Dittbach –así se llama el aldeano– estaba muy contento y agradecido conmigo. Dittbach dice que ahora cree que hay personas buenas que no se venden por dinero». Le pregunté entonces a mi padre qué le había respondido al agricultor. El socialdemócrata de él me contestó: «Jaja, hay hombres buenos y malos tanto dentro de los pobres como de los ricos».

»Fue entonces cuando, furiosa, le dije: «Habría sido mejor para el aldeano que hubieras perdido el juicio, tal vez entonces hubiera comprendido que es mejor estar por la lucha de clases que en favor de la reconciliación de clases».

»Mi padre se enfadó mucho y dijo que esto es muy típico de nosotros, desear que al labrador le vaya mal para que así llegue a ser comunista. Siguió diciendo que el resultado del juicio es saludable desde un punto de vista político y humano porque a través de estas victorias individuales se consigue resquebrajar la estructura del sistema capitalista.

»Yo casi exploto, pero me contuve y le dije: «Ciertamente, cuando las victorias individuales se utilizan correctamente, pero no cuando con ellas se reducen y empequeñecen las contradicciones de clase existentes».

—¿Cómo terminó la discusión? –preguntó Kurt.

Olga tardó en su respuesta.

—Me marché dando un portazo.

—Un argumento profundamente convincente.

Olga siguió cavilando y luego Kurt se rio.

—Curiosamente, en realidad mi padre es el culpable de que yo sea comunista. Siendo aún muy joven me hablaba de sus juicios y me daba trozos para leer. Me di cuenta de la gran miseria existente, de la brutal injusticia y de la doble cara de las leyes: al rico casi siempre le dan la razón. Ya entonces mi padre me indicaba que hay muchos pobres que no pueden defenderse porque no tienen dinero. Así he aprendido a conocer las diferencias y las contradicciones de clase, la mentira, la corrupción y el tema del poder. Allí comencé yo a odiar al mundo tal y como es y a buscar si existe algo mejor. Al principio mi padre se alegró. ¿Sabes? Mi madre era una ambiciosa dama de la alta sociedad y él no quería que yo fuera igual. Él mismo me envió al grupo de niños socialdemócratas, pero aquello era bastante aburrido. Fue cuando conocí a Else, sus padres vivían por aquel tiempo en un pabellón, luego se marcharon. Su padre era trabajador del metal y comunista. Ya no viven en Múnich. No te puedes imaginar lo bien que me sentía en su casa, se respiraba una maravillosa vida familiar. Allí me eduqué políticamente. Cada vez que, tras una estancia en casa de Else, regresaba a mi casa, solo había para mí tres inicios de frase: «El padre de Else dice...», «La madre de Else dice...», «Else dice...». Esto ponía furioso a mi padre; a veces lo siento y me da pena porque mi padre está solo y a menudo desanimado.

Se acercaba una manada de vacas y tuvieron que arrimarse a las rocas para dejarles pasar. Cuando remitió el sonido espeso de los cencerros, Olga siguió hablando:

—Entre mi padre y yo hay dos diferencias sustanciales, una la política y otra –trató de encontrar la palabra adecuada–, cómo diría yo, ocurre lo siguiente: en invierno mi padre está triste porque es invierno y en verano está triste porque pronto será invierno. Yo, en cambio, en verano estoy contenta porque es verano y sigo contenta en invierno porque se acerca el verano, pero es que además me gusta también el invierno. –De pronto Olga se detuvo, vio a Kurt inseguro y le dijo–: ¿Tal vez no te parezca bien el que un comunista esté tan contento de la vida mientras no nos pertenezca por entero?

Kurt no contestó, estaba sumido en el mundo de la muchacha, en su forma de hablar, pensar y reír. Ella empero creyó que tal vez estaba dando la impresión de egoísta y calló. Alcanzaron a Sepp. Acabó la subida lenta y progresiva, entonces comenzaba la parte escarpada y había que trepar. Sepp guiaba la marcha. Un tanto enfadado con los dos y, al mismo tiempo, cabreado consigo mismo, no se tomaba en ningún momento la molestia de encontrar el camino más cómodo. Así que los tres se tenían que esforzar por seguir los difíciles atajos que él escogía. De pronto se hallaron en medio de una zona de cantos rodados, sin planta alguna y neveros. Atravesaron transversalmente una altiplanicie en declive, irrigada por hilos de agua provenientes de fuentes invisibles, y se encontraron en un abrir y cerrar de ojos ante una ancha hendidura de roca.

Obligados por la circunstancia se pararon y aprovecharon para serenar su respiración.

—¿Saltas tú? –preguntó Sepp.

—¡Pero esto es una locura! –replicó Kurt molesto–, ¿cómo guías?

Olga se despojó de la mochila. Kurt pensó que aquello le podía venir grande a Olga y deberían dar un amplio rodeo para así evitar la brecha. Miró valle abajo, oyó de pronto rodar piedras al mismo tiempo que sentía un golpe de viento junto a sí. Olga estaba ya en la otra parte.

—Ya está –gritó–, ahora vosotros.

Sepp sonrió sarcásticamente.

—¡Cómo puedes ser tan osada y hacer algo de manera tan irresponsable, mereces un par de cachetes! –gruñó Kurt.

—Vale –dijo apaciguando la situación–, ahora vuelvo.

—¡Quieta! –gritó Kurt enérgicamente. Apretó los dientes y saltó. Sepp lanzó la mochila al otro lado y cruzó el último.

—Tú eres una ridícula fanfarrona –increpó Kurt a Olga–. ¿Crees acaso que esto me impone, crees que merece la pena exponerse a este peligro?

—No –dijo ella agotada–, lo que pasa es que me gusta saltar.

—Olga no fanfarronea –dijo Sepp saliendo en su defensa–. Ella es, cómo diríamos, un aborto –se puso rojo–, un engendro –enrojeció aún más–, no, no es exactamente eso lo que quiero decir. A ella le falta algo que los demás tenemos al nacer: angustia, miedo, temor... A veces me la imagino –Sepp miraba a Olga pensativamente– en la cumbre de un monte extendiendo los brazos e intentando volar.

—Tonterías, tonterías –dijo Olga un tanto enfadada–, es verdad, las cosas difíciles me producen placer, pero yo ya sabía que podía pasar.

Continuaron los tres juntos. Olga contemplaba a Kurt de costado; vestía pantalón corto, botas compactas y tenía remangadas las mangas de su camisa de hilo. El viento jugueteaba con su pelo y cuanto más se bronceaba su rostro con los rayos del sol tanto más claros se iban mostrando sus ojos grises azulados hasta convertirse en plata.

—¿Sigues aún enfadado? –preguntó Olga tras un largo silencio colgándose de su brazo–. Todo es culpa mía, pero no te suelto hasta que no me sonrías de nuevo.

Él tardó en su respuesta.

—Bajo esa premisa no reiré jamás.

Ella le miró suplicante, comprendió sus palabras y se puso colorada, pero siguió por la senda que se iba estrechando por momentos. Treparon los tres otra vez monte arriba y por fin alcanzaron la cumbre.

* * *

Atrás habían quedado verano y otoño. Olga pertenecía ya a los liberados de la Unión de la Juventud y participaba en los encuentros del Círculo de la Juventud en los que discutían miembros de organizaciones religiosas, socialdemócratas y comunistas. Olga aprendió que a veces la paciencia en lugar del apresuramiento es la mejor cualidad de los comunistas, que el método de ridiculizar al contrario no sirve de gran ayuda y que la discusión solo puede convencer si se poseen profundos conocimientos, a poder ser en varios campos.

Olga no había vuelto a ver a Kurt después de la excursión al monte, pero sí había leído todos los libros que le había aconsejado; al *Manifiesto Comunista* le había dedicado una atención especial. No se contentó con leerlo, sino que subrayó varios pasajes con un lápiz y tomó notas.

—Hasta ahora tan solo lo conocía superficialmente; sobre cada una de sus frases se podría meditar más de media hora –le había indicado a su padre cuando este la encontró ocupada en la lectura.

—Mucho está ya superado y hoy ya no es aplicable –fue su contestación.

—¿Superado? ¿Por ejemplo qué? –preguntó Olga–. ¿Que el proletariado no tiene nada que perder si no son sus cadenas y tiene todo un mundo que ganar? ¿Tal vez la clarificación de las relaciones de producción en la explotación? Todo esto es enteramente nuevo y cada palabra tiene diez veces más valor y vigencia que tus juicios, con los que ayudas a algunos pobres y desheredados, pero que no valen ni un comino para cambiar el mundo. –De nuevo comenzó la discusión.

Olga deseaba ahora más que nunca salir de aquel piso pasado de moda y de la lujosa librería. Le pareció desperdiciar el tiempo que transcurría entre las nueve de la mañana y seis de la tarde. ¿Por qué no emplear cada hora del día, como lo hacía Kurt, en algo provechoso para la revolución?

Había recibido de él una carta larga y entrañable. En su respuesta ella le indicaba que quería marcharse de Múnich y le manifestaba sus razones. ¿Le podría aconsejar a dónde dirigirse y cuál podría ser su principal labor política?

Ella no era una persona tranquila y paciente. Los días iban pasando y seguía sin recibir carta de Kurt. A veces, por aquella época, le hubiera gustado golpear con sus puños las paredes. Al ir pasando las semanas y no obtener respuesta se fue volviendo más taciturna, con el correr de los meses se fue agriando el tono en sus conversaciones y su alegría se volvió más opaca. Los compañeros notaron el cambio y comenzaron a lamentarse.

—¿Qué te pasa? No eres la misma, ya no participas como antes, estás callada toda la tarde.

Olga no respondía, pero al pasar los compañeros a un nuevo tema, pensó de pronto: «Tenéis razón». Esa noche se fue a casa bastante agobiada. Era verdad, la vida ya no le hacía tanta gracia como antes, había perdido brillo ante sus ojos.

Tenía que acabar con estos pensamientos, borrón y cuenta nueva, pero ¿tendría la suficiente fuerza de voluntad? Debía analizar el origen de ese desánimo; pensaba demasiado en que Kurt no le había contestado a su carta. A decir verdad, no solo pensaba en la carta sino también en otras cosas, en cómo Kurt la había agarrado una vez de sus trenzas, cómo le había sujetado la mochila, la vez que le dio la mano para cruzar aquel arroyo sin puente... Ahora mismo estaba pensando en Kurt, una mala señal de cara a recuperar su fuerza de voluntad.

Olga se concentró, comenzó a trabajar mucho más en grupo y se esforzó en superar sus tristes sentimientos. Se alegró al oír de un compañero: «Estupendo, comienzas a ser otra vez la de antes».

Intentó ahorrar dinero. El plan de abandonar Múnich no lo había desechado y aunque no contara con la ayuda de Kurt, estaba segura de conseguirlo. En ese tiempo Olga aprendió algo sumamente importante: comprendió que, si la persona llega a entender que no tiene derecho a ventilar sus problemas a los demás, en lugar de embozarse en su tristeza exagerando su ego, y, sobre todo, si trabaja por no aislarse de su entorno, entonces el destino personal no se desorbita y superdimensiona en relación con los otros sucesos y guarda su justa dimensión.

De esta reflexión se deriva una segunda: no son otros quienes determinan que uno esté molesto o triste, sino que es la propia voluntad quien decide. Los sentimientos y la marcha de la vida dependían mucho más de una misma de lo que se había imaginado hasta ahora.

Semanas más tarde estos mismos sentimientos reprimidos se abalanzaron de nuevo sobre Olga con toda su fuerza y la obligaron a pararse en medio de la calle sin pestañear: Kurt venía de frente.

* * *

Habían pasado ya diez meses, pero Kurt se acordaba todos los días de Olga; en su recuerdo quedaba grabada aquella muchacha radiante y feliz. Ahora el saludo tímido y contenido de Olga le sorprendió y defraudó. Quien, como ella, se había ejercitado valientemente en embridar el dolor, llegado el momento sabe esconder el golpe de los afectos.

Caminaron juntos y en silencio; pasaron tantos minutos mudos que al final se les hizo difícil la palabra.

—¿Sabes esquiar? –preguntó de sopetón Kurt. La pregunta le pareció tan cómica tras aquel largo silencio que comenzó a reír.

—Naturalmente.

—¿Vamos a esquiar al monte el fin de semana?

—Vale –respondió Olga tras una breve pausa. Antes de separarse añadió–: El *Manifiesto Comunista* lo he leído con detenimiento.

De todos los deportes el que más le gustaba a Olga era el esquí: nieve, sol y cielo azul. ¡Aquel aire limpio y transparente capaz de llevar el mínimo ruido a distancia, aquella velocidad embriagadora flotando por la nieve inmaculada o aquel deslizar silencioso por caminos enjutos entre pinos del bosque, cargados de nevada!

Durante la primera hora subieron sin hacer parada alguna y mientras duró la ascensión guardaron silencio. En un carasol que daba a los valles y a una cadena de montículos hicieron la primera pausa. Kurt clavó los bastones en la nieve y apoyó en ellos los esquís ya desabrochados, surgiendo dos estrechos asientos sobre los que descansaron. Olga había cerrado los ojos y se dejaba acariciar por el sol; Kurt la contemplaba, le parecía juvenil y soñadora. Agarró una de sus negras trenzas que, a ambos lados del asiento, rozaban la nieve. Olga no se movió. Kurt, doblándose hacia ella, le susurro al oído:

—¿En qué piensas?

Ella abrió los ojos; estaba completamente despierta.

—Pienso en cómo puedo escaparme de Múnich. Deseo un horizonte más amplio y quisiera trabajar exclusivamente para el partido, no como hasta ahora solo por las tardes. En mi carta te aclaraba todo esto; por cierto, no me has contestado. –Esta última frase la dijo tras una pequeña pausa y sin amargor alguno.

Kurt se levantó y comenzó a pasear; el cambio en la conversación le desagradó. Pero la nieve estaba blanda, se hacía difícil andar. Kurt se quedó de pie delante de Olga.

—Antes quería ver la posibilidad de que vinieras a Berlín.

—¿La tienes ya?

—Sí.

Olga dio un salto.

—¿De verdad? –Y sacudía a Kurt de alegría.

—He hablado con el partido, pero ¿y tu padre?

—Sencillamente me marcho.

—No hay por qué elegir el camino más cómodo para uno hiriendo a los demás.

Olga empujó el labio inferior hacia adelante. ¿Es que acaso no era justo y comprensible para una revolucionaria abandonar la casa paterna burguesa en contra de la voluntad de su padre?

No, a Kurt no le parecía necesario humillar de esa manera a su padre por la sencilla razón de que no era comunista. Le propuso ir con ella y hablarle al padre del nuevo trabajo en Berlín.

—Pero mi padre pensará que tú...

—Que lo hago porque quiero estar contigo. Es verdad. –Kurt completó así la frase de Olga.

Olga bajó la cabeza.

Kurt se acercó hacia ella, pero salió disparada hacia sus esquís, se los ató y se deslizó pendiente abajo hacia el próximo altozano. Cuando más tarde esquiaban el uno junto al otro por una superficie plana, Olga se hacía preguntas sobre su próxima vida en Berlín, sobre su trabajo profesional y la Unión de Juventudes Comunistas en la capital de Alemania. Estaba entusiasmada con el nuevo plan. Al final Kurt le preguntó:

—¿Te importa que yo esté allí?

—Sí –dijo ella–, pero también hubiera ido aun cuando tú no hubieras estado allí.

Se dio cuenta de que Kurt se había molestado.

El camino iba descendiendo entre curvas y cuando el bosque se hizo menos espeso vieron a lo lejos un pueblo en el llano.

Olga se quedó estática.

—¡Qué bonito!

—Vas a echar en falta esto –dijo Kurt teniendo ante sus ojos en el recuerdo las calles de Berlín del distrito Neukölln.

—Hay otras cosas que echo más en falta –contestó Olga pensando en su trabajo próximo y en su deseo de estar con Kurt.

—Lo que sí vas a poder es nadar, alrededor de Berlín hay muchos lagos. –Kurt sonrió. ¡Cuántas veces se había imaginado cómo les iría la vida juntos!

Durante la última parte del ascenso, la más difícil, cambió el tiempo, negros nubarrones cubrieron el sol y una niebla espesa envolvió el monte. Olga y Kurt se perdieron.

Cuando llegó la noche ambos estaban muy cansados. No sabían dónde estaban y ya no creían encontrar la cabaña para pernoctar. No había nadie y estaban al borde del agotamiento. Kurt se admiraba de cómo Olga podía soportar la paliza; ella callaba sin dejar de caminar. Hacía más frío y la pegajosa nieve se fue helando, deslizarse en la oscuridad se fue volviendo peligroso. Kurt se recriminaba seriamente su imprudencia; Olga sabía andar por el monte y debía haber advertido que la situación era peligrosa. Durante las dos horas siguientes se detuvieron muy a menudo, el frío era más intenso. Ellos iban palpando por delante con los bastones, ya no les quedaban más cerillas. Al cruzar una hondonada, Olga se topó de pronto con un muro; se hallaban ante la cabaña anhelada.

Olga se rio:

—¡Menos mal, ya no podía más! –No se dio cuenta de cómo esas palabras enternecieron a Kurt. Mientras estaban envueltos en la confusión, mientras no veían salida, no pronunció palabra alguna de queja o temor. Solo ahora, cuando ya había pasado el peligro, manifestaba un gran cansancio de manera discreta y honesta.

En la cabaña no había encendida ninguna luz y golpearon largamente hasta que alguien les abrió. La casera gruñona les indicó el cuarto gélido con literas de madera, sus jergones y ásperas mantas. A la luz de una vela, que había en la repisa de la ventana, comieron lo que llevaban en las mochilas. Luego se metieron en la cama.

Olga guardaba silencio y Kurt no sabía si aún estaba despierta. Fue entonces cuando susurró:

—Nuestra vida será hermosa.

Kurt alargó su mano y ella la estrechó.

II

OLGA MIRABA A TRAVÉS DE LA VENTANILLA del tren en marcha y tarareaba al compás de sus ruedas: *y el vagón gira y gira...*

Cuando murió el día y la noche extendió su manto negro, ella seguía mirando por los cristales empañados del compartimento; adonde quiera que mirase veía siempre ante sí el futuro abierto y estimulante.

Y el vagón gira y gira... hacia el futuro, hacia el comunismo.

El tren se detuvo y un muchacho joven, a quien un señor mayor encorvado iba despidiendo desde el andén con la mano, subió al vagón. A Olga le dolió el corazón. Se desdibujó el futuro y apareció con fuerza el presente: el inmenso cuarto pasado de moda con la pesada mesa negra de madera en el centro, la sopa servida sin que su padre se sentara, la luz del candelabro iluminando su cabeza redonda y casi desteñida, cayendo sobre aquella figura pequeña y rechoncha... Olga no podía reconocer la expresión de unos ojos buenos y bondadosos tras los cristales de las gafas; diríamos mejor que no quería reconocer.

—No te dejo marchar de casa, eres aún demasiado joven, ¿qué se te ha perdido en Berlín? Ni has finalizado la escuela, ni has concluido tus estudios, ¿qué va a ser de ti? Así nunca ganarás tu pan.

La sopa se enfrió sobre la mesa antes de que, al fin, su padre cediera. Y es que no le quedaba otra salida; estaba seguro de que, de lo contrario, Olga se marcharía sin su permiso. Sabía cómo iba a ser su vida sin Olga: sin enfados, sin cabreos, sin discusiones, pero también sin vida, sin alegría ni sonrisa. Los días se irían volviendo grises, teñidos de una única nostalgia humana: Olga.

Ella conocía los sentimientos de su padre y le dolía pensar en él. Cuando el tren se puso en marcha surgió de nuevo la música en su alma*: y el vagón gira y gira...*

* * *

Kurt repasó otra vez la habitación. En una estancia de cuatro y medio por cuatro había dos camas, una vieja cómoda con estante, una mesa, dos sillas y un taburete. No había sitio para más, ahí debía vivir Olga con él. La recordó en el paseo primaveral, recogiendo flores, en invierno deslizándose con los esquís por la pendiente y también en el espacioso piso de su padre, cuando abriendo los brazos gritaba: «¡Entiéndeme, esto es demasiado reducido y estrecho para mí!». Era verdad, ella se sentía cómoda en el enano local de los padres de Else; sus amigos muniqueses eran jóvenes trabajadores, iba de marcha con la juventud comunista y de camino comía como todos: un trozo de pan seco con un tomate; en muchos sentidos prefería la vida dura y espartana al lujo. Sin duda alguna en todo ello jugaba su papel un cierto romanticismo; pero aquí, en Berlín, en la vida de todos los días y dentro de un cuarto lleno de cachivaches, no habría lugar para el romanticismo.

Sonó un reloj, Kurt cerró la puerta con llave y corriendo saltó sobre el estribo del tranvía que partía. El revisor lo miró con cara de pocos amigos sin decirle nada. El vagón estaba saturado como cada mañana a la hora de ir al trabajo, Kurt olfateó el ambiente, conocía la atmósfera de estos tranvías tempraneros. Aquí no solo se golpeaban los unos contra los otros en cada curva de la calle, sino que, lo que aún era peor, chocaban las manías y los malos humores de la gente. Salió el sol y no había ni una nubecilla en el cielo azul del mes de mayo.

Kurt se apresuró en la parada, bajó corriendo las escaleras de la estación del tren, recorrió el andén y, cuando llegó el tren de la mañana, procedente de Múnich, se colocó junto a la máquina. Segundos más tarde Olga estaba a su lado, vivaz y fresca, sin afectarle la noche en vela en el banco duro de tercera clase.

Kurt titubeó al abandonar la estación, no quería que la primera impresión de Olga en Berlín fuera el interior de un tranvía. Pero Olga ya había decidido. Subieron a uno de aquellos vagones repletos y a duras penas lograron colocar los bultos en la plataforma. Olga inspeccionaba a las personas; cuando sintió la mirada de Kurt sonrió y tan solo dijo una palabra: «Lilas».

Todo el vagón olía a flores, las muchachas jóvenes llevaban ramilletes de lilas en el brazo. Al conductor le colocaron una en el letrero de la gorra e incluso la señora de mirada severa, que viajaba al lado de Olga, portaba también su ramo, envuelto en papel consistente a modo de paraguas, lo que aprovechó un chaval para, de manera hábil y sin que se diera cuenta la dama, ir robándole pequeñas estrellas de los corimbos y luego ponérselas de una en una entre los labios y así chupar su néctar. Olga le sonrió y el joven le devolvió su sonrisa en simpática complicidad.

Ante una casa de la calle Weser, Kurt depositó la maleta. Olga había insistido en llevar la otra. En el pasillo de la escalera, desgastado por el uso, iba soltándose la pintura oscura y gris de las paredes, las ventanas de entre los pisos daban al patio interior.

Subieron hasta el último. En el letrero brillante de la puerta se leía: Fritz Winter. Kurt penetró por el angosto pasillo, abrió dos puertas a mano derecha y dijo rápidamente:

—Dormitorio y cocina. Esto es todo.

Olga atravesó el cuarto y se acercó al diminuto balcón, miró al cielo que se le hizo cercano y a la calle que yacía allí abajo. Entró de nuevo en el cuarto y revisó las dos hileras de libros que, una tras otra, se apilaban sobre la cómoda. Agarró el cuadro de Lenin en sus manos. Kurt la llevó otra vez al balcón.

—En esta calle viven sobre todo trabajadores; el uno de mayo, en todas las casas cuelgan banderas rojas.

—Aquí se está bien –dijo Olga–. Te lo agradezco.

Entonces fue cuando se abrazaron tiernamente.

Más tarde, al abrir las maletas y ordenar las cosas, Kurt se rio de la sencillez de las ropas de Olga; no había ni vestidos finos, ni lápices de labios, polveros o perfumes. Tras colocar todo, Olga anunció que había que hacer compras, y antes de que Kurt pudiera concretar ya corría escaleras abajo. Regresó con un barreño grande y resplandeciente de zinc, lo colocó en la cocina y lo llenó de agua caliente. Al entrar al dormitorio, tras el baño, su piel irradiaba ternura y salud.

Kurt contempló a Olga y luego echó un vistazo al cuarto: las mismas cortinas largas y pesadas, el mismo papel en las paredes de dibujos marrones oscuros, la misma cubierta de terciopelo verde oliva y, a pesar de todo, era otro cuarto completamente distinto, mucho más bello.

Olga colocó la silla delante de los rayos de sol que penetraban por la puerta del balcón y preguntó si podía comenzar ya la labor profesional y su trabajo en la Unión de Juventudes Comunistas.

Le explicó Kurt que su trabajo desde la clandestinidad estaría totalmente separado del de ella.

—Las Juventudes Comunistas están ya enteradas y puedes presentarte cuando quieras.

Pero además había puntos importantes sobre su vida en común de los que había que hablar.

—Comienza ya –le dijo Olga, y como Kurt tardaba, empezó a balancearse en la silla–. ¿De qué tienes miedo? –preguntó.

—¿Miedo? No quisiera ser contigo demasiado exigente. Sabes que no me puedo casar contigo oficialmente, vivo bajo nombre supuesto en Berlín y bajo un alias en mi trabajo.

—Tampoco yo quiero casarme –respondió ella admirada.

—Mis papeles aparecen en la policía como Karl Tess, así que tú te llamas Olga Tess, ¿de acuerdo? Para otros compañeros de Neukölln soy Kurt, mi auténtico nombre, y si la policía llega a ellos preguntando por mí tienen tiempo de avisarme. Tal vez un día tenga que marcharme.

—Naturalmente –dijo ella–. ¿Pero por qué estás tan acongojado?, aún no te han detenido.

Kurt se enfadó. Hasta ayer mismo, a pesar de su actividad en la Unión de Juventudes Comunistas, Olga había llevado una vida al amparo de su padre y ya hoy aceptaba todas estas cosas tan inusuales con una naturalidad que a Kurt le parecía más bien fruto de la ligereza e inmadurez.

—Puede ser que yo mañana esté en la cárcel y tú también –dijo Kurt tratando de sobresaltarla y hacerla salir de esa despreocupación.

—Eso ya lo sabía antes de decidirme a venir –respondió Olga–. Explícame con detalle cómo me debo comportar entonces.

Kurt le dio algunos consejos, ella escuchó atentamente y más tarde repitió todo lo que le había dicho.

* *
*

Se habían cerrado ya las tiendas de la calle Weser; la mujer de la lechería junto con la dependienta de la tienda de verduras de enfrente y la de la droguería estaban conversando en la puerta de casa. Se juntaban con frecuencia y así se enteraba cada cual de lo que sucedía no solo en su portal sino también en los bloques de las dos restantes. Se abrió la puerta y Olga salió a la calle, les dio las buenas tardes y se marchó en dirección a la calle Inn.

—¿Con quién vive esta muchacha de trenzas negras? –preguntó la señora de las hortalizas.

—No es ninguna muchacha, está ya casada –respondió la mujer de la leche–. En el piso de Winter.

Las tres mujeres sabían que Fritz Winter, el carpintero, tras largo tiempo en el paro, había encontrado trabajo con los parientes de Zeuthen y que ahora vivía allí con su mujer rubia y de armas tomar.

—Esta compra cada mañana, temprano, medio litro de leche. Desde fuera parece una ventana reluciente –terminó diciendo la lechera.

—Las verduras las come crudas –comentaba la dependienta de frutas–. Viene a la tienda, compra zanahorias e inmediatamente hinca el diente a una.

La señora de la droguería narraba con una amplia sonrisa:

—De mí solo quiere cepillos. ¿Para qué?, le pregunto yo. Para limpiar el cuerpo, dice ella. Le di uno no suficientemente resistente y me lo devolvió diciendo que necesitaba otro más duro. También quería jabón. Tienes de espliego, de violeta, de almendra..., le dije. Me miró como si le recomendara mierda de caballo; uno que no huela absolutamente a nada. Pero –la mujer alargó este «pero» y buscó aire– diez minutos más tarde llegó su marido. Por favor, una pastilla de jabón.

Le presenté el mismo que había llevado su mujer, lo olió y lo dejó sobre el mostrador. ¿No tiene alguno que huela? Llevó el de violeta y también perfume.

—Entonces, ¿qué jabón usa ella? –preguntó la lechera.

—No tenéis olfato –respondió la de la droguería con un cierto desdén–, el de violetas.

Mientras esto sucedía, Olga ya había cruzado la calle Ganghofer y estaba en la Zieten. Se detuvo en el número 29, delante del bar, un local pequeño que apenas destacaba de las fachadas de las casas colindantes. Eran casas de trabajadores. Entró. Una luz pálida y fatigosa alumbraba la estancia. El camarero, un señor corpulento de ojos oscuros y al que le colgaba un bigote, estaba en la barra.

—Juventudes Comunistas detrás –dijo señalando al mismo tiempo con el pulgar una puerta. Olga curioseó, observó atentamente aquella tasca sencilla como otros muchos bares berlineses. Se acercó al tabernero y le dio la mano.

—Las Juventudes ya me han dicho –dijo él–, tú eres Olga. Yo soy Wilhelm.

Y como ocurría con frecuencia, si a Olga una cosa le parecía importante se olvidaba de lo demás:

—¿Es cierto que aquí se reunieron las Juventudes Comunistas Internacionales?

Aquel rostro expectante agradó a Wilhelm y ratificó su pregunta con la cabeza.

—Allí se fundaron, en el cuarto del fondo.

—¿Estuvo presente Karl Liebnecht? ¿Dónde se sentó?

—En una silla.

Olga se apoyó.

—Tienes razón –dijo ella tras algunos segundos y comenzó a reírse. Wilhelm rio con ella.

—Bienvenida a Berlín, muchacha. –Se había creado una nueva amistad.

La tasca de Wilhelm Müller era lugar de encuentro y segunda casa para los trabajadores de Neukölln, Wilhelm sabía a lo que se exponía con eso: revisaron su local, lo cerraron..., cuando la policía golpeaba a los comunistas en las manifestaciones los heridos eran transportados allí, donde había sanitarios para ayudar.

Wilhelm sabía que le iba a ir peor que a otros propietarios; aumentaba el paro y se reducían las cajas de todos los locales de la zona de trabajadores, pero eran los comunistas los primeros en ser despedidos y los últimos en ser admitidos, cuando lo eran. En su local se manifestaba la situación económica con más intensidad y dureza que en otras tascas de Berlín. Wilhelm no contemplaba a sus huéspedes como clientes, para él eran sus camaradas y si no tenían dinero para pagar la cerveza bebían igual.

Una trabajadora de la vecindad murió de tuberculosis y dejó tras de sí tres chicas de 18, 15 y 10 años. A la más pequeña la asistencia social la internó en una casa de asilo y murió al poco tiempo. A la quinceañera la asistencia la quería colocar como sirvienta, la mayor trabajaba en una fábrica. La separación suponía un desgarro de corazón para las dos hermanas y decidieron que iban a vivir juntas. Wilhelm Müller se enteró del caso, les ofreció casa y buscaron también trabajo para la más joven, en la fábrica. Erna y Marie eran dos chicas orgullosas e insistían en pagar el alquiler. Cada semana iban depositando una parte del jornal en una de las tres cajas blancas; las otras dos –al principio llenas de hilos de coser– guardaban el dinero para comida, luz y calefacción. No había ninguna otra caja destinada para ropa u otras necesidades y es que el sueldo no daba para más; si urgía comprar vestidos o calzado se echaba mano de la caja de «luz y calefacción». Entonces el local quedaba frío y las dos jóvenes se sentaban las tardes de los domingos abajo en la taberna, lo más cerca posible de la lámpara del techo. Allí devoraban los libros de la biblioteca pública y si alguien hablaba con ellas colocaban sus posavasos como señal de lectura y levantaban ausentes la mirada. Los domingos por la mañana bajaban sin libros a la taberna; solían ir los obreros de la construcción a tomar el aperitivo con Wilhelm Müller y juntos cantaban. A Wilhelm le gustaba la música; canciones populares, cantos de lucha revolucionaria y otros de moda en Berlín..., cantaban juntos tabernero y clientela. Destacaban las dos finas y claras voces de las muchachas.

A veces en el grupo de los trabajadores de la construcción un par de nuevos intentaban ligar con las muchachas y de inmediato una docena de padres estrictos aclaraban cualquier posible malentendido. Erna y Marie no solo escuchaban canciones; en la tasca de Wilhelm se hablaba de muchas cosas: de un suicidio en el piso de al lado, del paro, de las nuevas estrellas, del sueldo, de problemas familiares, detenciones, huelgas, manifestaciones. A menudo Erna o la más jovenzuela, Marie, tenían algo que decir.

Para cuando Olga llegó por primera vez en 1925 a la taberna de Wilhelm Müller, Erna y Marie eran ya mayores y miembros del Partido Comunista, aunque el ambiente del local seguía siendo el mismo.

El primer día de reunión Olga llegó tarde al cuarto de la trastienda, porque no se le había indicado bien la hora del comienzo; fue la única vez que esto ocurrió.

—Creo que he hecho todo rematadamente mal –dijo a Kurt al regreso de la reunión–. He hablado demasiado y soy una inexperta aquí, incluso he criticado.

—Seguro que si estabas como ahora los demás han pasado un rato fenomenal. –Kurt le acariciaba sus coloradas mejillas.

—Te estoy hablando de algo que me parece muy importante –replicó Olga con cierto enfado.

—Yo también –dijo Kurt–. Y quiero decirte por qué has hablado tres veces más que los demás. Porque tú has preparado el tema tres veces mejor que los demás y te tomas las cosas con seriedad y responsabilidad.

A la misma hora cinco jóvenes en grupo iban tras la reunión camino de casa.

—Es guapa la tía –decía el primero de la fila.

—Uno se acostumbra a las guapas y a las feas –acentuó el segundo–, pero menudo temperamento, se ha pasado toda la reunión trastocando, contradiciendo, interviniendo.

—Pero no había ninguna palabra de más, todo tenía su por qué –dijo un tercero.

—Políticamente está formada –manifestó el cuarto al mismo tiempo que animaba al otro silencioso a decir algo–, y a ti, Kieler[2], ¿te ha gustado?

El interpelado, un joven alto y espigado, dijo:

—¿Quién, qué? –Los otros rieron.

—Tú, buitre, la nueva compañera –dijo el cuarto.

—No os puedo decir, no me he fijado mucho. –Por unos momentos un farol iluminó su rostro pálido y su pelo color arena.

Kieler no encendió la luz de su cuarto; la dueña no le había oído llegar y no le apetecía hablar con nadie. Colocó la camisa sobre la silla, se lavó en la herrumbrosa palangana y se metió en la cama evitando meter ruido y sin vaciar el agua.

Estaba acostado, en silencio, con los ojos cerrados y las manos detrás de la cabeza. Había llegado tarde a la reunión y se disculpó porque le habían dado mal la hora de la cita. La exposición sobre la situación internacional esta-

---

2. Kieler: Ciudadano de Kiel.

ba ya en la mitad; hasta ese momento él no había prestado demasiada atención a lo que se decía y a los demás les ocurría tres cuartos de lo mismo. Ojos azules, pelo negro y una amplia frente, boca de bello arco, nariz larga y fuerte, y no solo fue su aspecto exterior lo que le hizo mirar hacia ella repetidas veces; le cautivó la vivacidad de su rostro, ese cambio rápido en la expresión pasando de la carcajada a la seriedad, de la impaciencia a la comprensión, de la objetividad al entusiasmo.

Nadie intervino en la discusión porque la habían preparado mal y no prestaban atención; a la muchacha tal vez le impedía la timidez. Se hizo un silencio penoso hasta que al fin el ponente lo rompió:

—Bueno, si no hay nadie que quiera...

Fue entonces cuando ella pidió la palabra. Habló de la lucha por la independencia de los habitantes de Rif contra las tropas francesas en Marruecos, del levantamiento en China de un millón de manifestantes, de la condena a muerte contra siete campaneros en la reaccionaria Bulgaria. Sus conocimientos no eran superiores a los del ponente, pero toda su persona participaba y vivía lo que decía y en la sala surgió la visión emocionada de la lucha internacional de los oprimidos. Cuando terminó se le hizo extraño a él mismo que aún siguiera sentado en la trastienda de aquella tasca.

Olga era realmente un nombre pasado de moda que sabía reír maravillosamente...

* * *

—Compañeros, despacio –solicitó Olga a su grupo cuyos 30 miembros querían elegirla responsable–. Hace pocas semanas que he llegado y hay muchos problemas que no conozco, dejadme más tiempo.

—No tenemos tiempo, tú podrás porque todos nosotros te apoyamos –respondieron.

Lo mejor era dejarse aconsejar por Paul, *El Negro*, nadie sabía si le llamaban así al tornero de oficio por las numerosas represiones y castigos y su colocación en la lista negra de los empresarios o porque sus ojos y pelo eran negros de verdad. Su nariz aguileña y aquella piel oscura le daban aspecto de gitano. Un día caluroso de verano, cuyo sol limpio invitaba a la calle, Olga quiso hablar con Paul, *El Negro*. Atravesó los patios y ascendió al cuarto.

—Paul está en la estación de tren –le dijo su madre, y Olga no pidió entrar. Cuando giraba para marcharse le cerró el camino Max, que en esos mismos momentos subía la escalera, y la introdujo en la cocina. Este muchacho de 12 años era completamente distinto a su hermano mayor: pelo rubio suave y ojos claros. Olga pensó que tal vez se pareciera a su padre que había muerto en la guerra.

La madre cogió al hijo la chaqueta, limpió la mesa y la dejó lista para hacer los deberes escolares. Max sacó los libros y depositó 20 céntimos encima de la mesa. Su madre mientras tanto le cepilló la chaqueta y cayeron al deteriorado suelo de la cocina numerosas escamas plateadas.

—¿Puedo quedarme cinco pfennigs? –dijo Max aprovechando la presencia favorable de Olga.

La madre siguió pasándole el cepillo.

—Si Paul no fuera comunista no tendría necesidad de destripar pescado por las tardes. He pasado hambre para que Paul estudiara, creía que debía hacerlo –dijo la madre.

—Y él es comunista para que su madre no pase ya más hambre –respondió Olga.

Por fin la madre dejó de lado el cepillo y suavemente murmuró:

—No tengo absolutamente nada en contra, solo que la vida es muy dura.

Olga se marchó a la estación de Gorlitz. Al llegar al *hall* bajaba la escalera un tropel de pasajeros. Junto a Paul estaba Kieler; en ese momento ambos daban la espalda a Olga porque, inclinados sobre las maletas de dos señoras, trataban de ayudarlas a llevarlas, pero las damas no se dejaban. Kieler se dirigió a otro señor mayor... Olga salió del edificio sin saludarlos.

En un banco lateral de la estación del tren estaba sentada Hilde. En el regazo tenía una escudilla envuelta en papel de periódico.

—¿Por qué estás tan enfadada? –le preguntó a Olga, y sacó una segunda cuchara de la bolsa de la compra.

—Hilde, va todo tan lento que me desespero. Todo debía funcionar tres veces más deprisa.

—Si todos trabajáramos como tú todo iría bastante más rápido.

El rostro simpático y amplio de Hilde miraba a Olga. Paul salía solo del *hall.*

—Kieler no quiere, dice que no tiene hambre.

—No es para reírse, lo que le ocurre es que es un pequeñoburgués, demasiado arrogante para aceptar algo de una mujer. Voy a buscarlo.

—Pero no lo traigas en pedazos –le gritó Paul, sabiendo que Hilde era conocida por sus llaves de judo y algún enemigo había conocido ya sus «caricias».

—El Kieler está el peor de todos –comentó Paul a Olga–. ¿Por qué no está en Kiel?

—Se marchó de casa cuando su padre le dijo que era un vago. Y no es culpa suya si no encuentra trabajo y tampoco recibe ayuda como los de fuera.

Hilde agarraba con fuerza el antebrazo de Kieler que trataba por todos los medios de desasirse cuando Olga los vio.

Mientras comían de la escudilla, Olga discutía con ellos para emprender algo contra las horas extraordinarias de aprendices en una fábrica de máquinas. Paul, aunque estaba sin trabajo, conocía la situación de diversas empresas de Neukölln y era querido entre los trabajadores jóvenes.

Poco antes de que Olga tuviera que marcharse sonaron las dos, y en la lejanía se oía lentamente un particular ruido que poco a poco se iba acercando. Los cuatro miraron en esa dirección. Una docena de jóvenes, en fila india, con gorros grasientos y abollados cubriéndoles sus largas cabelleras, iban a paso de marcha por la calzada. Ataviados con calderos y pucheros sujetados en torno a la cintura voceaban canciones obscenas a las que acompañaban aporreando la vajilla casera. Hilde suspiró.

—Ya está ahí la pandilla salvaje de la «nidada de serpientes»; el primero es Víbora, el jefe. Son caso perdido para vosotros –le dijo a Olga.

—No creo en los casos perdidos y menos entre los trabajadores jóvenes –dijo Paul–. El camorrismo es también una especie de protesta contra la miseria, pero es cierto, se hace difícil emprender algo con ellos, no quieren saber nada de política.

—Tal vez los visitemos algún día –dijo Hilde–, sus locales son el Martillo y el Mono Azul.

El grupo pasó golpeando sus calderos por delante del banco.

—Había pensado en alguna cosa semejante –dijo Paul.

—Yo también voy –contestó Kieler.

—Y yo –respondió Hilde.

—Yo voy con vosotros –concluyó Olga.

—No –zanjó el tema Paul meneando la cabeza.

—Como responsable del grupo quien puede decidir soy yo.

—Votamos, ¿no?

Antes de que respondiera Paul, Olga se dio cuenta de que había metido la pata. Por primera vez apareció una nube de descontento entre ella y sus compañeros.

—Quieres estar presente en todas partes y esto es sencillamente un desperdicio. Tienes que aprender a distinguir cuándo es necesaria tu presencia y cuándo no –terminó diciendo Paul.

—Muy bien –respondió Olga–, muy bueno que me lo hayas dicho.

—¿Por qué has estado tan duro con ella? –preguntó Hilde después de que Olga se marchara corriendo para no sobrepasarse en la pausa de mediodía.

—Es mejor advertir desde el principio y, además, ella misma se ha dado cuenta de inmediato.

Hilde asintió con la cabeza.

—El peligro de despilfarro está en... pero ¿cuándo duerme esta chica?, de día está en la agencia comercial rusa, a las tardes en las Juventudes Comunistas y, además, estudia ruso y estenografía.

Paul sonrió.

—Está entusiasmada con el trabajo de la agencia comercial, muchos de los camaradas rusos han participado en la revolución y eso le impone; aparte le gusta el ambiente y el clima que se respira allí. Los encuentra magnánimos y tranquilos; ahora, cuando hay que trabajar son bolcheviques de acero. Eso dice: ¡bolcheviques de acero! Es cómico, dicho por Olga suena como algo nuevo, no desgastado.

«Porque en ella las cosas no suenan a hueco, ella es de verdad», pensó Kieler.

—Yo creo que a veces le resulta difícil no tener tiempo para ella misma. –Hilde fregó las cucharas y envolvió la escudilla vacía–. Nos ofreció a mí y a Paul la lancha plegable de su amigo porque ya jamás la usan, y en todo ello me pareció percibir una cierta tristeza que me dolió.

Kieler no intervino en la conversación. «Un amigo... Naturalmente que tiene un amigo, pero lo curioso es que estas cosas que uno sabe llegan a doler más cuando otros las dicen y las confirman».

Ese día, al regreso de Olga del trabajo, Kurt la esperaba impaciente; aun cuando no dominaba todavía la estenografía se había convertido en su secretaria para todo tipo de trabajos. De eso no decía ni palabra a las Juventudes Comunistas, ni tampoco de Kurt, a causa de su clandestinidad. De no ser así le hubiera agradado comentárselo.

Sabía que Kurt había participado en el levantamiento de la Alemania central y aprendía bastante de sus experiencias gracias a los apuntes: la descripción de las acciones partisanas durante la revolución, por ejemplo, en el bosque de Thuring, con sus valles, promontorios y cuevas..., la táctica del asalto tras el bloqueo de calles, líneas ferroviarias y viaductos... La entusiasmaban de tal manera que lo interrumpía en el dictado y le exigía impartirle con detalle lecciones de táctica partisana.

A veces le tenía que recordar que estas cosas ocurrieron en 1925 y que la toma del poder no se esperaba de modo inmediato. Luego, con un suspiro, volvía de nuevo al dictado.

* * *

Kieler había descubierto una sencilla fuente de ingresos. Consistía en ir por las calles con pala y cubo y recoger el estiércol de los caballos para un jardinero; los caballos más rentables eran los percherones, usados para llevar cerveza, pero había que seguir también a los caballos pequeños destinados al reparto de leche. Pronto fue conociendo a los distintos cocheros y a aquellos mozalbetes sentados en un estrecho asiento de la parte zaguera. Poco antes de torcer la esquina, y aún sin parar del todo, saltaban del carro y movían con fuerza la campanilla. Las amas de casa se acercaban y estos jóvenes vaciaban la leche en sus jarras. Kieler, un día, de regreso a casa, tras oír un grito, vio cómo un cochero bigotudo maltrataba a uno de estos chavales. Las mujeres regañaban al hombre rudo, que se defendía diciendo que el muchacho era un sinvergüenza. Kieler habló con el joven, un catorceañero debilucho, dejó el cesto de estiércol en un portal y telefoneó de inmediato a Olga. De camino se encontró con el camarada Bümeck y juntos se acercaron al local de Müller donde los esperaba Olga.

Decidieron informar del hecho al grupo Hansa del distrito Moabit de las Juventudes Comunistas, en cuya zona estaba el cuartel general de esos mozalbetes. Allí existía una célula pequeña de las Juventudes Comunistas. Hansa sacó de inmediato un panfleto de cuatro páginas que fue distribuido a la mañana del día siguiente. Cuando los cocheros regresaron de la ciudad tenía lugar una concentración de protesta; al día siguiente ningún joven pisó el local hasta que no desaparecieron los cocheros.

Lo que también había desaparecido era el cesto con los excrementos de los caballos y la pala, y como no podía restituirla, el jardinero se quedó sin trabajo. Más tarde, cuando Kieler y Bumek se juntaron con Olga, esta les dijo:

—En estos casos hay que estar allí y, más que discutir extensamente, hacer preguntas o esperar, hay que actuar. –Y volviéndose a Bümeck–: Tú, pesimista, no creías que la Unión de Jóvenes iba a resultar exitosa.

—Y tú no te entusiasmes con nimiedades y no pierdas de vista que de los nuestros no hay nadie en ese grupo de jóvenes.

—Por eso mismo es el asunto tan importante para nosotros, ahora saben que les hemos ayudado. Hasta luego.

Olga se marchó corriendo con Kieler, Bümeck se quedó quieto en la calle rascándose con el índice la nariz.

Olga contempló a Kieler consciente de su culpabilidad.

—No ha sido elegante por nuestra parte, pero he tenido que marchar antes de que pudiera responder, de lo contrario me hubiera puesto de mal humor. ¿Cómo puede ser así y tener un oficio tan bueno?

Bümeck trabajaba construyendo chimeneas y a Olga le gustaba ese oficio, trepar en la altura y situarse a 50 metros dejándose acariciar por el viento y teniendo a sus pies una inmensa red de casas. Bümeck era delgado y pálido y en él todo colgaba hacia abajo: la nariz, la comisura de los labios, los hombros... No aparentaba su oficio.

Siempre, en todas las reuniones, lo primero que preguntaba era si había llegado ya la circular de dirección, y si no era así, se enfadaba.

—¿Cómo es posible trabajar sin directrices?

Un día Olga le respondió.

—Querido Bümeck, solo quienes no tienen nada en la mollera no saben qué hacer si no tienen papeles oficiales delante.

—Sí, pero... ¿qué significa Bümeck? –le preguntaron.

—Es una abreviatura de «Burokrat y Meckerer», críticos burócratas –respondió Olga. Desde entonces se quedó con el sambenito.

Tras esa marcha repentina de Bümeck, Kieler acompañó a Olga hasta la esquina de su calle. A causa de la situación de ilegalidad de Kurt nadie debía acompañarla hasta su casa, solo uno de los camaradas conocía personalmente a Kurt.

Olga giró y vio a Kieler seguir la calle cabizbajo. Se paró ante una papelería; estaba segura de que no se volvería para mirarla aun cuando él la contemplaba muchas veces si no se sentía observado. Conocía a Kieler desde hacía algunos meses, pero sabía menos de él que de los otros. Era un tipo introvertido y cuando hablaba parecía como si tuviera que quitarse un gran peso de encima antes de poder dominar la voz. Una vez metido en harina participaba activamente en discusiones y acciones. Ella se había acostumbrado a leer en su rostro el leve reflejo de sus deseos.

Mientras Olga entraba en casa, Kieler se había comprado un block de dibujo en la papelería, un cierto despilfarro para quien está sin trabajo. Hasta entonces no le habían interesado los retratos, sus motivos eran un lago al atardecer, un ramo de flores, un camino bordeando una campa... Junto a él había un libro gordo de retratos que había alquilado en la biblioteca pública y trató de bosquejar el rostro de Olga. Hizo una gran mancha con la pintura, aseguró la hoja con chinchetas en la pared, recordó sus rasgos y comenzó a dibujarlos de nuevo. No lograba plasmar lo que quería: su pasión, su alegría, aquella mirada de Olga hacia él para saber si estaba de acuerdo, la relación de ella con los demás; trataba de imaginarse cómo sería cuando hablaba con Werner...

Werner trabajaba en la empresa Zurn y Glienecke de artículos de metal. Kieler se había hecho amigo de este aprendiz de 16 años tal vez porque venía bien que alguien cuidara de la gente sin trabajo y con hambre y que quería aprender, pero la amistad se hizo más fuerte después de que Olga hablara con Werner.

Al padre de Werner, librero de oficio, le parecía justo que los aprendices ganaran 15 peniques a la hora y que sobrepasaran las ocho horas, tampoco ponía objeciones al mal trato de los oficiales. «Así se educa bien», afirmaba. Sin que lo supiera el padre, Werner había visitado ya un par de veces las reuniones de las Juventudes Comunistas, pero no llegaron a entusiasmarle. No lograba entender las largas discusiones políticas y nadie se interesaba por él. Este joven con cierta tendencia romántica se había imaginado otra cosa sobre el tema de la preparación revolucionaria.

Un buen día apareció Werner con corbata y cuello duro mientras los demás jóvenes comunistas llevaban camisas abiertas. Olga, al entrar en la sala a dar una conferencia, oyó un comentario jocoso sobre los «proletarios de cuello duro» y, al mismo tiempo, vio a Werner rojo de vergüenza. Trató de defenderlo, ¿es que tal vez la camisa abierta hacía al comunista o la corbata convertía a uno en pequeñoburgués? ¿Quién era aquí el burgués: Werner o quienes lo criticaban? Después de estas reflexiones Olga se centró en el tema: «La fundación de células comunistas en las empresas».

Y aun cuando habló sobre la tarea de todos los días entusiasmó al personal. Los jóvenes compañeros sintieron de pronto que su trabajo era muy importante.

Kieler se volvió hacia Werner y este sintió la mirada de un mayor que le sonreía. Tras la reunión, Kieler se juntó con Werner y le preguntó:

—¿Te ha gustado?

Werner afirmó con la cabeza y contestó:

—Las citas que ha hecho de Lenin vienen al dedillo en nuestra fábrica.

Olga se juntó con ellos, preguntó sobre el trabajo de Werner y le propuso, con la ayuda de Kieler, montar en la empresa una célula de Juventudes Comunistas. Werner abandonó la reunión decidido a llevar a cabo la tarea. Cuando Kieler pintó por primera vez retratos de Olga existía ya una célula de siete miembros en la empresa de Werner.

—Todo esto lo ha conseguido una bella muchacha –le había dicho Paul a Kieler.

—No –le había respondido él–, esto lo ha llevado a cabo una verdadera comunista.

Mientras pintaba, Kieler era feliz, sentía lo que el poeta siente ante sus versos, el músico con sus melodías o el actor ante el sonido de sus palabras. Él creaba, producía belleza, vivía enfrascado en un mundo rico y animado.

Después de dejar a un lado el pincel observaba pesaroso los amplios agujeros de sus suelas y cavilaba si aguantarían la excursión del domingo programada por las Juventudes Comunistas.

* * *

Hilde, Paul *El Negro*, Werner, Kieler, Olga y un grupo de jóvenes se habían reunido el sábado por la tarde en la estación del tren. Hablaban animados y estaban contentos de emprender cosas en común; los domingos les gustaba recorrer los pueblos cercanos. Paul apostaba a que no venía Víbora; tras una discusión larga durante la semana con Patrulla Salvaje, que terminó en riñas e insultos, Víbora había decidido unirse a la ronda.

De pronto se hizo silencio y el grupo se espesó. Se acercaba Víbora arrastrando los pies, el instrumento de música (el puchero de cocina) lo había dejado en casa y se había cortado sus largas melenas. El muchacho aparecía muy formal. Incluso ya el sábado marcharon de granja en granja y hubo aldeanos que les echaron los perros. Allí donde encontraban peones de labranza o muchachos hablaban con ellos, y a la tarde quisieron organizar un partido de fútbol con los jóvenes en la plaza del pueblo, recitar poesías y también cantar y bailar. Pero tras la jornada de trabajo el pueblo parecía medio muerto. Oyeron que en el pueblo vecino había fiesta y allá se dirigieron. Ya desde lejos escucharon una música estridente. La atracción principal eran las barracas. Cada viaje costaba diez peniques. La música sonaba tan fuerte que casi no lograban entenderse y tampoco consiguieron atraer la atención de la gente joven del pueblo.

Cuando se alejaron de la vorágine se dieron cuenta de que aún no habían cenado y que eran tan pobres como los jóvenes del pueblo; rebuscando los bolsillos reunieron 98 peniques. Olga, la única con ciertos ingresos, había gastado su fortuna con el propietario del carrusel. Estaban hambrientos.

Se les encomendó a Hilde y a Paul, *El Negro,* comprar una libra de arroz en la tienda. Medio dormido y gruñendo por llegar tan tarde, el tendero les vendió el arroz y como en los árboles del camino había unas deliciosas manzanas, aunque no maduras del todo, cenaron arroz con manzana.

En realidad, esto fue todo, un día como otros muchos, con dificultades y necesidades, con éxitos y alegrías, un día tan hermoso que a Olga no le dejaba dormir tumbada en la paja de un granero.

* * *

Kieler tenía la boca llena de clavijas de madera y mientras iba sujetando la suela con golpes certeros su compañero le hablaba. Tres veces tuvo que preguntarle qué le había dicho el vivaz joven pelirrojo, pero los martillazos metían demasiado ruido y no merecía la pena repetir la pregunta otra vez. El tema era el mismo de siempre: ¿qué tenemos hoy para comer?

Kieler había gastado ya los clavos y habría podido hablar, pero se limitó a levantar los hombros.

—¿Qué puedes comer en un centro de asistencia social a parados?

—¡Qué bazofia! –maldijo el pelirrojo al entrar en el local de la cervecería–. Si no hay tapioca hay sémola.

También las jóvenes, que cosían por las mañanas pantalones de baño por cuatro perras y la comida, se quejaban de la situación. Todos sabían que la tan alabada ayuda social de la ciudad no era sino un abuso y un aprovecharse de las circunstancias. Pagaban por debajo de la tarifa y con ello dañaban a zapateros y costureras por competencia desleal. Pero muchos pensaban que era mejor comer algo y mal que nada, y tener algún marco en el bolsillo en lugar de no tener ni blanca.

Kieler, que aprovechaba cualquier situación para discutir con los jóvenes, miró el panecillo: grande y de color marrón-oro, estaba junto al plato esmaltado. Lo agarró, lo apretó para metérselo a la boca y este se convirtió en una masa mojada compacta.

Se lo colocó al pelirrojo debajo de la nariz y, como casualmente allí estaba Cuello Pavo, el encargado, le dijo gritando:

—¡Mira, puro engaño como todo el local: bonito por fuera y una porquería por dentro! –Llenaba la cuchara de puré y volvía a escanciar en el mismo plato–. ¡Un trocito de carne! –Voceaba y lo apartaba con cuidado dejándolo en la orilla del plato abollado. La situación se iba volviendo tensa.

Cuello Pavo, al que llamaban así por su largo y delgado cuello y su prominente y movediza nuez, al principio no reaccionó. Era un funcionario del Partido Socialista Alemán con tendencia hacia la derecha. ¿Quién mejor que él para ir poniendo las piedras reformistas en el camino?

Kieler, el pelirrojo y un par de compañeros más dejaron las cucharas a un lado, taciturnos; los demás les siguieron. Un murmullo llenó la sala.

—Pero, queridos amigos –comenzó diciendo Cuello Pavo. Su nuez daba saltos–. ¿Qué pasa?

Aquello fue el detonante: las cucharas comenzaron a golpear los cacharros y el ruido fue ensordecedor; los jóvenes pedían una explicación al gerente por aquella bazofia incomible.

—A-sam-ble-a, a-sam-ble-a... –resonó a coro en la sala. Cuello Pavo cedió, pero exigió que tres de los que para él eran los comunistas más conocidos abandonaran el local por desórdenes. Los demás protestaron, pero ellos asintieron. Corrieron al centro de asistencia social para parados de la calle Richard y les informaron de lo que pasaba en el otro centro, pues allí también había quejas por la comida. Sin decir más, se acercaron a unas tablas de madera que había en el patio cosidas, que servían de murete, y pintaron:

«¡Exigimos comida digna! ¡No queremos contribuir a un rebaje de salarios! ¡Contra las obras de urgencia para socorrer el paro!».

Las noticias volaron; en la oficina del paro se conoció el hecho; Kieler había informado a Olga y a algunos otros liberados de la Unión de Juventudes Comunistas.

—Debemos aprovechar la ocasión e ir al Ayuntamiento –dijo Olga, que de inmediato dejó los demás trabajos. Grupos de jóvenes se acercaron a la calle Richard e incluso algunos de la cervecería de asistencia social a parados. Se organizó una manifestación y marcharon hacia el Ayuntamiento de Neukölln; el concejal responsable del tema de juventud se acercó al portal un tanto nervioso y, con los brazos en alto, gritó:

—¡Pero señores..., en pleno día! –Y los jóvenes de chaquetas gastadas y zapatos torcidos presentaron sus reivindicaciones.

Esa tarde, Olga, Paul y Kieler se quedaron largo tiempo hablando entre sí. ¿Qué se pretendía alcanzar con aquella manifestación espontánea? El edil había prometido muchas cosas y el asunto había sido magnífico.

—Pero no espontáneo –contradijo Olga–. Salió tras una larga discusión con los parados, apoyada por la situación de necesidad y por la bazofia como comida.

—Una situación revolucionaria que llegó a madurar –zanjó Paul.

Rieron ante el uso de una formulación clásica para designar en el fondo una pequeñez, pero era cierto, habían participado en un episodio de la historia de la clase trabajadora.

A la noche Olga habló con Kurt, y le hizo ilusión cuando este comentó:

—Me parece importante que hayáis entendido la rabia de muchos jóvenes que pasan de la política y la hayáis encarrilado políticamente para, en su justo momento, organizar una acción.

Al día siguiente Kieler fue de nuevo con dos compañeros al local de asistencia social para parados. Era mediodía; rostros sonrientes y buen ambiente.

—No te lo pierdas, hay albondiguillas de Konigsberg y puré de patatas.

Cuello Pavo iba repasando con su mirada a los tres, de arriba abajo. La nuez de su larguísimo cuello se fue enrojeciendo y, señalándoles la puerta con dedo tembloroso, dijo:

—¡Fuera u os denuncio por allanamiento de morada!

Se cuchicheó en las mesas.

—¡Esperad fuera!

Esperaron, no habían pasado cinco minutos cuando se abrió una de las ventanas.

—Acción de solidaridad –dijo el pelirrojo relamiéndose de gusto con la lengua al mismo tiempo que les largaba una fuente llena de sabrosa comida y tres cucharas.

—Igual participas mañana en la manifestación en Lustgarten –le dijo Kieler.

—Igual –respondió el pelirrojo.

* * *

Los niños del grupo Espartaco, *El Joven*, estaban ya juntos esperando, y sus camisas blancas y pañuelos rojos brillaban de limpios. En estas ocasiones siempre eran puntuales, les gustaba encabezar las manifestaciones del partido y de la juventud; en cuanto comenzó a formarse la columna se colocaron rápidamente en primer lugar y miraban expectantes al organizador de Juventudes Comunistas. Tan pronto como dio la señal, levantó la batuta el joven maestro de capilla, redoblaron los tambores y sonó la canción *El Pequeño Trompeta* en el grupo de dulzainas de las juventudes. Se abrieron las ventanas, la gente se acercó a las aceras y a los chavales se les infló el corazón.

Estos niños proletarios conocían la pobreza, habían vivido horas de desesperación, angustia, lágrimas y desaliento. Para ellos esta manifestación comunitaria era algo muy distinto, aun cuando podía ser peligrosa. Manifestación era sinónimo de fuerza y sensación de unión, pertenencia; por eso sonaba tan fuerte el tambor, el trompeta soplaba tan orgulloso y las voces de los niños se teñían de matices tan bellos.

En primera línea estaban Kathe, Max y Lisa; Max, el hermano de Paul, *El Negro*, llevaba la bandera. Kieler, que adoraba a los chavales, se entretenía hablando con ellos.

La juventud y los camaradas del partido aún no se habían colocado y discutían en pequeños grupos.

—Olga, ven –dijo Max.

Aquel revoltijo de voces blancas enmudeció, vieron venir a Olga y Kieler sintió lo que pensaban aquellos niños; se leía en sus miradas y en aquel silencio repentino.

Querían ser como los mayores de las Juventudes Comunistas: hablar como ellos, defenderse de la condenada policía, saber replicar, ser alegres y valientes como los héroes.

Había muchos jóvenes comunistas, pero entre ellos algunos encarnaban con especial fuerza el ideal de estos niños. Olga era una de ellos. Las niñas querían ser como Olga y los niños luchaban por tener sus cualidades.

Olga se colocó delante de la primera fila.

—¿Qué ocurre, Kathe?

—Te has dado cuenta de que Kathe está de mal humor –dijo Max. Kathe jugueteaba en silencio con el lazo de su coleta–. Le han encomendado la función de agitadora y ella dice que no puede, que le da miedo.

—Yo también tendría –dijo Lisa.

—A mí también me ocurría, tenía verdadera angustia cuando debía realizar algo nuevo –aclaró Olga.

—Veis –Kathe se sentía un tanto aliviada–, igual que Olga, voy a decirles que no puedo, que lo haga otro.

—A pesar de todo yo lo intento siempre, aun cuando me de miedo –dijo Olga–. Primero hablo con mis compañeros que saben del tema, y luego te vas sintiendo más segura, te acostumbras.

—Sí, y ocurre que cuando ya te has acostumbrado viene la dirección y te exige más –se quejó el doceañero–. A mí me ha pasado.

Olga respondió sonriendo.

—Así es, apenas puedes hacer una cosa bien y con cierta seguridad... se te exige más, y así sucede hasta convertirte en un dirigente de pioneros o más tarde de la clase trabajadora. Es maravilloso, te felicito por tu nueva función, Kathe.

—Yo también –añadió Max.

—Naturalmente, también yo –se adhirió Lisa.

Olga miró hacia atrás, los grupos de discusión se estaban disolviendo.

—Niños –dijo Olga–, debo pediros que hoy vayáis en el centro de la marcha. Ya sabéis que en nuestras últimas manifestaciones...

—No tenemos miedo –respondió Max alargando decidido su nariz respingona al viento–, déjanos aquí, que no escaparemos corriendo ante la policía, te lo prometemos.

—Ya lo sé –contestó Olga acariciándole los mofletes.

Max había participado en la manifestación en homenaje a un trabajador asesinado en la que fue detenido por la policía Konrad Blenkle, presidente de la Unión de Juventudes. En dicha manifestación de la comitiva fúnebre participaron miles de personas. Este trabajador joven fue asesinado en plena calle por la policía durante una aglomeración de parados.

En la comitiva se llevaron muchas coronas provenientes de compañeros de trabajo, en cuyos lazos podía leerse: «Querías dar a conocer que tenías hambre y como respuesta recibiste no pan sino plomo en el estómago». «En lugar de pan la poli te dio un tiro». «Moriste por nosotros, te vengaremos». Apenas se había formado la comitiva cuando la policía se abalanzó entre la gente, rasgó las telas que cubrían las coronas y exigió que se quitaran las inscripciones; los manifestantes se negaron, la comitiva se encontraba cerca de una obra del metro y se armaron de estacas y tubos. Esta vez la policía no se atrevió a disparar, y las coronas fueron depositadas intactas en la fosa. Solo Konrad Blenkle, que habló ante el cadáver, fue detenido poco después del acto y poco antes de que la manifestación se disolviera.

Esta manifestación estaba aún fresca para policías y manifestantes. Hoy se dirigían a Lustgarten y Ernst Thalmann debía hablar. Olga condujo a los niños al centro y ella fue hacia adelante. Kieler y Paul, *El Negro*, trataban de convencerle de que era mejor que no fuera en primera línea, pero Olga no se dejaba arrinconar. Al colocarse Hilde a su lado, los jóvenes cedieron en su ruego.

En primera línea, Olga, Hilde, Kieler y Paul, *El Negro*. A Kieler le golpeaba el corazón. Era la primera vez que llevaba el estandarte y eso era algo especial. Se lo habían regalado sus amigos soviéticos y pertenecía al grupo Liebknecht.

Las Juventudes Comunistas de Neukoln, el segundo distrito más grande de Berlín, eran tan fuertes que se habían dividido en varios grupos: Marx, Lenin, Liebknecht, Luxemburg, Mehring, Levine, Budjonny y Dsershinski. Todos envidiaban al grupo Liebknecht por su bandera y los compañeros la cuidaban como oro en paño. Paul, *El Negro*, portaba el estandarte inmenso de la Unión Alemana de Juventudes Comunistas de Neukoln. Hilde y Olga no llevaban nada, querían tener las manos libres. No lejos de la primera fila estaba Hans, *El Largo*, dirigente de la oposición SAJ (Organización de Juventudes Socialdemócratas), que había decidido dar el paso a las Juventudes Comunistas. Kieler miró a Olga y ambos sonrieron; el paso era en gran parte mérito suyo. Olga había exigido con insistencia a los compañeros de Juventudes Comunistas que discutieran con los jóvenes socialdemócratas en lugar de conformarse con gritarles «fascistas socialistas». Eran jóvenes trabajadores y había que ganarlos. ¡Cuántas veces había participado en asambleas del SAJ y cuántas horas había discutido con el largo Hans!

Mientras los manifestantes aceleraban el paso, Hilde metió su mano derecha en el bolsillo y tocó el largo y afilado clavo. Aún seguía latente la impresión de la última manifestación y se notó ya en el primer canto que entonaron. Sonaba a reto: «En Leuna cayeron muchos, en Leuna se derramó sangre de trabajadores...». Un coche celular circulaba a gran velocidad por una calle secundaria; los policías, sentados dentro espalda con espalda, parecían soldados de plomo con las carrilleras bajadas y sus fusiles en las manos.

Se acercaron los policías a caballo, que retenían a los animales ante las primeras filas y amenazantes trataban de expulsar a los manifestantes de la calzada, ayudados por sus sables desenvainados. Los animales bailaban al son de los policías y culeaban tratando de llevar a la gente a la acera. La columna marchaba adelante cantando y sin ceder.

—Vuestro hijo fue asesinado por la policía...

Se hizo silencio por unos segundos, solo se oía el golpear de las pezuñas de los caballos y los pasos de los manifestantes sobre los adoquines de la calle. Sonó entonces un grito, lanzado con rabia hacia el cielo.

—¡Perro policía, juramos venganza por la sangre vertida de los trabajadores!

Pálidos y sumamente nerviosos, embridaron sus caballos. Un fantástico animal de color marrón trataba de desplazar a Hilde; el policía, apretando con fuerza los labios, se alzó sobre el caballo tratando de agarrar la bandera que llevaba Paul, pero Paul la bajó como un rayo.

—Perros asesinos –gritó Olga dirigiéndose hacia los policías a caballo; mientras, Hilde había sacado el clavo del bolsillo–. Lo siento –le dijo al caballo– pero lo tengo que hacer –y le perforó el muslo con la punta. El caballo se irguió furioso sobre sí mismo y el policía se deslizó al suelo, la primera fila de jóvenes comenzó a reírse y terminó riéndose toda la comitiva. La poli saltó de sus coches celulares y colgándose de los estribos laterales fueron abriéndose paso hacia adelante golpeando con las porras a diestro y siniestro. Paul había descompuesto ya la bandera en tres partes y las había pasado hacia atrás;

Kieler volvió la cabeza y, para su consuelo, vio que hacia la mitad de la manifestación volvía a flamear al viento. El pelirrojo de la asistencia social iba cerca de la bandera y le hizo un gesto con la mano. Estos segundos de relajo fueron fatales para Kieler: notó un tirón en las manos y supo que se trataba de la bandera soviética. No logró escabullirse del policía y otro vino en apoyo del primero. Kieler apenas si sentía la lluvia de porrazos, él solo sabía que no podía entregar la bandera. Kieler y bandera, formando un paquete, fueron arrojados al celular policial. Cuando pudo levantar la cabeza los jóvenes comunistas rodeaban estrechamente la furgoneta. Llovían porrazos por todas partes y Kieler solo estaba vigilado por un único policía; Hilde saltó sobre el estribo, asió al policía por el cinturón y lo arrastró a la calzada. Al mismo tiempo Olga agarró a Kieler y lo saco del furgón. Terminó cabeza abajo a orillas de la calzada.

Para cuando Kieler abrió los ojos estaba ya en el centro de la manifestación, apoyado fuertemente en los hombros de Hilde y Olga que sostenían sus manos dormidas.

—¡La bandera! –gritó él.

Werner, que marchaba delante, se volvió y, cuando se abrió la chaqueta y la camisa, brillaron al sol las letras doradas de la bandera. Hilde llevaba ahora un pañuelo alrededor de su pelo rubio y Kieler un sombrero en lugar de la gorra de visera.

Al llegar al Lustgarten estaban en primera fila Olga, Hilde, Kieler y Paul.

Las banderas ondeaban al viento.

* * *

—Calma, hay más de treinta de los nuestros en la sala –dijo Paul antes de entrar en el local con Olga y Kieler.

—Estoy muy tranquila, no hagas teatro –respondió Olga.

Todos los asientos estaban ocupados por los jóvenes cascos de acero. Un compañero informó a Olga de que el enemigo había dado la consigna para esta reunión –anunciada en todos los sitios– de que, cuando hablara un comunista, no lo denostarían o más tarde le darían una paliza, sino que se burlarían de él. Kieler observó la primera fila, donde se sentaban los peores tipos, el camorrista brutal y el fascista altanero.

Primero habló un casco de acero. Los comunistas no le interrumpieron.

Cuando Olga ocupó el pódium hubo un susurro en la sala, no se esperaban que hablara una muchacha. ¿Tal vez querían los comunistas mofarse de ellos?

«Ríete, cuanto más fuerte mejor», fue la consigna transmitida.

Olga estaba sola en la tribuna y hablaba con desparpajo. Kieler tenía las manos en los bolsillos de los pantalones convertidas en puños, al más mínimo insulto estaba dispuesto a golpear.

En el primer banco comenzaron las risas. Olga se calló. Kieler se puso en pie y Paul le obligó a sentarse a la fuerza. Olga guardó silencio mirando con desdén hacia la primera fila y solo siguió cuando acabaron las sonrisas. Hubo otras veces que se rieron y siempre que esto ocurrió dejó Olga de hablar, luego seguía. Cuando finalmente acabó hubo silencio en la sala.

—Bien –dijo Paul más tarde–, muy bien, muchacha.

Kieler permaneció mudo, seguía muy excitado.

—¿Qué quiere decir aquí bien? –anotó Bümeck–. Uno es consciente de que aquí los cascos de acero son mucho más numerosos y fuertes que nosotros.

A Olga le rechinaron los dientes.

—Me doy cuenta y ¡precisamente tú tenías que decirlo! En realidad, ¿a qué has venido?

—No soportas la verdad –contestó Bümeck–. Yo soy comunista pero no soporto las exageradas deformaciones propagandísticas. Sé mirar las cosas como son y no son como vosotros quisierais que fuesen. No somos un grupo poderoso sino un grupito. Los SAJ y cada una de las organizaciones reaccionarias son superiores a nosotros.

Él contaba realmente el estado actual de los miembros de la Unión. Cuando se calló se dirigió a Olga.

—Para esto no tienes respuesta.

Olga calló y antes de responder contó hasta diez despacio para evitar una actuación inoportuna. Kieler no decía nada y observaba a Olga. Paul sí quería responder, pero Olga se adelantó, inesperadamente compasiva.

—Pobre Bümeck, tu vida está bastante vacía, no estás convencido de que vamos a vencer. Metes la nariz entre los números y certificas que tenemos menos miembros que los demás. Yo te puedo dar ahora algunos datos más: el número de cañones que tienen, el número de policías, las unidades del Ejército. Pues te digo que un día colocarás sobre los ladrillos de todas tus chimeneas la bandera roja, pero solo si eres capaz de dejar y despojarte de esa indigna desesperanza. De lo contrario tendremos que buscar otra persona.

—No me dejéis –dijo Bümeck espantado.

* * *

Olga le contó a Kurt lo sucedido y los temas que la preocupaban y este se alegró por el avance que se estaba operando en Olga sin que fuera consciente del todo.

Bajo su influjo no solo había dejado las coletas, los vestidos innovadores o el jabón de piedra, sino también la tendencia sectarista. Antes, Olga opinaba que un miembro honesto y consecuente de las Juventudes Comunistas no fuma, ni bebe, ni debe bailar. Kurt le había aclarado cómo existen muchos miembros de las Juventudes Comunistas que por no hacer este tipo de cosas externas de modo estricto se creen mejores y terminan aislándose de la juventud trabajadora. Era cierto, Olga seguía prefiriendo jóvenes que ni fumaran ni bebieran o que no pasaran sus tardes demasiado a menudo en pistas de baile, pero reconocía que Kurt tenía razón. Por eso dejó que Werner vistiera corbatas y camisas de cuello duro, encontró el tono exacto en sus relaciones con el SAJ, organizó el trabajo con Pandilla Salvaje, supo hablarles convincentemente a los «cascos de acero» y trabajar conjuntamente en la sección juvenil del sindicato dirigido por los socialdemócratas. Pero no fue solo Kurt quien influyó en Olga. Esta tenía deseos de aprender en todas partes. Paul, *El Negro*, el dieciseisañero Werner y otros muchos jóvenes la habían puesto en contacto con las empresas; Kieler solía informarle del ambiente y las discusiones entre los parados y Hilde, que trabajaba en la fábrica Gaubschat de carrocería, le comentaba la situación de los jóvenes. Pero se podría decir que incluso todo esto era insuficiente para impartir directrices a los demás.

—Nuestra instrucción es como las distintas partes de un zapato –le dijo una vez a la joven Erika que trabajaba como aprendiz en la fábrica de calzados Reh y Pradel y no se atrevía a acudir a un curso para liberados–. Como tú bien sabes, hacen un zapato de distintas piezas y luego le dan la forma adecuada.

En las pausas los jóvenes participantes en los cursos se desfogaban como podían. Tras una fría y gélida semana de octubre apareció el sol y se desheló la capa de hielo de un lago cercano. Los jóvenes decidieron en su loca alegría ir a bañarse; no estaban acostumbrados a hacerlo en sus casas por las mañanas en la bañera con agua fría, así que Olga saltó la primera al agua helada.

Antes de seguir con el cursillo hicieron unas carreras por el bosque, bebieron café caliente para quitar el frío y calmaron el hambre con rebanadas de pan untadas en grasa. El deseo de Olga por aspirar el aire fresco era insaciable en cuanto abandonaba la ciudad. A las noches convencía a Hilde y Erika para dar un paseo a pesar del frío y la oscuridad. Kieler también participaba, a él no hacía falta que lo convencieran. Una de esas veces Hilde tardó en dejarse convencer, porque estaba terminando el libro de Alexandra Kollontai *Los caminos del amor*, que trataba de las relaciones entre sexos después de la revolución. Este libro fue muy leído entre los jóvenes comunistas y Olga estaba entusiasmada con su contenido.

Como otros muchos compañeros, ella estaba en contra del matrimonio porque este concepto estaba unido con todo lo malo que el orden social burgués había depositado en él: la dependencia de la mujer respecto al hombre, su carácter mentiroso, su coexistencia burguesa, la indiferencia, la falta de perspectiva y salida para matrimonios desgraciados por la dependencia económica de la mujer, el inhumano papel de la muchacha con hijos naturales o hijos de madre soltera. Todo esto condujo a que muchos jóvenes progresistas prefirieran vivir junto con su compañero o compañera sin más ataduras.

En uno de estos paseos nocturnos, al hablar de estos temas, Hilde preguntó a Olga:

—Hace ya bastante tiempo que vives con tu amigo, ¿no? ¿No piensas casarte oficialmente?

—No –respondió Olga–, así es mejor, vivimos juntos porque nos queremos, no porque nos ate un papel. Queremos ser libres para separarnos cuando nos apetezca.

—¿Vivirías con él aun cuando él estuviera enamorado de otra?

—No, si él quisiera más a la otra. Pienso que debería ser honesto conmigo y decírmelo y, en ese caso, debería vivir con la otra. No tengo ningún derecho a retenerlo.

«Él no puede querer más a otra», pensaba Kieler, que caminaba junto a Olga.

—Pero si ocurriera alguna vez momentáneamente una aventurilla, ¿te pondrías celosa?

—Si ocurriera algo parecido debería combatirlo. Los celos son una cualidad burguesa.

«Entonces yo soy un puro burgués, al cien por cien», pensó aterrorizado Kieler.

—¿Y qué ocurre contigo si haces una escapada? –preguntó insistentemente Hilde de nuevo.

—Tengo los mismos derechos que él –respondió Olga sin tardanza–. Pero yo no estoy conforme con lo que hacen algunos: picoteando una vez aquí, otra vez allí...

—Me parece la primera anotación razonable respecto a este tema –dijo Hilde.

Erika, la más joven de todos, iba agarrada del brazo entre Hilde y Kieler, en medio de la oscuridad. Era una muchacha bella y regordeta de pelo rizado, con una boca pequeña que abría ahora por primera vez.

—Yo quiero ser enteramente libre, mi cuerpo me pertenece y yo lo regalo a quien gusto y me gusta. De mi parte, uno nuevo cada semana. Vosotras sois unas burguesas sentimentales.

Olga se colocó delante de Erika y así obligó a detenerse a los demás.

—Eso es pura teoría, ¿o has comenzado ya con la práctica, tú, atrevida?

Erika tartamudeó.

—Hombre, no tal y como lo digo, pero... –su voz se hizo más segura– pero he besado a más de veinte.

No podía adivinar los rostros de extrañeza de Olga y Hilde en la oscuridad, si no tal vez hubiera bajado a seis o siete.

—Me gustaría hacerte reflexionar y darte un par de tortas –le dijo Hilde.

—Y después a mí –añadió Olga.

—No –intervino Kieler–, antes hablad con ella.

—¿Sabes quién se ha preocupado de personas jóvenes de tu calaña? –preguntó Olga–. Lenin, sí, señor, aunque te sorprendas, Lenin, personalmente. Él dice que es comprensible que se sienta repugnancia ante la ruina y porquería del matrimonio burgués y que es justo que la juventud se rebele contra él, pero que la salida no debe ser llevar ahora, como persona joven, una vida sexual desenfrenada, cediendo a todo impulso de inmediato. Eso no es ni revolucionario ni progresista. Lenin llega a llamar a eso «una prolongación del burdel burgués». Rechaza la teoría pretendidamente comunista según la cual la necesidad de amor y la realización de las apetencias corporales sean tan poco importantes y sencillas como beber un vaso de agua. Esa teoría produce mucho daño entre la juventud y no es nada marxista y, además, ninguno bebería agua de un vaso cuyo borde estuviera grasiento de muchos labios.

—Oye, Kieler, di algo como hombre. –Hilde le tocó el codo.

—Sabes, tú, Eri –dijo Kieler suavemente–, un beso no es nada, pero besar a veinte distintos y luego seguir adelante, como tú pretendes, pienso que es un crimen contra ti misma. Piensas que los jóvenes te tienen por moderna y avanzada si haces esto, pero en realidad dejan de respetarte; te lanzas por un camino que te abarata y olvidas una cosa importante en la vida, que la delicadeza y el amor deben ir acompañados de las apetencias sexuales.

Dicho esto, Kieler guardó silencio.

—¿Y qué piensas de casarse? –le preguntó Hilde.

—Soy partidario del matrimonio firme. Solo me caso si encuentro lo que quiero y ella me quiere, entonces no hay aventuras, escapadas o separaciones. Yo permanezco fiel toda mi vida.

—¡Oh, jovenzuelo! –respondió maternalmente Hilde.

Guardaron silencio; la noche estaba cerrada y caminaron tanteando el paso para no tropezar en alguna raíz del camino.

—Tampoco estoy totalmente de acuerdo contigo, Olga –dijo finalmente Hilde–. Ser libre para poder separarse en caso de que acabe el amor y no tomar demasiado en serio las aventurillas me parece palabrería. Te debía contar aún algo más Lenin. Yo abogo por un matrimonio firme, no tiene por qué ser un matrimonio burgués con todos sus defectos. ¿Es que acaso no es posible un matrimonio progresista y honesto?

—Pero para eso no hace falta ir al registro civil y atarse de por vida, a una pareja moderna le asiste la capacidad de poder separarse si acaba el amor –replicó Olga–, lo demás es esclavitud.

—¿Y si el amor termina en uno pero no en el otro?

—Jamás dependería de alguien que ya no me quiere, esa es la razón por la que hay que poder separarse.

—Bien, y entonces, ¿qué pasa con la constitución de la familia y los hijos? Mi Paul y yo nos casaremos y llevaremos a cabo un matrimonio duradero y estable. En principio tú tienes una mejor disposición cuando te dices a ti mismo: vamos a vivir juntos de por vida, nos pertenecemos, es una decisión grave y seria y debemos vigilar que entre nosotros las cosas sigan bien. ¿Surgen dificultades o desavenencias? Entonces es mejor saber superarlas que decir: bueno, pues nos separamos, no estamos casados. Esto lo encuentro bastante ligero y superficial. Además, ya conoces a los hombres. Mi gitano a veces está que vuela por las nubes, y otras mira excesivamente hacia atrás; pero para él lo importante es el matrimonio estable, sistemático, por eso resulta difícil que sus pensamientos se disparen y piense en serio en otra mujer. Pero si él se imaginara que una aventurilla no es gran cosa, que podría probar con otra, que le produciría más placer o, cuando menos, algo distinto, pienso que, si así pensara, podría ocurrir con más facilidad que lo hiciera. Pero ocurre que Paul y yo queremos tener hijos y ellos deben tener padre y madre.

Comenzó a caer una fina y acuosa nieve y los cuatro volvieron al albergue.

* * *

Por la mañana temprano, como cada víspera de fiesta, Kieler había estado sacudiendo las alfombras de un mayorista. La muchacha de servicio le daba a hurtadillas comida y él estaba conforme porque esta familia se había enriquecido inmerecidamente. Aquel día apareció la «misericordiosa mujer», la dueña misma. ¡Mujer misericordiosa! Kieler la llamaba así para no perder, cuando menos, una vez a la semana ese trabajo. Miró de arriba abajo al joven para luego ir a la despensa; allí agarró un plato de postre: tarta de bizcocho cilíndrica de varias capas, pasteles y merengues de varios tipos. Giró el plato con cuidado –él podía ver la operación porque había dejado la puerta abierta– y lo dejó aparte, tomó luego dos bollos apergaminados de un platillo y los envolvió para «el señor». Le dio las gracias sabiendo, mientras lo metía en el bolsillo de la chaqueta, que aquello le dañaba más que un día sin comida. En la calle apretó los dientes y se dijo: en la revolución yo mismo coso a balazos a esta mujer, pero antes le digo por qué. Tuvo que reírse: «la misericordiosa» creía haber hecho una buena acción y «el señor» debía estarle agradecido. Le había dado lo que ella ya no quería.

Pasó el día entero un poco deprimido y al atardecer llegó sorpresivamente Olga a visitarlo por primera vez.

La cama estaba sin muda, desnuda. En una cuerda, que iba desde un clavo en el que colgaba la llave del váter hasta el crucero de la ventana, bamboleaban unos calcetines mojados llenos de agujeros. Sobre la repisa de la ventana estaban los bollos encogidos y apergaminados.

¡Eran lo peor!, no para Olga sino para él.

Ella sintió que Kieler se avergonzaba de la situación.

—Eres un pequeñoburgués que te abochornas de esto –le dijo señalándole al mismo tiempo el cuarto con su mano delgada. En otra ocasión Kieler hubiera estado de acuerdo, pero tres meses de penuria, y en un día como hoy se le ponía la carne de gallina. De pronto sintió odio hacia ella y pensó: «Hablas bien pero nunca has sentido hambre, tu padre nada en la abundancia, tú misma ganas bien y jamás has tenido necesidad de sentirte turbada». Al mismo tiempo, se dio cuenta de lo imbéciles y aburridos que eran sus pensamientos.

Olga vio que lo había herido y prosiguió:

—Necesito tu ayuda, espero que no te moleste.

¡Olga necesitaba su ayuda! Los bollos parecían ahora menos apergaminados y los agujeros de los calcetines más pequeños.

—Viene Sepp –dijo Olga–, Sepp de Múnich, es el mejor amigo de Kurt y mío. No puede quedarse en nuestra casa y por diversas razones es mejor que no se hospede en un hotel. ¿Podría alojarse aquí?

—¡Aquí! –Kieler soltó una carcajada. Hizo un gran movimiento con la mano incluyendo en él el roñoso armazón de la cama con su jergón de paja y la vacilante mesa.

Olga comenzó a enfadarse.

—¿Qué te pasa, por qué no? Cama y muda te dejamos nosotros. ¿Qué te dirá la patrona?

—Ella se alegrará, le debo ya dos meses de alquiler.

—Tiene que quedarse 14 días y la patrona recibirá el alquiler, no por ayudarte a ti, sino para calmar a la señora y para que no se queje de la estancia de Sepp.

—No hace falta que os preocupéis del alquiler.

—Te he dicho que no lo hacemos por ti, la visita de Sepp tiene que ver con el partido.

El tono de Olga era áspero y eso tranquilizó a Kieler.

Al marcharse se fijó en la pared de entre las ventanas. Kieler apretó los puños, no había pensado en ello; allí colgaba un retrato de Olga. Ella volvió de inmediato la cabeza al otro lado, pero el amargor y la humillación de Kieler habían traspasado sus límites.

—¿Qué te parece? ¿Te admiras de lo artista que soy? –dijo con voz seca–. Naturalmente que como todo artista he exagerado: la nariz es bastante más larga, el rostro más magro y hombruno...

Olga se puso roja y él la vio por primera vez un tanto perpleja, pero Olga no quería dejar la impresión de que se sentía maltratada y retardó su marcha. Estaban juntos mirando el cuadro.

Él se fijó en su piel suave y fresca, sus párpados abultados, la curvatura de sus carrillos, su cabello corto y rizado... ¡Todo estaba tan cerca de él! En su interior bullían la rabia y la desesperación.

Antes de que ella pudiera empujarlo hacia atrás él ya se había desprendido de ella. Cuando se encontró solo estiró los brazos sobre la mesa y suspiró. Al día siguiente hizo las maletas, colocó el reloj sobre la mesa, regalo de sus padres en el día de la confirmación, rasgó un trozo blanco del borde de la «bandera roja» y escribió en él: «En concepto de alquiler». Al colocar el papel debajo del reloj sonó la puerta. Se espantó. «¡Ojalá la dueña no se haya enterado de nada!».

Era Olga.

—¿Qué pasa? –preguntó.

Él era incapaz de responder. Luego, un tanto afónico, dijo:

—Evidentemente, necesitas una disculpa antes de que desaparezca de tu vista; la tienes.

Ella se volvió ácida:

—Mierda, deja de hacer tonterías. Tienes un mandato del partido, nosotros contamos con que el compañero va a poder alojarse aquí, y tú te marchas bajo la excusa de no sé qué dolor de tripas personal. –Mirándole fijamente le espetó–: ¡Debo decirte claramente: me has defraudado con tu forma de portarte!

—Si yo me voy el compañero puede ocupar la habitación.

—¡Nooo, tú debes estar con él, de eso se trata!

—Pues entonces me quedo los 14 días.

—Vale. –Desempaquetó un par de sábanas, se sentó y, apoyando la barbilla en las manos, dijo–: Me gusta ser clara; lo de ayer fue desagradable y es que te controlas muy poco. –Kieler se sobresaltó–. Bueno, vamos a olvidar.

Kieler sacudió con fuerza la cabeza:

—No puedo olvidar, me va a quemar toda la vida. Olga, te lo juro, hasta ahora he tenido frente a las chicas...

—Ya lo sé sin que me lo digas –interrumpió ella–, por eso está liquidado. Se acabó. –Lo vio blanco, atribulado, y cambiando de tono, dijo–: Escucha, Fritz –él casi había olvidado su verdadero nombre–, si te considerase inmoral, si tu carácter fuera así, yo lo denunciaría en la próxima asamblea de Juventudes Comunistas. Pero hay que conocer el corazón de las personas y para mí tú eres un buen compañero, un tipo sano, inteligente, valiente y orgulloso, hoy lo mismo que anteayer. Sé que no va a pasar más. Estás decaído, vives en penuria y perdiste los nervios. Ayer lo mismo me hubieras podido gritar que darme un par de tortas. –Se dio cuenta de que no la entendía–. Es cierto, las tortas las merecía yo, fue irracional y cruel venir sin avisarte. Dame la mano y se acabó. Quédate en Berlín, eres excelente dentro de las juventudes. Perdóname... Y tengo un ruego para ti: regálame el cuadro. Me gusta aun cuando esté un poco exagerada. –Ahora Olga se reía de una manera contagiosa y feliz y en medio de su dolor él se rio también, aunque le resultaba difícil contener las lágrimas.

* * *

Desde la revuelta con la comida en la cervecería de asistencia social a parados, a Kieler se le había prohibido el acceso. Un compañero le proporcionó a él y a Paul trabajo para un par de semanas en la limpieza de las calles de Berlín. Una tarde, al regresar a casa con el traje de barrendero, se encontró con que en su cuarto había ya otra cama y debajo una pequeña maleta. En el clavo de la llave del cuarto de baño colgaba ahora un gorro con una brocha del mismo tipo que el que llevaban los hidalgos reaccionarios. Más tarde llegó Sepp y la primera conversación giró sobre el dichoso sombrero que para Kieler era un símbolo fascista. Sepp era de la opinión de que el bávaro tiene derecho a llevar su traje nacional aunque los fascistas se permitan utilizarlo y mezclarlo en su teoría de sangre, raza y patria. Es equivocado dejar este símbolo en sus manos.

En realidad, esta fue su única discusión; Sepp y Kieler se entendían muy bien, sobre todo si hablaban de Olga o de la revolución a corto plazo. Tras 14 días se despidieron amistosamente.

Olga propuso que se quedara allí la cama y que Hans, *El Largo*, se alojara provisionalmente en casa de Kieler. Sus padres –viejos socialdemócratas– lo habían echado de casa tras enterarse de que militaba en el movimiento comunista. La tragedia de la división de la clase trabajadora anidaba hasta en las propias familias.

La situación era difícil también para Werner, el herrero. Su padre consideraba una grave deshonra la pertenencia de su hijo a las Juventudes Comunistas y casi todas las noches había discusiones en casa. De ahí que Kieler se sorprendiera cuando Paul le propuso, después del trabajo, ir a pintar pancartas a casa de Werner.

—¿Precisamente a casa de Werner?

—Sí, el viejo de Werner no está en casa y su pasillo largo y estrecho es ideal para hacer pancartas.

Fueron juntos, tampoco estaba la madre, así que cogieron huevos y pan de la despensa. Desenrollaron el material y apareció el pasillo cubierto por una fina alfombra roja. Con grandes letras, pintaron: «Todos a la fiesta del 7 de noviembre, día de la gran revolución rusa». La pintura que utilizaron penetró en las tablas de madera y, aunque trataron de limpiarlas por todos los medios, las huellas eran patentes.

El padre de Werner lo notó en cuanto abrió la puerta y en un golpe de rabia le destrozó a Werner la cartilla de la Unión de Juventudes Comunistas Alemanas. Gracias a la intervención de su madre, Werner pudo invitar a un par de amigos a su cumpleaños, el 7 de noviembre; eran Olga, Paul

El Negro, Hilde y Kieler. Para no pisar las marcas del «Todos a la fiesta del 7 de noviembre», dieron un pequeño rodeo.

En Neukölln se había preparado un acto festivo en homenaje a la revolución, dificultado y entorpecido por los enemigos. De ahí que los invitados y el homenajeado llegaran a casa tarde, a la hora de los postres, con los vestidos rasgados y marcas en la cara.

No solo los enemigos, también la policía había actuado contra los comunistas, para no perder la costumbre. El padre de Werner se subía por las paredes.

—Seguro que es culpa vuestra, nuestra policía no se dedica a pegar sin más. Para cuando te han pegado, señal de que has hecho algo.

—Tienes razón, conoces perfectamente a nuestra policía –le respondió el hijo mientras se aplicaba la hoja del cuchillo del postre al chichón de la frente.

—¿No me crees? Ahora os voy a demostrar lo educadamente que ella se comporta.

Y salió a la calle donde aún patrullaba un fuerte número de unidades. Arriba, los invitados seguían el desarrollo desde la ventana. El padre se acercó a ellos y se quitó el sombrero.

—Dígame, por favor, señor agente, ¿qué ocurre?

—¡Circule! –rugió el policía.

—Pero, señor agente, solo pregunto...

Antes de que el padre viera el brazo levantado con la porra, su cabeza negra rodaba por la acequia de la calzada entre las heces de los caballos y las hojas marchitas.

Arriba, en la ventana, seguían los jóvenes comunistas, y cuando el padre subía las escaleras, oyó ya risas y carcajadas en el piso.

* * *

A Olga la habían elegido responsable de agitación y propaganda en el distrito de Neukölln. En uno de los cursillos en la primavera de 1926, en los que ella era responsable, Kieler y otros compañeros llegaron bastante tarde. Olga, que era especialmente dura con los impuntuales, tuvo palabras fuertes. Más tarde escuchó que los dos parados recorrieron los 25 kilómetros de distancia que les separaba de Berlín a pie y se disculpó de manera honesta y cortés por su deliberada dureza.

A Kieler le afectó que otro compañero criticara la intolerancia y el ímpetu de Olga. Su impertinencia, decía, obedece a su altanería y su impetuosidad es muy poco delicada.

Olga era muy querida, y el gran impulso de las Juventudes Comunistas de Neukölln desde 1925 se debía, con toda razón, a su fenomenal trabajo. ¿Por qué entonces el juicio severo de este compañero? Olga, que era inmensamente fiel al partido y que se entregaba en cuerpo y alma a su tarea, se enfadaba con los compañeros tibios, desinteresados y abúlicos y, a veces, exigía demasiado. Odiaba a los cobardes, a la gente indiferente y superficial, y no soportaba estos defectos en los compañeros. Era joven y no siempre se daba cuenta de lo que influye el entorno, la circunstancia; no poseía la paciencia suficiente para confiar en que se puede cambiar. No era verdad que la dura crítica de Olga frente a los compañeros, que aportaban poco, fuera fruto de arrogancia alguna. Olga tenía precisamente unas relaciones muy buenas con los compañeros sencillos. ¡Con qué paciencia y cordialidad les aclaraba las cosas! Valoraba las cualidades de los demás y se preocupaba de que todos se desarrollaran y participaran en los trabajos y tareas. Era suficientemente inteligente para darse cuenta de su influencia sobre los demás, de su rápido desarrollo como liberada de las Juventudes Comunistas y de que era superior a los otros en conocimiento y cualidades. Efectivamente, todo esto pudo hacer que se sintiera presuntuosa y arrogante, pero el fantástico grupo que formaban, la amistad sólida con todos aquellos jóvenes valiosos y la honradez frente a sí misma la alejaron de toda tentación. También la necesidad y pobreza de los amigos le fortalecieron en su humildad y sencillez. No había sufrido épocas tan duras como los demás ni había padecido jamás hambre. Tampoco había conocido el terrible fantasma del paro; había tenido todas las facilidades para estudiar y desarrollarse físicamente, algo de lo que los demás carecieron. Todo esto hizo que valorara con más respeto a los jóvenes trabajadores y acrecentó en ella la dignidad de la clase trabajadora, su entrega y buen humor. Olga era consciente del papel que debía jugar la clase trabajadora en la revolución y en el futuro Estado socialista. Todas estas reflexiones la ayudaron a ser sencilla en medio de su conciencia de sí misma y de la seguridad en su actuación.

—Cuando Paul, *El Negro*, cuenta cosas de los jóvenes o de las huelgas, me siento enana. –La pequeñez que Olga expresaba con el pulgar y el índice no sobrepasaba la longitud de un dedal–. Cuando lo conocí, al principio creí, por los muchos chistes que hacía y por sus continuas citas políticas de las que uno se reía, que era bastante superficial. Esto era lo que me parecía, este era mi juicio. ¡Y la dulce Erika de inmensos ojos marrones! Pensé, debido a esas ganas que poseía de magreo, que detrás no había nada, y ahora resulta que la quieren echar de la empresa Reh y Prädel no precisamente por magreo y besuquerías sino por una charla a los aprendices de la fábrica. Tras sus palabras se creó tal ambiente, que los aprendices quisieron ir a la huelga. Sacamos hojas volantes al momento protestando por su despido y al ver que todos los aprendices se negaban a trabajar dieron marcha atrás en el despido. O ¿qué paso con Kieler? Al verlo tan pálido (en él todo me recuerda a la arena: el pelo, los ojos, el color de su cara) y tan serio y silencioso, al principio ni me di cuenta de él. ¡Es un tipo valioso! ¡Como si los que hablaran bien y fueran muy activos y movidos fueran los mejores!

No era verdad; Olga no era presuntuosa, pero tampoco era injustificada la crítica a su impetuosidad. Si, por ejemplo, debía disertar por la tarde y al mismo tiempo tenía lugar una reunión en la que se preveía que los contrarios iban a provocar, hacía falta bastante poder de convicción para hacer que cumpliera con su deber yendo a la primera y no a la segunda.

Se sentía profundamente molesta si no podía estar presente en algún lugar donde ella consideraba que debía estar. Del tiempo de la lucha armada quedaban aún fusiles que, por razones de seguridad, debían ser trasladados a otro lugar. Un par de compañeros espigados –que tenían abrigos y podían esconderlos debajo– fueron encargados del transporte. Olga se enteró del tema y quiso participar. Suplicaba:

—También yo soy alta, ¿por qué no ha de haber una muchacha?

—Sé razonable –le decía el compañero responsable, uno de los pocos que también conocía a Kurt–. Imagínate que eres apresada con los fusiles. Evidentemente, la policía registra tu casa y se lleva una gran alegría al echar mano de alguien a quien hace tiempo rastrea. –Inútil. Olga siguió erre que erre hasta que pudo participar en la acción.

Poco después de las vacaciones de verano, llegó a sus oídos la crítica que algunos le hacían por su impetuosidad. Como siempre que algo le preocupaba, se dejó aconsejar por Kurt.

—Dime, ¿soy tan testaruda, tan brusca, tan sumamente impetuosa?

Delgada y encantadora, tostada la piel por las vacaciones a orillas del mar, Olga estaba de pie delante de él.

—Naturalmente que eres una impetuosa –dijo sonriendo–. Pero ahora déjame pensar en la semana pasada.

¡Qué felices fueron en vacaciones! Habían estado los dos tan atareados durante el año que pocas veces habían hablado con reposo y aún menos habían podido emprender algo en común. A ello había que añadir que Kurt viajaba con frecuencia y ocurría que no se veían en semanas. A finales de aquel verano de 1926 habían viajado con el bote plegable y la tienda de campaña a la isla Fehmann, frente a la costa danesa. ¡Cómo disfrutaron, sin trabajo y sin responsabilidad! Nadar, remar, caminar, tumbarse en la arena caliente, recolectar moluscos, vagar por pueblos pequeños y adormilados, a las noches contemplar la luna y las estrellas y ya en la tienda escuchar el vapuleo de las olas.

A principios de septiembre volvieron a Berlín, hacía tiempo que ya no vivían en aquel primer piso de Fritz Winter. Kurt, por vivir en la clandestinidad, debía cambiar con frecuencia de piso y Olga se iba con él. Le costó tener que dejar aquel local del cuarto piso, pero ella se adaptaba fácilmente y se acostumbraba a la nueva situación en pocos días. De la Weser se mudaron a la calle Rosegger y, tras cuatro cambios de piso, se establecieron en un cuarto vacío de la calle Inn. Olga no dependía mucho de cosas externas, pero siempre conseguía que con un par de pequeños recuerdos de ambos el nuevo local tuviera un toque familiar, entrañable. Estaba contenta de que en esa ocasión pudieran tener, por primera vez, algunos muebles propios. Hasta entonces sus posesiones consistían en grandes cajones que, escondidos por una cubierta, se colocaban en un rincón del nuevo piso. En las mudanzas transportaban en ellos los libros. Al principio solo fue un cajón, más tarde dos y ahora se daba cuenta de que para el próximo cambio iban a necesitar cuando menos seis. Poseían alrededor de 800 libros; junto a literatura política ambos leían con agrado libros de viajes y soñaban con visitar juntos otros países. Además de los libros había otros cachivaches que siempre los acompañaban. Kurt tenía predilección por las cajetillas de tabaco holandés, que Olga le había regalado, y envolvía cada vez con sumo cuidado la estatuilla de un jinete, un regalo de Kurt. Le gustaba la fuerza del hombre a caballo, montado sobre el animal encabritado y furioso. ¡Cómo le hubiera gustado montar a caballo!

De los diversos estandartes de la Unión de Jóvenes Comunistas de Neukölln su preferido era el que tenía por nombre Budjonny; cuando se tensaba con el viento mostraba a soldados de caballería galopando.

Mientras dialogaban sobre la crítica a Olga, ambos estaban sentados delante de la gran mesa, preparada para trabajar dos personas. Kurt, desasiéndose de los recuerdos de vacaciones, dijo:

—Pero una cosa sí es verdad, tienes que aprender a sopesar antes tus acciones. Mira, el tema de los fusiles, en el que tú querías estar presente sea como fuese, fue una cabezonada, ciego impulso que pudo ponerme en peligro a mí y a mi trabajo sin ninguna necesidad. El verdadero coraje descansa en una actuación pensada.

—Entiendo –dijo Olga–, sí, pienso que con los fusiles me porté de manera inmadura, pero a pesar de todo pienso que cuando llega la ocasión tengo arrojo.

—Cierto, pero valor para una acción rápida, para la que el peligro es solo el primer peldaño de la audacia; un peldaño superior es el inquebrantable valor que se muestra en cada situación difícil de distinta forma.

—¿Por ejemplo en la cárcel?

—Por ejemplo.

A poco del regreso de vacaciones, Hilde le contó a Olga, gozosa:

—¡Paul tiene trabajo, ahora es de nuevo el antiguo mozo, aquel hombre feliz!

—Estaba sorprendida de lo feliz que era incluso estando en el paro.

—No siempre –dijo Hilde–, no existe un verdadero trabajador que sea feliz en el paro, aun cuando él tuviera dinero creo que no sería dichoso sin hacer nada. La inactividad es mala, uno se termina cascando. Y lo más cómico de todo –él siempre ha llevado a cabo una militancia política– es que ahora que trabaja durante el día en la fábrica, y lo explotan bien, tiene tres veces más energía para colaborar con las Juventudes Comunistas que antes que no hacía nada durante todo el día. El trabajo te marca los huesos.

Olga miró a Hilde y pensó en lo valientes que eran, ni una queja mientras estuvieron sin trabajo. Ahora, en la alegría, se ve lo difícil que debió ser para ellos el paro. Pero Hilde no había acabado. Ahora él odia a los capitalistas y la explotación como auténticos pecados y sin embargo está feliz con un trabajo porque le gusta trabajar y ama su oficio. Le gustaría hacer la formación profesional, es inteligente, tiene ideas, piensa en cómo podría mejorar el trabajo, chapucea y le da vueltas durante la tarde, escribe y dibuja y luego lo tira a la papelera porque no quisiera facilitar a los capitalistas.

—¿Y cuándo os casáis?

—En un par de semanas. Deberías ver ahora a la suegra, aparenta cinco años menos. Si ganamos los dos la podemos ayudar y ella así mandaría a Max al instituto. El pequeño dice que lo mejor del trabajo de Paul es que ahora él recibe menos coscorrones de su madre. –Olga se rio.

—¿Y Kieler? –preguntó.

—Él pinta, sueña, pasa hambre y trabaja eficazmente en política. Creo que debería irse de Berlín.

Aun cuando nunca habían hablado de ello estaban totalmente de acuerdo.

—¿Qué debo hacer? –suspiró Olga.

Anteriormente, cuando quiso marcharse de Berlín, ella le rogó que se quedara porque de lo contrario él no superaría el bochorno de lo sucedido en su piso.

Habían transcurrido algunos meses, habían trabajado conjunta y amigablemente, como también con otros compañeros. Podía estar seguro de que ella le apreciaba. ¿Iba a seguir torturándose por más tiempo?

Olga era desde hacía algún tiempo la máxima responsable del distrito: era la directora política, también Paul y Kieler pertenecían a la dirección, y en otoño de 1926 había mucho que hacer. La campaña por la enajenación de los soberanos alemanes había alcanzado su punto álgido; había que preparar la conferencia alemana de la juventud trabajadora, que iba a celebrarse en diciembre.

Antón Saefkow, que trabajaba en la administración de *Jungen Garete*, explicaba, mientras apilaba el periódico en grandes fardos, la preparación de esta conferencia de la juventud. Olga discutía con los liberados de Neukölln el texto de las hojas a distribuir por las distintas fábricas. Lo más rápido hubiera sido que ella misma lo hubiera redactado, pero, signo de su creciente madurez, más que hacerlo ella, hacía trabajar a los demás; orientaba, animaba, seguía con atención a los compañeros y luego pedía a uno o a otro. «Piénsate el texto, redacta y luego comentamos».

Las Juventudes Comunistas fueron a las fábricas: a Reh y Pradel, a la Gaubshat de carrocerías, a las cajas registradoras nacionales y a otras en las que trabajaban jóvenes. No se presentaban como comunistas sino como miembros del sindicato que eran, de lo contrario el comité de empresa, que era socialdemócrata, los hubiera echado de inmediato. Luego se convocaban asambleas sobre la marcha con los aprendices y se les animaba a elegir delegados para la conferencia alemana. Especialmente exitosa fue la asamblea de aprendices en la empresa de cajas registradoras nacionales, donde Paul tenía la organización. Al informarle a Olga lo oyó también Hilde y apenas hubo terminado Paul de relatárselo, dijo Hilde:

—¿Se lo contamos a Olga?

Paul respondió sonriendo.

—Díselo, porque si no explota de curiosidad.

—Paul y yo, es decir, fundamentalmente yo, hemos aceptado una tarea del partido.

—Sería la formación de un nuevo cuadro –añadió Paul.

—En seis meses debe ver la luz del mundo.

—¡Fantástico! –dijo Olga–. Hilde, voy a darte un beso.

—¿También a mí? –preguntó Paul.

—A ti también. ¡No sabéis lo que me alegro!

Cuando a la noche Olga llegó a casa, Kurt no había regresado aún. Se sentó en la mesa de trabajo para pasar a máquina su último artículo recogido a taquigrafía. Sobre la mesa reinaba un desorden continuo. Limpiaba uno de ellos la mesa y a los pocos minutos ya estaba todo revuelto: libros, cuartillas, cuadernos, diccionarios, artículos a medio escribir, noticias, notas... No era posible mantener el orden. Habían decidido que lo de Olga se apilaba a la derecha y lo de Kurt a la izquierda, pero aun así estas dos mitades se entremezclaban, ya que Olga le ayudaba a Kurt y Kurt a Olga; entre ambos discutían y eso hacía que ambos necesitaran las cosas del otro.

Sonó el timbre y Olga pensó: «Por fin, debe de ser Kurt que ha olvidado las llaves».

No, no era Kurt. Eran dos funcionarios que la llevaban detenida.

* * *

Por fuera Olga aparentaba tranquilidad, pero en realidad estaba como aturdida. La policía contaba con esta conmoción. Una vez dentro, en prisión preventiva, la interrogaron, y esto fue de gran ayuda para Olga. Ya frente al corpulento policía, que le gritaba con voz de patio de cuartel, se sintió despierta, ágil, valiente, se encontró a sí misma y dispuesta a la pelea. Por las preguntas dedujo que también Kurt estaba detenido ya que el interrogatorio giraba en torno a él.

La interrogaron varias veces y siempre acababa con un ataque de rabia del funcionario contra esta dieciochoañera comunista a la que no lograban sacar de sus casillas.

Llevaba mal el aislamiento en la cárcel, hacía ya un año que tuvo que quedarse 14 días en el hospital y se le hizo eterna la estancia, estuvo inquieta e impaciente. Le resultaba aburrido, insoportable. Estar tumbada en la cama le parecía un castigo, su fogoso malestar complicaba la vida a los enfermeros. En la cárcel el aburrimiento era inmenso y el discurrir del tiempo, plomizo, lento, pesado, cansino. La prisión era para Olga una parte de la lucha contra el enemigo, se armaba de valor cada día con tal de no ceder.

Tuvo noticias de su padre, de Múnich; quería sacarla de la cárcel y, caso de que se celebrase el juicio, sería su abogado y vendría a Berlín. Al pensar en su padre sintió cariño y nostalgia, pero rechazó su oferta de ayudarla en la cárcel; no quería salir por influencias y amistades y tampoco quería que le defendiera su padre, porque no confiaba mucho en la defensa del Partido Socialista Alemán.

Los compañeros de Neukölln a duras penas lograron que uno de ellos pudiera visitar a Olga.

Kieler hizo todo lo posible para que fuera él el elegido. Habían reunido dinero, y, tras entregar el gran paquete de alimentos al agente, la esperaba de pie en la cabina de visitas. Había pensado en las frases que debía decirle para animarla y transmitirle fuerza y calor; la vio pálida y delgada al otro lado de la barrera, pero supo de inmediato que no necesitaba estímulo alguno; sus continuas preguntas no le dieron tiempo a expresar lo anotado. Solo al final pudo decirle:

—Abajo hay un paquete para ti, es de todos y yo me he encargado de las compras. Cuídate lo mejor posible, miles de besos, todos estamos orgullosos de ti. Hilde dice que incluso su suegra ha aportado algo, Max ha ido dos tardes a quitar escamas por ti y ha contribuido con 40 peniques.

—Gracias a todos –musitó Olga emocionada. El mismo día recogió los regalos y al ver delante jamón asalmonado, piña, queso envuelto en papel de plata y costosas pastas, estuvo a punto de llorar. Se imaginaba a Kieler con sus zapatos destrozados y su chaqueta gastada entrando en tiendas elegantes. Mientras la vendedora de cofia blanca le miraba un tanto desconfiada, él le iba indicando, con su mano magra, los bocados más exquisitos que jamás Kieler había probado en su vida. Las llevó a casa, las encordeló y comió él luego los panecillos secos. Todos ellos habían gastado en lujos el dinero que necesitaban para vivir.

Olga, sentada en su celda y con los ojos húmedos, sonreía feliz. Le dolía el corazón al pensar en el sacrificio de los compañeros para comprarle cosas que no necesitaba, pero es que le habían regalado algo mucho más importante que la comida y la bebida: ¡la solidaridad! Su celda se había llenado de luz, la vida había recibido un impulso y su voluntad se había endurecido para el combate.

A las noches no podía dormir, pensaba en la visita de Kieler, pero de pronto se espantó; con la alegría no había entendido bien algo que le dijo.

Paul, *El Negro*, había hecho propaganda en la empresa a favor de la conferencia de trabajadores jóvenes y fue despedido por «agitación comunista».

Olga recordaba a aquella Hilde risueña que esperaba un niño. Aquello significaba también para ella el despido o cuando menos la suspensión de empleo y sueldo. ¿Cómo se presentaba el futuro de esta joven familia? Apenas habían conseguido algo y otra vez cada chaquetilla para el niño o cada pastilla de jabón se convertía en problema. El alquiler, el pago del gas... las nuevas suelas de zapatos significaban hambre.

Y cuando una piensa el porqué de todo esto: si Paul no fuera comunista, si no hubiera abierto la boca, tendría trabajo. Paul y Hilde sabían lo que les podía suceder, y a pesar de todo se portaron como compañeros. Estos son los verdaderos héroes, pensó ella, los sin nombre, los anónimos, quienes son capaces de entregar todo, los santos de la clase trabajadora. Ardía en deseos de salir y de trabajar mucho más de lo que había hecho hasta ahora.

* * *

Kieler, un día, tras la visita a Olga, fue a la sede del partido, Karl-Liebknecht, para informarse de la situación de ella.

Se debió confundir de puerta ya que nadie respondía a su llamada; golpeó el picaporte con fuerza, abrió un poco la puerta y vio a una muchacha pelirroja sentada delante de la máquina de escribir. No trabajaba, lloraba. Primero pensó en marcharse sin meter ruido, se le hacía duro ver llorar a mujeres, pero esto le parecía de cobardes. Y le preguntó:

—¿Te encuentras mal?

—No –dijo y siguió sollozando. Se dio cuenta Kieler de que los orificios de su nariz respingona estaban rojizos y resultaban graciosos. La muchacha no tendría más de 16 años.

Mientras la joven seguía llorando en el pañuelo y él molesto iba cambiando de apoyo en sus piernas, apareció una segunda compañera en el local. Baja de estatura, delicada y tal vez unos diez años mayor que él, que, algo más aliviado, ahora quería marcharse. Ella le dijo:

—Te quedas.

Kieler entendió que la otra pensaba que él era el culpable de las lágrimas de la mujer y se puso rojo. Esto le hizo aún más sospechoso.

—Siéntate –remarcó ella y él obedeció.

Ella tenía el pelo corto y a Kieler le impresionaba que, siendo tan pequeña y tierna, fuera a la vez tan enérgica. Confiaba en que la angustiada muchacha aclarase rápidamente la situación, pero nada, ella seguía sollozando. Se acercó la otra compañera y le dijo:

—Límpiate la nariz. –La muchacha se sonó los mocos–. Sécate los ojos. –Se los secó–. Deja de llorar. –Se calmó–. ¿Cómo te llamas?

—Lene.

—Bueno, ¿y qué te pasa?

Kieler observó que la desconsolada muchacha tenía ojos color avellana. Comenzó a explicarse:

—Tenía que pasar esto a máquina, un compañero me dictaba, yo soy nueva y está tan mal escrito...

—Posiblemente el compañero no ha aprendido más en la escuela –respondió la compañera de más edad.

—¡El compañero es un luchador de clase tan...! –Lene levantó su pequeño puño en el aire–. Por eso yo no quiero transcribir con tantas faltas.

—Pero por eso no se llora, corrige las faltas y ya está.

—Sí, pero ese es el problema. Sé lo que está mal pero no sé hacerlo mejor. Soy una inútil, jamás aprenderé, jamás llegaré a ser una compañera eficaz, soy demasiado tonta.

Y de nuevo comenzó a derramar abundantes lágrimas.

—Vale –dijo la compañera–, ahora nos sentamos y corregimos juntas y luego vas a la escuela nocturna y estudias estilo y gramática. En casa empiezas a leer a Gottfried Keller, Lessing y Goethe.

—¿A escritores tan burgueses?

La compañera sonrió.

—Ojalá supiéramos la mitad que ellos. –Luego, volviéndose a Kieler, le dijo–: Perdona, la cosa está en orden, ¿querías algo?

—Sí –dijo Kieler con desacostumbrada vivacidad–, quiero ver cómo corriges y me gustaría ir también a las clases nocturnas y leer a Goethe. Yo escribo tan mal o peor que Lene.

—Pero no lloras –dijo la compañera–. Siéntate aquí. –Corrigieron el manuscrito conjuntamente, fue un cuarto de hora inolvidable para los dos jóvenes.

—Tú seguro que has ido a la universidad –dijo Lene.

—Fui a una escuela de pueblo en Prusia oriental, mi padre era herrero, pero yo apreté los dientes y estudié.

—Bueno, pero ¿qué querías, puedo ayudarte en algo? –preguntó dirigiéndose a Kieler.

Antes de que Kieler abandonara ese cuarto y se fuera a buscar a quien había venido a ver, comenzó a hablar de Olga. Habló del trabajo que realizaba Olga, de su valor y su buen comportamiento en la cárcel.

—Así quisiera ser –dijo Lene secándose las lágrimas.

—Pero ahora comienza con las clases nocturnas –respondió la otra.

—¿Puedo saber cómo te llamas? –preguntó Kieler a la compañera de más edad ahora con su acostumbrada voz suave y tímida.

—Sabo –dijo.

Solo bastante más tarde supo él que su verdadero nombre era Elise Ewert.

La conversación no había durado más de un cuarto de hora, pero grandes acontecimientos posteriores no borraron jamás este recuerdo.

* * *

Olga fue detenida un 2 de octubre y el 2 de diciembre la pusieron en libertad sorprendentemente. De repente estaba fuera, a plena luz del día, en una calle que se le hacía larga, inmensa. La libertad la invadió y subyugó de tal forma que hizo todo el recorrido a pie, y fue al querer subir las escaleras cuando se dio cuenta de lo cansada que estaba. Se sentía agotada ante la puerta del piso; descansó. Se le hacía difícil estar en aquel local que había sido morada de Kurt y ella.

Había pasado 60 días en la cárcel. ¿Cuántos estaría Kurt, el doble, tres veces, diez veces más? ¿Podría respirar libre pensando en él? No era el único, había más de 5.000 presos políticos en la cárcel, toda ella gente que no había hecho otra cosa que luchar por la justicia y el bien.

Olga echó un vistazo alrededor.

Por primera vez desde que vivía en este piso la mesa estaba en orden, de eso se había preocupado la policía. Los artículos de Kurt, sus blocks de taquigrafía y bastantes libros habían desaparecido. Olga se tumbó en la cama, se tapó la cabeza con la sobrecama para no ver las zapatillas, la navaja o el portaplumas de Kurt. Habían tenido poco tiempo el uno para el otro, unas veces porque él estaba fuera, otras porque ella tenía trabajo.

¿Cómo estaría? ¿Qué haría? ¿Estaría sentado en la cama aunque durante el día estaba prohibido, miraría los barrotes de la ventana o pasearía en la celda helado, de pared a pared?

Olga cerró los ojos, no quería oír nada, ver a nadie, pensar en nada, deseaba no levantarse más. Ella misma se quedaba perpleja de su estado, de su apatía. Jamás había experimentado sensación parecida. Se revolvió inquieta de aquí para allá hasta que el melancólico vegetar fue emborronando y disolviendo la frontera entre el dormir y el estar despierta.

Se oyó un silbido en la calle. Esta corta melodía despertó a Olga. Continuaba apagada, enmohecida. Mareada por la pena abrió la ventana, abajo estaban gritando y haciendo señales Paul *El Negro*, Hilde, Werner, Kieler y otros más.

¡Cuántas veces se había imaginado Olga en la celda ese primer encuentro con los amigos! Ahora sentía miedo ante ellos. Ya no había nada en contra para que los amigos subieran a visitarla, el piso ya no era clandestino.

—¡Subid!

Antes de que Olga se hubiera peinado y secado el rostro ya estaban allí; la abrazaron, la llenaron de besos y en medio de la alegría sonaban las palabras revueltas, confusas y fuertes. Por casualidad había pasado uno por debajo y había visto abierta la ventana. «¿Por qué no nos comunicaste el día de tu salida? Hubiéramos ido en tu búsqueda». Colocaron flores en los dos vasos de lavarse los dientes y ramas verdes de pino en un jarrón.

Hilde interrumpió el griterío:

—Chicos, tengo una idea. ¿Qué tal si vamos al cine a ver la película *Los cosacos del Don*?

La idea de Hilde la habían concertado abajo para aliviar la primera tarde de Olga y no dejarla sola. Todos estaban de acuerdo. Cuando, ya sentados, comenzó a rodar la película americana *Los cosacos del Don*, aplaudían unas escenas o protestaban airados por otras que tergiversaban la realidad o mentían. Olga dio de tal manera rienda suelta a sus sentimientos que corrió peligro de ser apresada de nuevo.

Al llegar a casa se encontraba como nueva, otra vez en forma. Antes de dormir se acordó de Kurt y luego sonrió. «Amigos, que bueno que vinisteis».

Un par de días más tarde apartó con energía la segunda silla de la mesa y se dispuso a vivir sola.

Una tarde libre vino Kieler a visitarla. Se mostraba más pálido que de costumbre y tampoco se entonó después de tomar un café negro.

Su padre le había encontrado trabajo en Kiel y tal vez era mejor salir de Berlín, pero ¿debía renunciar a su trabajo político?

—En Kiel seguro que puedes seguir trabajando, te echaremos en falta –dijo Olga.

Levantó la mirada y la observó agradecido.

—Jamás te olvidaré.

«Es mejor que me olvides», pensó ella. Le agarró la mano y dijo:

—Que todo, todo, te vaya bien; si necesitas alguna vez de las Juventudes Comunistas de Berlín ya sabes dónde estamos.

Al bajar las escaleras sintió aun la presión de sus manos cálidas y secas, vio su sonrisa cordial y pensó: «¿Por qué me marcho? El día que la veo, aunque sea de lejos, o le oigo hablar, aunque sea con otros, se me alegra el corazón. ¿Me he vuelto loco, por qué renuncio, por qué, por qué? Porque ya no soporto más».

Olga ayudó en los últimos preparativos para la Conferencia de los Jóvenes Trabajadores, convocada para el 12 de diciembre de 1926, y ella misma tomó parte. Al año siguiente comenzaron los trabajos para el día de la juventud del Reich de Juventudes Comunistas, a celebrarse en Hamburgo en Pascua de 1927. Fueron más de 300 jóvenes de Neukölln a la gran manifestación de Hamburgo.

Suena fácil, fue un gran éxito, pero ¿cuánto trabajo se escondía detrás?, ¿cuántos jóvenes tuvieron que sacrificarse, cuántas reuniones para poder financiar el viaje? Durante todo febrero y marzo estuvieron cantando en los patios de los grandes bloques de Berlín para luego pedir a coro ochavos y calderilla. Si se abrían las ventanas y envueltas en papel caían monedas sobre los adoquines, a los cantores se les alegraba el alma.

III

EL TREN SE DETUVO EN LA FRONTERA. El soldado del Ejército Rojo, un fornido agricultor joven de Ucrania –sosegado, cercano, pero que difícilmente perdía su compostura– colocó su mano amplia y pecosa en el cinturón de cuero, que ceñía la chaqueta de su uniforme. Sus ojos miraban a lo lejos en la misma dirección. Su rostro se tiñó de rojo y las pestañas rubias cerraron sus ojos.

Esta muchacha le miraba fijamente desde la ventanilla de su compartimento. No había hecho nada que fuera descarado o vergonzoso en sí y además la joven era guapa. Sintió calor.

Cuando el tren se puso en marcha, desde la ventana Olga hizo una inclinación y fue despidiéndose con la mano de este soldado del Ejército Rojo hasta que los edificios le taparon la vista. Luego comenzó a cantar: *y el vagón gira y gira... hacia el futuro, hacia el comunismo.*

Iban a instalarse en la casa en la que vivían los colaboradores de la Juventud Internacional Comunista. Después de que Kurt hubiera empujado las maletas en el ascensor entraron aún muchos más, lo que hizo que casi no pudieran cerrarse las puertas. En esta aglomeración sonó una voz clara que fue saludando a unos en italiano, a otros en español, a un tercero en ruso y a alguno en danés. Como

Olga hablaba con Kurt en alemán se escuchó un simpático *Guten Tog Rot Front.* Dos redondos ojos negros en un rostro pequeño y circular se fijaban divertidos en Olga. El ascensor se vació, aquella risueña voz clara también descendió en el cuarto piso. Su trenza larga y espesa, demasiado pesada para aquella figura pequeña, era tan negra como sus ojos. Y como ambas habían simpatizado entre sí permanecieron en el pasillo mientras Kurt arrastraba las maletas a la habitación.

—Eres una políglota –dijo Olga. La muchacha respondió sonriendo:

—Solo hablo alemán y ruso y también armenio porque soy de allí, pero los komsomoles[3] aprendemos todo tipo de saludos, para que cada uno se sienta aquí como en casa. Hay un turco que puede saludar los buenos días en 20 idiomas diferentes.

No, ella no vive aquí, trabaja en la Organización Internacional de las Juventudes Comunistas y vive cerca, con su madre y hermana. Como habla alemán va a ayudar a Olga a que se sitúe.

—Hablamos tres días alemán y los demás ruso, infatigablemente ruso –dijo Olga.

—Hay aquí alemanes que solo tras seis meses pueden decir algunas frases en ruso.

—De pena. –Olga y Kurt estaban ya en la estrecha habitación. Las maletas posaban entre las dos camas y olía a cerrado y a moho. Se fijó en la ventana, la lluvia había dibujado pequeños surcos, luego miró al patio. Kurt y Olga estaban agarrados de las manos.

—Libres. –La voz de Kurt sonaba cálida–. Libres por primera vez.

Luego, cuando deshizo la maleta y comenzó a ordenar las cosas:

---

3. Los miembros de la Organización Internacional de la Juventud Comunista.

—Tengo una sorpresa para ti –dijo Kurt.

Olga lo cosió con preguntas, pero él le dijo que adivinara, hasta que ella, impaciente, comenzó a enfadarse.

—Puedo ir un par de semanas de descanso al mar Negro y tú puedes venir conmigo.

Vio chispear la alegría en sus ojos: ¡viajar por la Unión Soviética, tumbarse en la cálida playa, nadar en el mar, estar con Kurt tras la larga separación!

En todo el año no había tenido vacaciones, en las primeras semanas de primavera, que tanto amaba, tuvo que permanecer oculta en camarotes y pisos interiores hasta huir a la Unión Soviética.

—¿Podemos ir ya? –preguntó Olga con impaciencia infantil y aspirando aire, como si ya sintiese la brisa de las olas. Pero no, Kurt debía pasar antes 14 días de descanso y de revisión en una clínica. La cárcel deja huellas.

—Para ti es una buena cosa –dijo Olga–, mientras tanto, yo puedo ir acostumbrándome a este tipo de vida, así al regreso de vacaciones no me sentiré extraña.

Vivían en el ala lateral, en un cuarto piso, y una vez más Olga tuvo que transformar una horrible estancia –esta vez la habitación era larga y estrecha, parecida a un tubo– en un local agradable y familiar. Ya en la misma tarde surgió de las dos camas un asiento rectangular, el lavabo y el armario desaparecieron tras una cortina, y algunos cuadros y telas de colores proporcionaron a la habitación calor y confort.

Pero Olga había calculado mal; no tuvo tiempo de acostumbrarse lentamente, la avasalló la vida, y como le gustaba el alboroto disfrutó de estos primeros días movidos y agitados con sus exigencias inesperadas y cargados de sensaciones. A su llegada no sabía que su acción en el juzgado se conocía ya en la Unión Soviética. La sorprendió que le pidieran que hablase del tema en un congreso.

Olga llegó tarde a su primera reunión en Moscú –era un encuentro de komsomoles activos de la ciudad– porque, como le había ocurrido en la primera asamblea de la Unión de Juventudes Comunistas Alemanas en Berlín, le habían dado mal la hora. La acompañó Mali, la muchacha de la larga trenza. La sala estaba hasta los topes y el orador había comenzado ya; un par de jóvenes se desplazaron en sus asientos para hacerles hueco. Mali se esforzaba en traducirle, Olga seguía la conferencia con mucha atención. Cada vez que lograba entender algunas palabras golpeaba nuevamente a Mali y musitaba alborozada. «He entendido, no me digas nada».

Solo cuando el contenido era más complicado se concentraba en la traducción.

Ya en Alemania conocía bastante sobre los grandes problemas y trabajos de la Unión, su tránsito de un país agrario a otro industrial, la colectivización de la agricultura; había seguido la preparación del primer gran plan quinquenal y ahora se sentaba entre quienes bajo cuya responsabilidad se llevaba a cabo la tarea. ¿Qué les hacía rendir tanto? El entusiasmo y su empeño por alcanzar un objetivo en el que creían y al que aspiraban ardientemente.

Olga quería conocer cada problema al momento. «Con más detalle», pedía ella impacientemente. «Te dejas algo, resumes, él dice bastantes más cosas». «¿Realmente ha dicho esto el orador? ¿Ir al pueblo, seguir la lucha contra los *kulakos,* ayudar a los pobres del pueblo? ¿No puedes pormenorizar algo más?».

«¿Qué significaba? Cada konsomol debe enseñar a leer y escribir a un analfabeto, ¿por qué no en grupo? Escribe esto y luego me aclaras», Olga le iba dando tirones a la coleta de Mali como si fuera la cuerda de una campana.

«¿Guerra contra el burocratismo del aparato del Estado? ¿Qué quiere decir concretamente, a qué se refiere?».

Mali se incomodó, así no se puede traducir, Olga los volvía locos. Se dio cuenta y acarició los hombros de Mali, pero dos minutos más tarde preguntó de nuevo: «¿El konsomol de Leningrado es anterior al vuestro, ¿no? Entonces no has traducido bien».

En su entorno brotó un cuchicheo.

—Ves –susurró Mali–, estás molestando. –El murmullo hizo mella en el banco de detrás y dos jóvenes junto a Olga se marcharon. Un compañero hacía señas desde la puerta; por lo visto debían abandonar ellas la sala. Mientras terminaba el orador, Olga, avergonzada, salió junto con Mali.

Poco más tarde Olga estaba en la tribuna y una voz a su lado decía:

—Tengo una sorpresa especial para vosotros, la konsomol alemana, Olga Benario, va a hablaros de su actuación en la liberación del preso...

De repente se pusieron todos en pie, aquellos cuerpos delgados, a los que no les sentaban nada bien las chaquetas, se tensaron, apareció la sonrisa en sus rostros y con los aplausos pareció venirse abajo el edificio.

Olga estaba aturdida y con la cabeza baja frente a ellos, mientras seguían sonando los aplausos. Pudiera ser que la acción hubiera llegado aquí un tanto exagerada; sin duda alguna había en este país cosas mil veces más importantes que aquella acción, debía situarla en sus justos términos.

Tres, cuatro, cinco minutos, todavía seguían aplaudiendo.

Olga levantó la cabeza.

Ante esta juventud ella era parte del grupo alemán que, perseguido y oprimido, luchaba y combatía por el comunismo. ¿No era algo bello que los konsomoles rusos, cuyos grandes problemas y preocupaciones acababa de oír, se entusiasmaran porque una muchacha alemana había liberado a un preso ante los mismos morros de una policía reaccionaria?

* * *

En todas las reuniones ocurría lo mismo. Por doquier encontraba Olga admiración y respeto. Mali realizaba su trabajo y solo acompañó a Olga a visitar el *electrosawod*. Allí permanecieron un largo rato y es que Olga no se conformaba con lo que le decían o explicaban, sino que dialogaba sobre la empresa con los trabajadores jóvenes, les hacía preguntas y procuraba que la traducción fuera exacta.

—Ahora un banco y respirar aire fresco –dijo Mali apenas alcanzaron la calle–. Pareces estar muy cansada.

—Sí, curiosamente me canso mucho hablando, en Alemania me ocurría lo mismo; luego me siento como agotada.

Se cogieron del brazo.

—Pienso que es normal, creo que si se respeta a la gente se da cada vez lo mejor y eso cansa. Centenares de ojos te siguen, centenares de cabezas y corazones aguardan a lo que tú les digas. ¿Cómo se puede desaprovechar o dejar pasar la ocasión de hablar como comunista utilizando palabras vacías o dejándose llevar por la rutina? Si tú quieres que la chispa se encienda debes ser llama y con ella se quema una parte tuya.

Mali apretaba el brazo de Olga.

—¡Y cómo te escuchan! ¿Sabes lo que más me gusta? Que todas estas reverencias no se te suben a la cabeza. Bueno, vamos, te llevo por primera vez al parque de Gorki, allí descansaremos.

Olga pensó en el parque Inglés de Múnich.

—¿No es demasiado parque? Prefiero la naturaleza libre.

—Es nuestro parque cultural y está ahora abierto. Nunca hemos tenido algo igual –dijo Mali sonriendo.

Ya detrás de la entrada lucía un gigantesco redondel de flores variadas, grandes espacios de césped salpicados con grupos de árboles dando sombra, alamedas largas y rectas cortando la campa verde. Sentada en los bancos, la gente leía libros de la biblioteca del parque, sobre una gran plaza libre, rodeada de arbustos, con docenas de mesas de ajedrez y en cada mesa dos sentados jugando, rodeados por curiosos que en silencio participaban en los movimientos de las piezas. Había niños siguiendo con atención al narrador de cuentos, carteles que anunciaban conferencias y daban a conocer las funciones que iban a tener lugar en el teatro y el cine del parque.

—Cuando estoy un poco baja de moral vengo aquí y se me pasa –dijo Mali–. Hay días que vienen más de 100.000 personas; muchos de ellos hace diez años no sabían leer, no sabían lo que era un teatro y jamás habían asistido a una conferencia.

—Es un parque hermoso –dijo Olga.

Buscando un banco encontró una caseta de tiro y se dirigió a ella. Cuando gastó el dinero le pidió prestado a Mali, y su amiga le recordó:

—¡Tú estabas cansada hace poco!

—Ya pasó –respondió Olga.

Cuando, al fin, encontraron un banco libre, Olga comenzó a hablar otra vez del *electrosawod*:

—Aumento de producción, brigadas de apoyo, concursos; cuánto tengo que aprender aún de todas estas cosas –suspiró.

—Me quedo admirada de lo rápido que aprendes.

—Responde en ruso –dijo Olga.

La conversación se hizo más complicada, ahora tenía que repetir muchas palabras dos veces, una en alemán y otra en ruso. Y aunque esto no correspondía al temperamento de Olga, aguantó hasta el final.

Se detuvieron un momento en el estanque y luego pasearon por el camino de arena a lo largo de la orilla del río Moskowa.

Cuando llegaron a los montes de Lenin se sentaron al borde de una campa.

—Olga, si quieres visitarme nos darías una gran alegría. Le he hablado de ti a mi madre.

—Kurt viene conmigo.

—Naturalmente, pero como siempre te veo sola y eres una persona independiente y ocupada, no he pensado en él.

—Muchos compañeros parecen aceptar que las muchachas independientes no necesitan del amor de los hombres, parece como si el amor estuviera reservado para las amas de casa. Por el simple hecho de que yo en los 18 meses que Kurt estuvo encarcelado no me quejé, porque no perdí la sonrisa, los compañeros creen que la separación fue para mí fácil de sobrellevar.

—Olga, sé que lo quieres, incluso lo has sacado de la cárcel.

—Sí, aquello fue amor, pero también un mandato del partido.

—Menuda mezcla –sonrió Mali.

—A veces es difícil decidir cómo se debe combinar. Manda el partido y también exigen los deseos privados y particulares, y no siempre coinciden ambos.

Mali, que se había tumbado, miró a Olga apoyándose en los codos.

—Precisamente en estos temas me he acordado de ti, pensaba que no tenías este tipo de conflictos, creía que para ti el partido era lo primero.

—Y así es, imagínate: Kurt cuenta que vamos a ir de vacaciones juntos y resulta que el Komsomol ha previsto para mí todo un programa de charlas.

—Pero esto otro puede esperar cuatro semanas. Tú contabas ya con esas vacaciones.

—Parece que el Komsomol cuenta ya con este programa y yo no quisiera pedir vacaciones al poco de mi llegada.

El río jaspeaba entre los árboles. Un trepador azul martilleaba con su pico en un tocón de pino y pinzones volaban solícitos de arbusto en arbusto. Las muchachas seguían tumbadas en la hierba mirando a las nubes que pasaban.

—¿Qué es lo que más te gusta de Kurt?

—Su valor, sus acciones, no te las puedo contar. Hoy mismo, tras años de ilegalidad y de aislamiento en la cárcel, si el partido le encomienda algo, lo hace sin poner pero alguno de su parte. Para mí es un héroe, cuando lo conocí esto fue lo decisivo.

—Me gustaría conocerlo mejor.

—Es muy inteligente, he aprendido mucho de él.

—Todo esto suena un tanto impersonal. Mi Mischa es el más listo, el mejor y el más fuerte pero no me he parado a pensar si aprendo de él. Y si solo se amara a los héroes, entonces habría un montón de solteros.

Olga se rio. «Tal vez necesitamos cosas diferentes, para mí es muy importante que pueda aprender de él».

Callaron. Mali soñaba despierta, Olga cerró los ojos y apenas movió los labios cuando comenzó a hablar.

—Tenía 17 años, nos juntamos por tercera vez y dimos una vuelta con los esquís. Nos perdimos por la noche, el día había sido maravilloso. Es bastante peligroso despistarse del camino por la noche y con esquís, ambos además estábamos agotados. Pero, sabes, me encanta, me hace feliz saber que hay peligro, poner en acción los cinco sentidos y buscar con fe y convencimiento una salida. Cuando encontramos el refugio ya sabíamos que permaneceríamos siempre juntos. Y así fue, como si fuera lo más natural dormir con él en la misma estancia. No quería que él viera en mí una joven de tierno corazón, sensitiva, impresionable. Todo eso me parecía burgués y ñoño. Me comportaba como si todo fuera normal. Más tarde, cuando él dormía yo lloré, pero delante de él no lloro. ¿Pero por qué te cuento esto? Jamás había hablado de estas cosas, pero no debo censurar a Kurt, porque yo misma era culpable, estaba equivocada de lo que significa ser progresista y avanzada.

—Sabes, Olga, porque se rechace lo viejo y lo malo y se busque algo bueno y revolucionario, una no está libre de cometer faltas. Probablemente entre vosotros, en la Unión de Juventudes, muchos han caído en los mismos errores que nosotros en este campo de las relaciones chicos-chicas, han entendido mal la libertad.

Olga se había sentado y asentía con la cabeza. Mali se trenzó la coleta, que se había aflojado con la carrera. El cielo se había nublado y un bote surcaba río arriba. Se oía con nitidez el fuerte martilleo del trepador azul.

—En cuanto tengamos piso nos casaremos y luego tú vendrás a vivir con nosotros, aunque ya sabes cómo están aquí los pisos. Pero tienes que visitarme antes. Mi padre ya no vive. Ves, él era un héroe.

—Cuéntame.

—Mi padre era cofundador del partido comunista y tras la revolución secretario del partido en el distrito. En la guerra civil nuestros padres fueron apresados cuando los blancos tomaron la ciudad. Yo tenía entonces 13 años. Mi madre estaba encarcelada en una celda contigua cuando llevaron a mi padre al paredón.

—Mali, ¿puedo visitarte y conocer a tu madre?
—Naturalmente, se alegrará.

* * *

En los días siguientes ocurrieron tantos sucesos y estuvieron tan cargados de sensaciones que Olga no pudo visitar a la madre de Mali.

La dirección del Komsomol se quedó sorprendida del gran efecto que Olga causaba en las reuniones de jóvenes. Fue requerida a tantos lugares que sin tener un cometido fijo trabajaba ya intensamente.

—Comienza las clases de ruso a la vuelta de las vacaciones con Kurt, si no va a ser demasiado –le había aconsejado Mali.

No, quería comenzar enseguida y argumentaba que en 14 días se puede aprender mucho.

Mali se alegraba de cómo Olga, a pesar de sus pocos conocimientos de ruso, aprovechaba cualquier ocasión para conversar sin vergüenza alguna. Niños, barrenderos, dependientes, el cartero... nadie se libraba del galimatías de Olga. A los pocos días de su llegada se dio un paseo sola por Moscú «para situarse».

Se asió hábilmente a uno de esos grupos de personas amontonadas que penden de los tranvías saturados y desarrolló una técnica especial para pillar con la punta del pie el estribo.

—Tenía mal sabor de boca pensando que solo viajaba por gusto de aquí para allá, dejando sin sitio a alguien que debía ir a tal o cual lugar por obligación, pero eso sí, me puedes preguntar sobre Moscú lo que quieras. Ahora conozco todo –dijo a Mali por la noche.

Al poco tiempo desapareció durante todo un día y más tarde le aclaró a Mali: «Quería conocer con más detalle cómo se originó la revolución, el levantamiento armado; he visitado los lugares pero no entiendo la estrategia empleada, debo ir otra vez con Kurt».

Cuando Olga fue al hospital, Kurt la saludó con la impaciencia del que está en cama y no se siente enfermo. Comenzó al momento a hablar de vacaciones, de lo que querían hacer juntos, de lo bien que lo iban a pasar...

Ella asintió mecánicamente con la cabeza y habló de algo totalmente distinto. «No sabía lo difícil que lo tienen en las empresas. La organización no funciona, materias primas, maquinaria, faltan trabajadores cualificados, el transporte no funciona... Y, a pesar de todo, lo van consiguiendo».

Habló con entusiasmo, imbuida y sintiendo las graves preocupaciones del país, e impresionada por las cualidades de las gentes que van resolviendo la difícil tarea.

Poco antes de que Kurt fuera dado de alta le fue ofrecida a Olga la dirección de la Organización Internacional de la Juventud Comunista (KJI). Cuando regresó a casa y subió las escaleras de dos en dos porque el ascensor se le antojaba lento y pasivo, Mali no la esperaba como habían convenido. Las habitaciones de al lado estaban vacías, pero Olga sabía dónde debía buscarlos.

En la cocina había una nube de vapor sobre el fuego mientras se discutía interminablemente sobre cuál era la mejor manera de hacer café. El chino no hablaba, él prefería el té, el turco despreciaba los métodos europeos, los dos sudamericanos no estaban de acuerdo con el turco y el italiano era de otra opinión.

—A pesar de las divergencias en el KJI –manifestó preocupado el compañero de Finlandia–, trabajamos unidos, pero en la cocina discutimos y no llegamos a nada.

Olga se reía y daba su opinión:

—No necesitamos llegar a ningún acuerdo internacional, cada uno prepara el café según su fórmula nacional.

Alguien de la «oposición» levantó la mano:

—Así se tomarán decisiones sobre los graves problemas demasiado ligeramente y Olga no querrá trabajar más con nosotros.

—Oh, sí –dijo Olga–, sí –repitió otra vez, y sonriendo abiertamente dijo–: Hoy se ha decidido.

Contagiados de su alegría los compañeros propusieron brindar con café para celebrar el acontecimiento.

Al café siguió una viva sobremesa en múltiples idiomas, a los pocos minutos se discutía sobre cuál sería el próximo país que se levantaría en armas. Uno le traducía al otro y cada cual, llevado por el optimismo, creía que sería el suyo quien seguiría a la Unión Soviética.

—Nosotros –decía el joven chino–, nosotros poseemos incluso una zona soviética. Tschiang Kai-Chek está rodeado, un trozo de país se puede bloquear, pero no se puede detener la fuerza de la revolución.

Olga quería conocer con más detalle. Sacó su fiel compañero el atlas y la mano fibrosa del chino fue señalando con el lápiz: estas eran las zonas y aquí se encontraba Tschiang Kai-Chek.

—¿Cómo que está rodeado? –preguntó Olga–. Aquí hay un valle; el río y los montes dificultan al enemigo, ¿no podrían utilizar nuestras tropas esta angostura para entrar?

Se informó de la fortaleza de las tropas, del tipo de armamento y de la formación militar de los soldados. Sus ojos chispeaban:

—¡China tiene que conseguirlo!

—Acabas de llegar a Moscú y hace cinco minutos estabas ya feliz con tu trabajo –le dijo Mali.

—Sí, pero aquí se ha conseguido ya lo fundamental.

El compañero de Sudamérica saltó de la repisa de la ventana en la que estaba sentado.

—¿Has oído alguna vez de la larga marcha de Brasil? –Mali tradujo: «Conoce muy poco»–. Desde hace dos años una tropa de soldados insurreccionales recorre el país, proclama la libertad y la lucha contra el régimen corrupto. Se denomina la Columna Invencible, o también, por el nombre del dirigente, Columna Prestes.

—¿Es fuerte? –Olga pasaba las hojas del atlas.

—No sé, pero se dice que las tropas del Gobierno, diez veces más numerosas, no pueden con ella. A su cabecilla se le llama Caballero de la Esperanza.

Olga y el compañero estaban sentados juntos en la repisa de la ventana con el atlas sobre las rodillas.

—¿Por dónde se extienden? ¡Aquí, en esta inmensa superficie, cómo pueden defenderse de un ejército diez veces superior! ¡Parece imposible!

—Pero es real.

—Había que estar en Brasil –suspiró Olga.

—Teníamos que estar en Francia –dijo un compañero joven–, allí tenemos una clase trabajadora militante, tenemos...

Llamaron a la puerta. Mischa, el amigo de Mali, entró con dos compañeros. Mali les colocó el cojín en el único sitio posible, en el suelo, y tras el saludo comenzó a hablar con Olga sobre Alemania. Los amigos de Mischa eran georgianos y llamó la atención de Olga lo bien informados que estaban. Una vez más le hicieron la condenada pregunta que tantas veces le hacían y tanto daño le causaba: ¿cuándo vais a comenzar vosotros? ¿Por qué esperáis tanto? Marx y Engels eran alemanes, tenéis una clase trabajadora consciente de sí misma e inteligente, ¿cuándo vais a acabar con los capitalistas?

Olga aclaraba y se lamentaba de una clase trabajadora carente de unión, el funesto papel de la socialdemocracia... Luego preguntó qué sucedía en Georgia.

Los compañeros explicaron la situación. Olga seguía el relato con los ojos bien abiertos, como en la niñez cuando se escucha algo nuevo o se oyen hechos maravillosos. Para ella eran maravillosos los relatos sobre el inicio del socialismo en esas partes alejadas del mundo.

Mali observaba a Olga, que discutía de manera tan intensa que los georgianos la interrumpían en su conversación. Callaron hasta que Mali dijo con la cadencia de Olga:

—Deberíamos estar en Georgia.

—Sí –contestó Olga gravemente.

La conversación terminó a carcajadas. El compañero italiano entonó un canto, una melodía que conocían todos. Cantaron juntos y luego cada uno cantó una canción de su país. El contrabajo de Mischa acompañó a Mali; había elegido una pieza que el padre había traído del destierro en la época de los zares: «*Bim-bom slyschen zwon kaldalnig...*».

> Se oyen chirriar los cerrojos,
> Se escuchan aquí y allá,
> le llevan al compañero...

—Quisiera aprenderla –dijo Olga.

Mali se puso en pie para servir el vino que habían traído los georgianos. Mischa cantó de nuevo la canción solo, Olga leía las palabras en sus labios y tarareaba suavemente al mismo tiempo.

«*Bimbom slychen zwon...*», no se dio cuenta de que se abrió la puerta.

Kurt se alegró por la sorpresa. Había insistido tanto en la clínica que al final le dieron de alta un día antes. Camino de casa sintió debilidad en las rodillas, pero a pesar de todo, haciendo de tripas corazón, adquirió una botella de vino porque quería celebrar con Olga su vuelta a casa. Y ahora resultaba que Olga estaba celebrando su fiesta con el vino de otros. Sus ojos pendían de aquel joven guapo con floridos colores y ancho pecho. Naturalmente era distinto a alguien recién dado de alta de la clínica, pálido y débil.

Kurt, él mismo un anfitrión inteligente a quien le gustaba organizar fiestas, se mostró furioso cuando Olga, por fin, se fijó en él. Mali le sirvió también a él mientras los compañeros seguían cantando melodías.

Los huéspedes se marcharon pronto.

Kurt escanció vino en el vaso de Olga. Se hubiera avergonzado de manifestar sus celos y él mismo estaba sorprendido de su sensibilidad, que no respondía a sus relaciones. Tal vez tras mucho pensar había llegado a la conclusión de que no se trataba de casos aislados, sino que las historias de Olga sobre su ajetreada vida le habían herido a Kurt en la clínica. No se había liberado de la impresión de que Olga vivía por su cuenta, siguiendo sus impulsos, y que solucionaba sus problemas sin contar con él.

A pesar de todo logró aún tragarse su enfado, pensaba en el futuro. Levantó el vaso y brindó: «¡Por nuestras vacaciones!».

Olga se espantó, no podía coger vacaciones y debía haberlo comentado al establecer definitivamente su plan de trabajo, pero no quiso pedir vacaciones al Komsomol. Kurt y ella estaban acostumbrados a renunciar a cosas personales por temas de trabajo, él lo entendería. También para Olga suponía una renuncia, un sacrificio.

Al no levantar Olga su vaso Kurt colocó el suyo de nuevo sobre la mesa.

—¿Qué pasa? –preguntó Kurt de manera cortante. Ella trató de aclarárselo, pero él no se comportó de la manera esperada. Su enfado contenido a duras penas se desató, gritó y se comportó violentamente.

Sus deseos ya no eran tenidos en cuenta, ¿es que la cárcel no los había separado ya lo suficiente? ¿Era pedir demasiado descansar y recrearse juntos una vez? ¿O tal vez ya no lo quería? ¿Tal vez todo esto tenía que ver con el cantante de cabellera rizada, de quien se había enamorado? De todas formas, hay suficientes muchachas bonitas... Por lo demás él exige de ella...

Olga lo miraba detenidamente y Kurt calló. Era un diálogo en silencio, desagradable, algo que nunca había ocurrido entre ellos.

Por un momento Olga tuvo claro que la situación mostraba lo mucho que la necesitaba, lo importante que era para él que Olga fuera de vacaciones con Kurt. Pero en este momento ella se enfadó por el tono de su voz.

—No voy –dijo Olga–, no tienes por qué exigirme nada.

Tres días más tarde marchó solo. Ella se quedó nerviosa y desasosegada consigo misma en la capital.

Tampoco Mali estaba de acuerdo con su proceder.

—¿Por qué no has decidido tú misma si estabas indecisa? Debías haber hablado del tema con la dirección, a veces hay que posponer el trabajo.

Olga escribió cartas tiernas a Kurt y cuando volvió se tomó un par de días libres. Fueron a un pueblo de las afueras de Moscú; se querían y todo pareció volver a sus cauces.

* * *

Olga había sido elegida para el comité central del KJVD (Unión de Juventudes Comunistas alemanas).

A pesar de los nuevos y extraños acontecimientos, sobrevenidos y vividos en la Unión Soviética, Olga seguía con atención el acontecer diario alemán. Cuando leía el periódico *Rote-Fahne* comenzaba –como en Berlín– a escribir en la página posterior del pequeño calendario, impreso por el partido:

Lunes: reunión de liberados subdistrito Neukölln, 8 tarde, local Müller.

Martes: asamblea de grupos.

Miércoles: junta de combatientes del frente rojo.

Ningún otro recuerdo o acontecimiento le proporcionaba a Olga más nostalgia que estas líneas.

Dejó caer el periódico y pensó: «¡Alemania, cuándo volveré a verte!». Y haciendo un movimiento brusco con la cabeza... «¡Ah, algún día girará el vagón también en esa dirección!».

Olga se llenó de alegría cuando un buen día, fuera de Moscú, se encontró inesperadamente con Bümeck.

Era un día normal de verano, como uno de los muchos que había vivido. La mañana amaneció clara y cálida y las muchachas de aquella serie de habitaciones del cuarto –la mayor tan solo tenía 23 años– decidieron ir juntas a nadar antes de la hora del trabajo. Cogidas del brazo caminaban por el boulevard contentas y relajadas, incluso antes de llegar a la piscina del estadio, para soltar allí sus músculos y refrescarse y luego volver dando un paseo.

Del baño fueron directamente al trabajo. Olga, que se preocupaba fundamentalmente del tema de la explotación juvenil en los países de Occidente, se sentó a esbozar por escrito un artículo sobre huelgas de jóvenes en Alemania. Se acercó Mali y miró lo que escribía por encima del hombro.

—Es mejor participar en diez acciones que tener que escribir una –dijo Olga suspirando.

—Puedes participar en la acción, tenemos que ir a Chimsawod.

La ampliación de esta empresa de química en el distrito moscovita de Frunse pertenecía a uno de los puntos fuertes del primer plan quinquenal.

A la estación de tren de Kiev habían llegado ladrillos y debían ser descargados rápidamente porque se necesitaban los vagones vacíos. El grupo del Komsomol de Olga decidió ayudarlos, su tarea la recuperarían al día siguiente.

La fábrica estaba en las afueras del barrio, tenían que atravesar la «pradera roja» que ni era roja ni era pradera; en el estío se asemejaba a un yermo de arena y en primavera, con las crecidas del río Moskwa, a una zona pantanosa salpicada de charcas.

Los trabajadores soviéticos de la construcción se alegraron al ver al Komsomol alemán y los vagones fueron colocados en una vía lateral y empujados hasta la fábrica. Junto a Olga trabajaba un miembro del КЈІ de ojos negros rasgados, al lado de este una señora mayor con pañuelo gris a la cabeza; luego seguían Gerda, una muchacha del cuarto piso, un joven con una visera tártara de colores, un señor mayor que tenía la pinta de ser agricultor y luego... Olga dejó caer el ladrillo, corrió hacia él y lo abrazó; era Bümeck, un trozo de las Juventudes Comunistas, un trozo de su país. Olga se olvidó de todos sus defectos, Bümeck la apretujaba contra su pecho, ya Bümeck no aparentaba ser un burócrata o un criticón. Quedaron para la tarde.

El joven de ojos rasgados entonó una canción, los ladrillos pasaban veloces de mano en mano.

La señora mayor del pañuelo gris en la cabeza no cantaba.

—Mamita, ¿qué murmuras? –preguntó el joven que había entonado la melodía.

—Qué voy a contar, antes pasé hambre y ahora sigo pasando hambre. Nada ha cambiado.

—No es verdad –respondió el joven–, ha cambiado mucho. Ahora sabemos por qué pasamos hambre y pronto ya no pasaremos hambre. –Y tomó el ladrillo de la mano plana y alargada–. Mira este ladrillo, mamita, vale más que el oro, es un ladrillo socialista.

Olga siguió al ladrillo con la mirada, que pasaba de mano en mano. Pensó en hablar con el amigo de Mali, le gustaba aquel compañero vital e inteligente. A comienzos de su amistad Mischa le había preguntado: «¿Te sientes bien entre nosotros, la Unión Soviética responde a tus expectativas?». «Desde el primer día me he sentido a gusto con vosotros», le había respondido.

El primer día fue a aquel arco en la frontera con la inscripción: «¡Proletarios del mundo entero, uníos!» y el soldado ruso delante de la ventanilla del compartimento. Mischa la ahuyentó de sus pensamientos y le preguntó otra vez:

—¿Es como te lo imaginabas?

—No –contestó ella claramente.

—¿Qué es distinto? –quería saber él.

—Cuando las delegaciones alemanas volvían de la Unión Soviética, por lo que contaban, parecía como si aquí manara leche y miel.

—¿Y tú encuentras...?

—Que no fluye ni la leche ni la miel.

Mischa reía. Luego se puso nervioso.

—Vuestras delegaciones deben informar qué sucede: difícil, muy difícil. Solo quien conoce puede juzgar lo grandes que han sido los resultados. Estos datos pueden aclararte: se tomó el poder con un 75 % de analfabetos, un país sin apenas fábricas y con una agricultura tercermundista, rodeado de países capitalistas que nos atacan, molestan y provocan y aun y todo hemos conseguido lo que hemos conseguido.

Mischa estaba delante de Olga y totalmente estirado alargó los brazos hacia la sobrecama diciendo:

—Ven de aquí a veinte años y echa un vistazo alrededor: casas de diez pisos, jardines de infancia en cada calle y tal número de aviones que no vas a poder ni ver las estrellas. ¿Y los analfabetos? Ni con faroles, ¡qué digo con faroles!, eso estará ya superado, analfabetos no vas a encontrar absolutamente ninguno ni con la luz eléctrica más potente; en cambio, estudiantes, en abundancia. ¿Y el misterio de cómo lo vamos a conseguir? El misterio son las personas. Hicieron la revolución porque creían en las palabras de Lenin: «Paz y pan». Llevarán a cabo la revolución porque creen en el comunismo.

Olga sonrió y miró hacia la obra. El trabajador del ladrillo, aquel que lo valoraba más que el oro, tal vez era un futuro estudioso como también los hijos de aquella mujer amargada que no quería cantar.

El reloj dio las ocho cuando la tropa regresó a casa. La tarde en Moscú era larga, sobre todo durante las claras noches de verano. A las once aún se estaba con los amigos y en las calles había marcha. Incluso las tiendas se cerraban tarde. Bümeck vendría más tarde y Olga quería obsequiarlo de modo festivo aun cuando las posibilidades no eran grandes.

Grupos de jóvenes avanzaban por la calle ocupando totalmente la calzada y esquivando hábilmente los autobuses. Uno tocaba el acordeón y, a veces, se deshacían las filas para bailar. Olga observaba los múltiples rasgos de sus rostros, parecían estar representados los distintos pueblos y razas que conforman la Unión Soviética. La calle le pareció mucho más atrayente que en Alemania. «Allí se viste diez veces mejor, pero no poseemos tantos rostros diferentes, ni estas interesantes caras ni tampoco una vida tan llena de color y tan palpitante...».

Cuando regresó Olga, Bümeck la esperaba delante de la puerta.

Lo primero que le contó fue que el compañero Philipp, el que fue detenido con la liberación de Kurt, había cumplido ya la sentencia.

Olga irradiaba alegría.

—¡Fantástico! Y ¿cómo le va, quién le ayuda? Era carnicero, me imagino que el jefe lo habrá despedido, ¿no?

—Te equivocas –dijo Bümeck–. El tío es un comerciante, incluso lo ha puesto de jefe en la filial de la calle Munz.

—No entiendo.

—Apenas se colocó Philipp detrás del mostrador se formó una cola que llegaba hasta la calle, eran las mujeres de los trabajadores que querían comprar allí sus costillas y albóndigas, diríamos por solidaridad. El puesto le era rentable al comerciante.

Olga se alegró de corazón. Luego Bümeck le contó que había venido a la Unión Soviética como especialista.

—Ves –le dijo echándole algo en cara–, ¡y tú que siempre habías pensado que yo era un comunista tibio y poco comprometido! De todas formas, me he encontrado aquí con muchos problemas que antes desconocía.

—Cierto –dijo Olga–, ¿a cuáles te refieres?

—Por ejemplo, hoy mismo; no te has fijado, pero a la izquierda había una costosísima máquina; en toda la Unión Soviética igual no hay más de media docena de ese tipo. Pues bien, estaba a la intemperie y sin protección. Ha estado durante tres días mojándose y los demás ni siquiera entendían que yo me enfadara. Hoy la he encontrado otra vez sin protección y en medio del polvo y la porquería. ¿Y las herramientas? Las dejan caer al suelo, se rompe el taladro y se ríen. No saben trabajar con herramientas ni saben organizar el trabajo.

A Olga le sonaba un poco al «viejo Bümeck» y le preguntó:

—¿A quién te refieres cuando dices no saben?

—A los trabajadores.

—¿Y quiénes son los trabajadores? No entiendes que muchos de ellos eran ayer todavía agricultores que araban sus campos con el arado de madera. Si entre cien logras encontrar tres docenas que sepan leer tienes suerte. Aquí no hay especialistas tal y como nosotros conocemos, por eso resulta importante que los formemos y no solamente les enseñemos a ejecutar el trabajo mecánicamente. Muchos no habían trabajado jamás con una máquina. Esta es la herencia que han recibido los revolucionarios.

—Yo no tengo que ver nada con su formación, solo debo preocuparme de las chimeneas.

Olga comenzó a enfadarse, pero se contuvo.

—Donde hay hombres, los comunistas deben preocuparse de ellos. Cuando tú te marches, ¿quién va a construir las chimeneas si no enseñas a los demás?

—Ya les enseño –dijo Bümeck tratando de calmarla.

—Sí, ¿y? –pregunto Olga.

—Sí, ¿y? Que yo soy comunista pero los demás especialistas están hasta el gorro.

—¿Por qué?

—Porque no hay ni cervezas. Hace poco nos enfadamos y ¿qué nos trajeron? ¡Gaseosa! Eso nos dieron.

Olga estaba que ardía, pero Bümeck, metido en la descripción, ni se dio cuenta.

—¡Y la comida!

—¿No hay salchichas alemanas, verdad? –preguntó Olga.

—Así es. –Bümeck se alegró de que por una vez coincidieran ambos–. Esa eterna sopa de berza o de zanahoria y, créeme, les parece que nos dan un festín si le echan crema. Nos dicen entonces orgullosos: «¡Esto no comen los trabajadores en la Alemania capitalista!».

—¿Y qué les has respondido?

—Nosotros en Alemania tenemos esto, esto y lo de más allá.

Olga apretaba los puños y al final gritó:

—¡Alemanes de mierda, idiotas, burgueses, petulantes, les falta cerveza y salchichas y, naturalmente, en un país tal no se puede vivir! ¿Sabes que ellos pasan hambre para que vosotros comáis más y mejor y no os marchéis porque os necesitan en la construcción? ¡Vosotros tenéis mantas calientes, cuartos con calefacción, comida extra a costa suya! ¡Suspirar por cerveza, herir a las gentes e injuriar a quien se sacrifica y es héroe y no ver la revolución en el mundo! ¡Asco! Marcha o...

Bümeck se había quedado pálido, veía a Olga roja de ira y se marchó.

—Pero estos compañeros alemanes son la excepción –la tranquilizaron Mischa y Mali, que llegaron en el momento que Bümeck iba camino de la puerta.

—Olga es capaz de compensar el daño que hacen diez Bümeck juntos –dijo más tarde Mischa a Mali.

—Diez buenos no reparan a ninguno malo –respondió Mali–, pero mandarle fuera tampoco es ninguna buena educación. Olga es a veces un poco testaruda.

—¿Y ahora criticas a tu buena amiga?

—No hay contradicción: a quien se quiere se le critica.

* * *

En Alemania no se olvidaba a Olga, sus expedientes permanecían sobre la mesa de un alto funcionario de Policía.

La Policía de Múnich había recopilado esos documentos y detrás del nombre de esa muchacha de, en aquel tiempo, 17 años, había anotado «comunista peligrosa».

Con el encarcelamiento de Olga en Berlín su expediente había engordado aun cuando Olga no había confesado absolutamente nada. En abril de 1928 llegó la noticia del secuestro del encarcelado y en mayo la del proceso contra Kurt en su ausencia. El tribunal del Reich acusaba también a Olga de «colaboración de alta traición» porque en su libro de taquigrafía estaba el artículo de Kurt. Durante el proceso contra los dos acusados, «por ahora en paradero desconocido», se dieron cuenta de que una parte del delito de Olga Benario se había cometido antes de que cumpliera los 18 años. A pesar de todo el tribunal determinó que los inculpados eran acreedores de la responsabilidad total ya que de diversos lados se resaltaba su extraordinaria madurez e inteligencia. Y eso mismo se deducía de las cartas que se archivaban en los expedientes.

El funcionario pasó hojas y hojas hasta llegar a la página aún vacía.

En Moscú hacía a finales de agosto el mismo tiempo que en Berlín. Las ventanas, que daban al pasillo delante de la sala de columnas de la casa del sindicato, estaban abiertas de par en par, el largo aplauso se escuchaba desde la calle y resonaba fuerte y brioso incluso en la plaza del teatro, espantando a los gorriones que buscaban comida.

Olga Benario, delegada al quinto congreso de las Juventudes Comunistas Internacionales, fue elegida para la presidencia. Se acercó a la tribuna por el estrecho pasillo entre las sillas. La sala aparecía iluminada, preparada para el magno acontecimiento, las columnas de mármol claro, el terciopelo rojo oscuro, los adornos dorados, los pesados candelabros cargados de velas..., e igual de festivos solo que mucho más jóvenes que la sala se manifestaban aquellas personas: la juventud comunista perteneciente a 40 naciones diferentes, venidos de lejos a este país que garantizaba al congreso su hospitalidad.

Olga oyó el latido de su corazón.

En la primera sesión del KJI, en 1919, cuando aún se desencadenaba la guerra civil en la Unión Soviética, los delegados de los 14 países se reunieron en Berlín, en la tasca del trabajador Wilhelm Müller. Hace tres años entró Olga por primera vez, con 17 años, en el local de Wilhelm preguntando respetuosamente por la sala de la reunión de las Juventudes Comunistas Internacionales; no se podía creer que ahora participara en este quinto congreso.

Pensó: «Es el día más bello».

«Hoy es un día de fiesta para el compañero joven», así comenzó el orador, y el esplendor del día se reflejaba en todos los rostros.

Los delegados se levantaron, en el podio estaban los oficiales de la división roja de caballería Budjonny, y los apadrinaba la Juventud Comunista Internacional.

«La décima división de caballería informa a KJI de nuestro relevo, a la joven generación comunista representada en el quinto congreso mundial de la Juventud Comunista Internacional, que la división comienza la última fase de preparación para comandantes soviéticos. [...] El 55 regimiento de caballería saluda a su jefe, la Unión Alemana de Juventudes Comunistas».

Durante los restantes saludos la mirada de Olga se quedó fija en el representante del regimiento apadrinado. Tenía pelo negro, era muy moreno y sonreía. La tropa Budjonny había participado en las expediciones contra los generales contrarrevolucionarios Denikin y Wrangel, soldados de la lucha por la liberación, soldados que habían acabado con la guerra porque odiaban las guerras y a sus causantes.

«La crueldad y miseria que originó y causó la guerra imperial comienzan a desaparecer de la memoria de esta generación joven. Pero en el horizonte surge de nuevo una amenazante nube que nos anuncia un peligro grave, el peligro de una nueva guerra imperial».

Reinaba silencio en la sala.

«Esta ha de ser la principal tarea –para todo compañero de cualquier país–, alejar el peligro de guerra», pensó Olga.

«Arriba, parias de la tierra...» sonaba a coro en diversos idiomas en aquella sala festiva. Olga había cantado *La*

Internacional por primera vez con 12 años, con 14 leyó el *Manifiesto Comunista*: «Proletarios del mundo, uníos».

Hoy no podía cantar, la emoción le ahogaba la voz. En largas hileras, delante de ella, estaban sentados los compañeros: negros, cobrizos, blancos, rostros amarillos... ¡Cuántos sentimientos encierra un corazón! Ella amaba a cada uno de aquellos compañeros que unidos trataban de conseguir un mundo mejor y más feliz para todos.

«Conseguir a base de puño el derecho de los hombres, la dignidad humana».

Cuando el policía de Berlín terminó su trabajo colocó las actas de Olga debajo de todo el montón. En la página en blanco, no escrita hasta entonces, se podía leer: «Agente de Moscú».

* * *

Kurt participó en varios cursos fuera de Moscú y Olga visitaba a la familia de Mali con frecuencia después del trabajo. Su madre era una mujer inteligente y bondadosa, Olga se sentía cómoda en su casa. Ya en su primera visita Olga le pareció a esta buena señora poco femenina en comparación con su grácil hija: aquel lenguaje enérgico, su comportamiento poco sentimental, la forma de vestir deportiva y espartana y su abierto desinterés por realizar actividades de ama de casa acentuaron su primera impresión.

Cuando Olga los visitó por segunda vez, la madre de Mali, que era una mujer muy guapa, llevaba un chal sobre los hombros. Olga se le quedó mirándola fijamente.

—Cómo me gusta –dijo de manera impulsiva–, qué bonito.

La señora le entregó su chal.

—Qué fenomenal colorido, y qué elegancia.

Olga se lo colocó a Mali sobre los hombros y dando una palmada exclamó:

—¡Te queda fenomenal!

Mali intentó ponérsela a Olga, pero esta se defendía:

—No lo intentes, porque no tengo tipo para estas lindezas.

El chal cubría sus espaldas y el tono azul combinaba con el azul de sus ojos.

—¡Estás maravillosa!

—Yo no puedo llevar una cosa tan bella, todo lo realmente elegante pierde brillo en mi cuerpo. A vosotras os sienta bien, a mí seguro que dentro de tres minutos ya me cuelga torcido o se me ha soltado el nudo. Yo me siento segura dentro de un pantalón y una blusa, son algo así como mi segunda piel.

—Evidentemente a tu tipo delgado y deportivo le sienta bien el pantalón y la blusa, pero no tienes por qué llevarlos siempre. No sabes lo guapa que estás con tu vestido blanco de verano y el cinturón rojo.

—¿Sí? –Olga lo preguntó como preguntaría un niño.

—Llévatelo –dijo la madre–, pero úsalo.

Fue un atardecer maravilloso, las dos jóvenes leyeron poesía rusa hasta que la noche no les dejó ya ver las letras.

Mali recitaba los versos con su bella y clara voz. A Olga le gustaba Puschkin, la lírica de Lermontow y sobre todo Maiakovsky, cuyos versos revolucionarios y chispeantes se entremezclaban con la pasión de sus propios sentimientos. Estaba sentada en el sofá, apoyando la cabeza en el tapiz de la pared y escuchando con los ojos cerrados.

Luego Olga recitó a Heine, Goethe, Herwegh y Weinert.

—Mi padre sabía también de memoria muchos poemas –dijo Mali suavemente. La señora habló luego de su marido, de su humor, su valor, las vivencias de ambos en la ilegalidad. Era como si estuviera a punto de llegar para reír con ellas.

Olga no se saciaba nunca de escuchar detalles sobre su trabajo en la clandestinidad, y la madre, haciendo honor al momento, abrió el paquete de cartas. Algunos renglones solo los entendía la esposa y ningún funcionario-censor podía adivinar lo que allí se decía cuando la carta procedía del destierro: «Envíame un misal, cien gotas de medicina y mis gafas». Solo la madre sabía que con el misal se refería a dinero para sus compañeros y que de todo ello solo eran literales las gafas.

Cuando a altas horas de la noche Olga regresó a casa, la buena señora la abrazó fuertemente mientras le colocaba suavemente y sin que se diera cuenta el chal desplazado.

A la mañana siguiente alguien tocó la puerta. Era Gerda, la del cuarto.

—Te hemos buscado por todas partes, debes viajar mañana a Tambow.

—¿Yo? –Olga se puso roja de alegría–. ¿Yo a Tambow?

Gerda confirmó con la cabeza.

—¿De verdad? –preguntó Olga de nuevo abrazándola efusivamente.

—Guarda tus fuerzas, que allí las vas a necesitar.

Tres días después, Olga, con el uniforme del regimiento rojo de caballería, trotaba sobre un caballo por las rastrojeras de Ucrania.

Para Olga la visita al regimiento apadrinado era un gran acontecimiento. Durante esos días vivió como los soldados. Se había puesto a su disposición, para pasar la noche, un jergón tan lleno de paja que formaba una especie de arco rodando siempre Olga a uno de sus lados. Terminó durmiendo pegada a uno de los cantos de la cama. A la mañana siguiente la despertaron los sones de trompeta, nadie le dijo el tiempo del que disponía para vestirse. Pero Olga se apresuró para no causar retraso alguno al KJVD. Jamás había llevado polainas. Montar a caballo, disparar, saltar en paracaídas desde la torre y viajar en camiones eran las actividades que se llevaban a cabo en Ossoawiachim (organización para deporte y técnica). Olga era un miembro entusiasta, aplicado, pero que no sabía ponerse las polainas. Intentó fijarlas tres veces, pero siempre se le corrían. Tuvo suerte de que los hombres tenían que afeitarse y, por fin, a la cuarta consiguió colocarse bien las polainas.

Tras el desayuno la autorizaron a estar presente en las maniobras y le trajeron el caballo.

Por la tarde el regimiento ejecutó unos maravillosos juegos a caballo y a la noche se juntaron los soldados en el fuego de campamento. Explicaron su formación y la historia del regimiento Budjonny, sus combates contra los blancos durante la guerra civil. Se alegraban del interés de Olga y se sorprendían de sus atinadas observaciones. Le llovieron las preguntas, entre ellas la consabida de siempre. Un soldado de amplias espaldas y cicatriz roja en la frente le preguntó: ¿por qué no habéis tomado el poder en Alemania? Allí hay muchos trabajadores y pocos capitalistas, ¿cuándo vais a hacerlo?

Cuando Olga regresó de Tambow encontró sobre la mesa una carta. Kurt había estado dos días en Moscú y ella le había dejado escapar. Esto le pesó, él estaba con frecuencia fuera en cursillos y se veían muy de cuando en cuando; a pesar de que tenía los días ocupados le echaba en falta, por eso cuando volvía a la ciudad saboreaban esos momentos preciosos que tanto deseaban. Cada vez se iban notando más los pequeños desacuerdos en los momentos de su vida en común; Kurt lo atribuía a las largas y frecuentes separaciones, que les hacían daño.

Encontraba a Olga muy metida en sus propios asuntos. Ella tenía la impresión de que él se había vuelto más sensible y brusco, pero ninguno de los dos decía lo que pensaba. A los pocos días debían separarse de nuevo y en las despedidas siempre estaban unidos. Mientras vivían solos, el deseo de encontrarse les hacía olvidar sus diferencias.

Pasó el verano y también el otoño. Cuando llegó el invierno Olga hablaba muy bien ruso.

—Para nosotros el verano y el invierno son igualmente bellos –le había dicho Mali en una ocasión en que Olga suspiraba por el chapuzón diario y los viajes en barco por el río Moskwa mientras paseaban por los montes de Lenin en el agosto moscovita.

Llegó el frío con inesperada dureza, taponaron las rendijas de las ventanas con masilla y tan solo dejaron un pequeño orificio para airear la habitación. La temperatura alcanzó los 20 grados bajo cero, pero el cielo seguía estando raso y el frío era seco, mucho más agradable que la humedad de un día gris en Berlín. Las casas de madera, pequeñas y pobres, de las calles secundarias de Moscú se transformaron con la fuerte nevada en chozas idílicas de viejos cuentos.

Lo que a Olga más le gustaba de esas calles invernales era que estuvieran casi tan animadas como en verano. Los niños, cubiertos de ropa desde la coronilla hasta los pies, se asemejaban a pelotas pequeñas; brincaban con ojos exultantes y mofletes colorados metidos todo el día entre la nieve. Construían castillos y cuevas de nieve y confeccionaban tartas.

Kurt vino en invierno a pasar algunos días en la ciudad. Olga fue a buscarle a la estación de tren. Observó los alrededores tratando de encontrarla hasta que Olga se le acercó envuelta en una chamarra de piel de oveja, un pañuelo de cabeza y botas de fieltro. Le agradaba sobremanera la Olga de invierno, y juntos y felices caminaron a su «guarida». Apenas habían intercambiado las primeras impresiones cuando aparecieron Mali, Mischa y otros amigos tratando de convencerles entre risas y alboroto para ir a patinar al parque Gorki. Les saludó un mar de luces centelleantes y una suave música. Kurt apretó la mano de Olga entre las suyas y sintió a través del grueso guante su intranquilidad y desasosiego. Se había agachado para atarse las botas y estaba impaciente por deslizarse sobre el hielo.

Fueron recorriendo los distintos caminos helados del parque. El aire gélido pintaba maravillosos colores en sus mejillas y su alegría y dominio se reflejaban en los surcos descritos por sus botas. La música, las luces y miles de jóvenes, llenos de felicidad como ellos, convertían los atardeceres en una fiesta sobre el hielo. Más tarde, ya cansados, pararon en la plazuela de flores convertida en pista de hielo para baile de parejas, y observaron las figuras de los artistas desde el lugar de los principiantes, donde hacían sus primeros pinitos casi exclusivamente niños. Cuando vieron luz en las oficinas se dirigieron a ellas y a coro gritaron el nombre de Betti hasta que, por fin, abrió la puerta la joven directora del parque y les invitó a entrar porque era amiga de la muchacha del cuarto.

Betti les ofreció un té caliente y les contó mil historias sobre el parque, del que estaba muy orgullosa, porque era la alegría de la gente. ¡Doce mil patinadores habían visitado el parque esa tarde! Después de hablar de la elección de las obras para representar en el teatro del parque, Betti preguntó a Olga si había visto en el teatro Wachtangow *Conspiración y amor*. Los demás se rieron y Mali comentó: «Maravillosa».

Olga iba al teatro con frecuencia y la mayoría de las veces venía entusiasmada por la obra, por los actores y también por el público que seguía con gran atención la representación, pero precisamente *Conspiración y amor* no le había gustado.

—La escenificación me parece demasiado preparada, exagerada, no se hace justicia ni a Schiller ni a la obra. –Esta representación la incomodó tanto que recomendó a otros jóvenes compañeros que la vieran y luego entre cuatro escribieron una crítica en el *Komsomolskaia Pravda*.

—Únicamente Hugo estaba en contra de hacer pública la crítica, pues encontraba la representación brillante –dijo Gerda.

—¿Por qué no se va a oponer? –terció Kurt–, para gustos están los colores.

—Pero este no es el caso de Hugo –intervino Olga–. Hugo es de los que cree que la disciplina del partido exige admitir todo sin réplica, justificar toda decisión. En su opinión no hay nada mal hecho en la Unión Soviética: en ninguna fábrica, en ningún instituto, en ningún periódico, en ningún teatro... Aquí nadie hace mal. Con ello hace más daño que beneficio y los demás se ríen de él. Y eso es una desgracia porque se inmola por el partido.

—Olga, di otra vez lo que pasó ayer –dijo Gerda riéndose.

—Dilo tú.

—No, cuéntalo tú.

—Bien, ayer íbamos los tres por la calle, Gerda, Hugo y yo. Hugo acababa de comprar el *Pravda* e impaciente comenzó a leerlo en la calle aun cuando se le estaban helando las manos. En esto llegamos a una caldera negra donde se cuece la brea para arreglar los baches de la calzada y alrededor había calentándose algunos besprisorniki, niños vagabundos procedentes de la guerra civil y que se habían quedado sin padres y sin hogar. Se nos acercó un chaval sucio y delgado, que podía tener unos 12 años, y le pidió: tío, dame el periódico. Siguió caminando a nuestro lado y repitió varias veces el ruego. Hugo todo emocionado me dice: «¿No es este un claro ejemplo de la fuerza del comunismo? Un niño hambriento y andrajoso no pide pan sino el periódico. Solo quiere saber y aprender». Idiota, le dije, mientras Gerda se desternillaba de risa. Nos paramos un momento y seguimos al muchacho con la vista. El chaval vuelve a la caldera, hace varias tiras con él y lía un cigarro.

Todos rieron.

—Una buena lección para Hugo –dijo Betti–. Pero ¿sabes lo que me preocupa en estos momentos? Alemania. ¿Qué pasa con vosotros? No entiendo.

—En Alemania se están fabricando acorazados con el consentimiento de la socialdemocracia –dijo Kurt.

—Tan solo diez años después de la Guerra Mundial –intervino Betti.

—¿Y cuántos antes de la próxima? –replicó Mali.

—No va a haber más guerras, no puede haber –dijo Olga.

* * *

Olga siguió los sucesos de Berlín, en la primavera de 1929, con sumo interés.

El presidente de la Policía de la capital, miembro del Partido Socialista, había prohibido la manifestación del Primero de Mayo.

—Vas a ver, esto no lo van a permitir los trabajadores berlineses –dijo Olga a Kurt y a Mali–. Pese a quien pese se van a manifestar, y, sobre todo, nuestra gente de Neukölln.

Mientras Olga se manifestaba feliz en la Plaza Roja con la multitud, en Berlín los trabajadores se defendían con los puños del ingente número de policías. El barrio de trabajadores de Neukölln estaba rodeado a lo largo de la calle Zieten y aislado del mundo exterior. A pesar de todo, colgaban banderas rojas de todas las casas y la policía no lograba desalojar a los manifestantes de la calzada, incluso del pequeño balcón, delante del piso en el que Olga había vivido por primera vez a su llegada a Neukölln, colgaba la bandera roja del Primero de Mayo.

Aunque nadie pudo salir del barrio, llegaron a Neukölln noticias del terror policial en otros barrios y partes de la ciudad.

Por la tarde, los trabajadores enfurecidos comenzaron a arrancar adoquines y formar barricadas. La policía disparó fuego real desde las confluencias de las calles, hubo muertos y heridos, pero los trabajadores no cedieron. Derribaron árboles y apilaron tubos de la obra del metro para fortalecer sus barricadas.

Al anochecer el barrio estaba a oscuras, la población no encendió las luces de las casas en apoyo a los trabajadores y la policía no se atrevió a entrar por las oscuras calles, incluso en el barrio Wedding se defendieron los trabajadores tras barricadas.

Olga seguía pegada a la radio y discutía sobre los acontecimientos con todo aquel que estaba al tanto de lo que acontecía en Alemania.

—¡La primera lucha abiertamente revolucionaria desde 1923! –decía llena de júbilo, y esperaba que de un momento a otro el Partido Comunista Alemán y toda la organización de la Unión del Frente Rojo apoyara de manera organizada este levantamiento. Quería volver inmediatamente a Alemania y se enfadaba con quienes no compartían su opinión e incluso Kurt veía la situación con cierta reserva. La decisión del partido dio la razón a los otros.

En verano, poco antes de ir con Kurt de vacaciones, Olga leyó el discurso que Thalmann había pronunciado en Wedding el día del Partido Comunista. Decía que el partido, aunque manifestó su total solidaridad con los combatientes en las barricadas, no podía convocar el levantamiento armado porque se carecía de las condiciones objetivas para ello. No se daba una situación revolucionaria aguda. Olga leyó con atención hasta el final y reconoció lo importante que es saber valorar las formas del movimiento revolucionario y la relación de fuerzas. Estaba claro que había juzgado ligera y precipitadamente.

Olga y Kurt pasaron las vacaciones en la costa del Mar Negro, cerca de Yalta.

Los primeros días no hicieron grandes cosas. Cuando salían del blanco edificio central de la casa de descanso iban al sol y se sentaban relajados por el calor en uno de los bancos de piedra del jardín, pelaban las pepitas de girasol y comían trozos jugosos de melón o dulces raciones de uva negra.

Cuando se fue aliviando del cansancio moscovita, a Olga le entraron las ganas de emprender algo. Invitaban a ello las gentes desconocidas, la arquitectura extraña, el arte del lugar y el paisaje desacostumbrado. Para extrañeza de los demás, que no paseaban mucho al sol, Kurt y Olga empezaron a recorrer los alrededores y a prolongar sus paseos. A finales de las vacaciones hicieron una excursión a los montes.

Cansados tras una larga marcha a pleno sol, se sentaron en un pueblecillo, en un lugar sombreado y ajardinado, y pidieron vino. Era de cosecha buena y rara. Antes de beber, Olga puso el vaso a contraluz, porque le agradaba su vivo color. Tras el primer trago suspiró de comodidad y descanso, estaba muy morena, relajada y feliz. Kurt se maravilló de nuevo de lo juvenil que le ponía a Olga el contacto con la naturaleza, cómo le entusiasmaba cada paisaje, árbol o flor.

Después pasearon por parajes solitarios y sin gente y al atardecer comprobaron que no era la primera vez que se habían perdido. Kurt propuso bajar al valle y desde allí ver lo que podían hacer. A Olga el descenso le parecía una derrota, era partidaria de permanecer en la altura. La noche era demasiado bonita como para perderla durmiendo, caminaron mientras la luna les fue iluminando y cuando se hizo oscuro se sentaron en un lugar resguardado y decidieron esperar el amanecer. Era todo tan silencioso que conversaban en susurros. El aire olía a bosque. Olga se desperezó y miró al cielo, había aparecido de nuevo la luna e iluminaba innumerables cirros que, rodeados por la negrura del cielo, se movían más blancos que de día.

—Las vacaciones son bellas, de nuevo todo funciona como antes –dijo Olga suavemente, y ambos se extrañaron de estas palabras. Kurt no respondió. Aquel silencio y quietud que pertenecía a la armonía nocturna comenzó a pesarles. Se oyó un uhu y una lagartija se escurrió entre la maleza. Ambos hubieran deseado que Olga no hubiera dicho aquellas palabras y menos en ese momento en que se sentían tan bien.

Por fin Kurt dijo:

—¿Qué quieres decir?

—Te has vuelto otro –respondió Olga.

—¡Tú también!

—¿Cómo otra?

—Eres más autoritaria, altiva –dijo Kurt–, ya no buscas mi consejo. A veces te comportas como si prefirieras estar sola.

—Antes, cuando estabas en la cárcel, no tuve más remedio que valerme y decidir sola, eso te endurece y te hace ser más independiente. Luego, cuando saliste, tuve que acomodarme de nuevo a ti y no me resultó sencillo.

Creo que es lo que les ocurre a muchas mujeres que por la guerra han tenido que vivir esta soledad. Cuando volvían los maridos se habían hecho más independientes y ya no jugaban el papel que el otro esperaba.

—Pero este no es nuestro caso, tú has sido siempre independiente y eso me enorgullecía.

—Sí, pero tú querías que yo fuera lo suficientemente independiente como para descargarte de trabajo, pero no más, no sea que ya no te considerara el maestro. Y es verdad, todo esto jugó antes un papel importante porque tú eras mayor y yo podía aprender mucho de ti.

—¿Y ahora estamos a la misma altura?

—No en todas pero sí en algunas cosas, y tú eso no lo soportas. Te vuelves susceptible si conozco algo mejor que tú.

—¡Cómo puedes pensar una tontería tan grande!

—¿No ves? Te pones violento e irascible, como ahora.

—También antes, pero entonces tú sabías entenderme mejor. –Kurt calló, luego dijo–: Tal vez tienen su pizca de culpa las numerosas separaciones. ¿Cuándo hemos tenido una verdadera vida en común?

—Cuando uno quiere y pertenece a otro las separaciones no juegan papel importante.

Kurt no respondió. Las estrellas fueron desapareciendo y el cielo fue emergiendo de la oscuridad; a sus pies estaba el valle.

—Me gustaría que fuese como antes –dijo Kurt.

En silencio descendieron, sobre el mar iba surgiendo el sol como bola de fuego, pero ellos no lo vieron porque miraban al suelo.

* * *

Si Olga lo hubiera sabido de boca de Kurt tal vez el tema no hubiera sido tan duro, pero se enteró por una compañera que no pretendía en absoluto hacerle mal y eso le afectó profundamente. Intentó tranquilizarse y dijo:

—Sí, estamos en trámites de separación. Ya sé que él tiene a otra, yo también.

No abandonó a los amigos con los que estaba esa tarde, únicamente habló más y se rio un poco más fuerte. Cuando volvió a su cuarto y, por fin, se encontró sola, estuvo paseando de la puerta a la ventana y de la ventana a la puerta. ¿Por qué el comportamiento de Kurt había supuesto tan duro golpe? Desde las vacaciones de verano no había habido ninguna nueva conversación sobre sus relaciones. Olga opinaba que ya no dependía de Kurt como antes. Pero ¿por qué brotaba entonces –herida en su orgullo– toda aquella fuerza sentimental hacia él? Resultaba difícil, muy difícil, imaginarse que todo lo que le pertenecía, la familiaridad de las palabras y de las caricias, lo pudiera recibir otra persona. Olga deseaba con toda su alma tener a Kurt y a la nueva muchacha delante, herirlos con palabras irónicas y atinadas, lanzarse sobre ellos y destruir sus relaciones.

Pasaron horas antes de que se calmara y se diera cuenta de cuál era su estado de ánimo. Los celos son una cualidad pequeño-burguesa, le había dicho una vez a Hilde en Berlín. ¡Qué fácil resulta afirmarlo cuando uno no lo ha sufrido!

Tuvo que obligarse a pensar con sensatez y tranquilidad. Ella misma se había dado cuenta hacía meses que su relación no funcionaba como en los primeros años. ¿Por qué entonces ese dolor profundo pensando que Kurt...? De nuevo le invadió la congoja. Necesitaba pensar en sus manos, en su mirada, en las cosas que habían vivido juntos. Ahora todo aquello le parecía desvirtuado y muerto.

La otra... Olga pensó de nuevo con genio y pasión en lo que le podría hacer a la otra.

Llovía. Abrió la ventana; en la otra parte, en el edificio de enfrente, había luz en una habitación. Las gotas que iban cayendo en la oscuridad chispeaban como diamantes al cruzar la luz. Olga se fue calmando.

Ella misma había sopesado si no sería mejor separarse que andar viviendo cada uno por su lado. Aun cuando la separación se hubiera producido por iniciativa suya, sin que Kurt mantuviera relaciones con otra, también le habría hecho daño. Y es que los años de vida conjunta no se pueden borrar de un plumazo, claro que el camino elegido por Kurt hacía aún más dolorosa la separación; se sentía humillada e insultada. ¿Cómo sería ella? ¿Un bomboncito, algo melindroso y vacío que solo sabe ir con cualquiera a la cama?

Kurt regresó temprano y la saludó con la familiaridad de siempre. Le hizo té, buscó algo para comer en el armario y, ya mientras rebanaba el pan, comenzó a hablarle de modo vital del viaje.

A Olga la noche le pareció como un fantasma, sentía la necesidad de dejar el tema de lado y no darle importancia. Le resultaba imposible hablar de ello, esperó hasta la noche, y entonces tampoco dijo nada. No sabía qué hacer.

¿Lo quería aún? ¿Por qué seguía sufriendo cuando pensaba en la otra? Le debía dar igual si ya Kurt no estaba unido a ella. ¿Qué hubiera ocurrido si estuvieran ya casados y tuvieran tres hijos? Uno no se libra tan fácilmente del asunto, en cada matrimonio hay conflictos que hay que superar. Si miraba a su vida en común debía admitir que había habido muchas cosas bonitas, puntos álgidos, sobre todo antes del encarcelamiento. Tampoco se habían marcado otra meta que no fuera vivir así.

Tal vez ahí radicaba el error.

¿Querían hijos? Ella suspiraba por tenerlos, pero Kurt ni se lo cuestionaba. Ese tema no estaba solucionado.

—¿Por qué estás hoy tan callada? –preguntó Kurt de pronto.

—Pienso en nosotros.

Él sonrió.

—Parece que es un tema difícil.

—Así es.

Luego ella le contó que ya sabía lo de la muchacha pero que incluso ya antes había valorado la posibilidad de separarse.

Olga se dio cuenta de cómo temblaba Kurt, lo mucho que dependía de ella, y esto amainó sus celos. Ahora que estos decrecían, ya no parecía tan fuerte el sentimiento hacia él como se le había mostrado en esa noche. ¿Se podría hablar incluso de sentimientos?

Cuando Kurt tuvo que abandonar Moscú de nuevo aún no estaba decidido nada. En la despedida Olga observó su rostro tan familiar y ahora triste, que le pareció de nuevo muy distinto. La tentación de abandonarlo era una tontería, resultaba difícil no quererlo. Quería ver la alegría en sus ojos, sentir su alma, la vehemencia de la reconciliación que hasta ahora siempre habían logrado.

Al quedarse sola, no podía encontrar sosiego y estaba descontenta consigo misma porque no salía de ese círculo maldito. Le preocupaba su propia indecisión. Hasta ahora era de la opinión de que podía pensar en cualquier situación de la vida de manera clara y objetiva, en otro momento hubiera condenado tanto barullo y tanta indecisión.

¿Cuál era en realidad el lazo que sentía?, ¿solo la costumbre y el deseo de no vivir sin otro? ¿Y qué había en común? Así como antes, con aquella alegría y pasión, ya no lo quería. Lo que en los buenos matrimonios, en donde la intensidad de los primeros tiempos va cobrando una forma armónica de vida comunitaria, familiar, y creando muchos otros lazos, no se daba en ellos de manera convincente. Tampoco se habían esforzado en que eso ocurriera.

Olga esperó mucho desde que se marchó Kurt, y un día le escribió diciendo que les vendría mejor la separación, y no se dejó cambiar de opinión con la respuesta.

En la primavera de 1930 Olga fue a casa de la familia de Mali para despedirse. Su deseo se había cumplido al fin: luchar allí donde era más difícil, en los países capitalistas.

* * *

El pequeño despertador, que la madre de Mali le había regalado como despedida, seguía con su tic-tac en la cómoda. Por segundo año consecutivo marcaba puntualmente las horas.

Mali y Mischa se habían casado y vivían en una habitación libre. Eran las siete de la tarde cuando Mali llegó a casa del trabajo y, rodeando el cuello de su madre con sus brazos, le dijo:

—¡Ha pasado algo con Olga!

La madre se pasó la mano por la frente.

—Ha sido detenida en Francia y no dice nada, no saben ni cómo se llama. Su foto aparece en los periódicos para la «pertinente información». Por suerte su foto es tan mala que apenas se la reconoce.

Durante semanas enteras se preocupó esta familia de su tercera hija, hasta que una tarde alguien golpeó en la puerta y era Olga. La estrecharon contra el pecho con lágrimas en los ojos y aliento entrecortado, se abrazaron de nuevo y la madre, distanciándola con los brazos, la observó fijamente:

—¡Muchacha, qué guapa y qué elegante estás!

Olga estaba de un humor envidiable. Sacó una pelota rosa del bolsillo del traje francés, la desdobló y era un primoroso vestido:

—Un recuerdo de Francia para Mali.

Algo tan frívolo hizo enrojecer a Mali. No podía ponerse una cosa así, lástima. Más tarde encontró la solución, le añadió una blusa veraniega sin mangas. Olga se desternillaba de risa cuando se dio cuenta de la transformación.

Durante el primer día estuvo hablando hasta bien entrada la noche acerca de esta separación que casi había durado dos años. Querían conocer todo lo ocurrido durante la detención y su repentina aparición.

—No fue gran cosa –decía Olga–, pero era ya la tercera vez que ocurría y querían entregarme a Alemania. Me parecía un poco peligroso y aquí estoy.

Cuando la detuvieron iba de camino a una reunión. Durante semanas la interrogaron sin resultado alguno; a la misma policía el tema le parecía ya aburrido. La dejaron libre con el ultimátum de que debía abandonar el país de inmediato. Olga no quería agobiar a ningún compañero francés con nuevos contactos, así que cogió la maleta que en previsión de lo ocurrido había dejado en la estación de tren para que la guardaran y huyó en dirección a Bélgica.

No tenía consigo ningún papel, podía ser detenida en cualquier momento y no quería que conocieran su nombre; se detuvo en un pequeño pueblo de la frontera francesa. El tiempo que le habían concedido ya había expirado, así que esa noche se escondió en un pajar de las afueras.

Al siguiente día echó un vistazo a los alrededores y vio una columna de trabajadores que, en traje de faena y con un plato matrequeante al cinturón para la comida, atravesaban la frontera hacia Bélgica por la mañana temprano. Olga permaneció escondida hasta que oscureció y volvió el grupo de trabajadores. Un hombre joven de pelo rojizo y orejas salientes parecía ser el jefe. Fue saludado de la parte francesa por una mujer y un chavalito de pelo de igual color y también de orejas de soplillo. A Olga le hizo gracia la manera entrañable con la que se despedían los trabajadores entre sí y cómo aquel trabajador tomaba al niño en sus brazos. Le siguió por aquella calle sinuosa y, antes de que la familia entrara en una casita acurrucada, Olga interpeló al hombre y le aclaró la situación lo justo tras una conversación prudente.

—Vamos a ver lo que puedo hacer, yo no soy comunista, pero tengo que ayudarte –respondió el pelirrojo. La mujer invitó a Olga a entrar. El hombre se marchó. La señora colocó sábanas y mantas sobre el sofá del aposento.

Olga cavilaba: «O ahora me traiciona y soy entregada a Alemania o busca el plan para cruzar la frontera».

La pequeña y expeditiva francesa puso el mantel y, mientras colocaba los cubiertos sobre el hule, Olga pensó que en ambos casos lo correcto era comer abundante. Se escucharon pasos en la calle, el señor volvió con dos más:

—Estos son comunistas.

A la mañana siguiente pasó la tropa de trabajadores, como siempre, camino de la fábrica en zona belga. Tres jóvenes rodeaban a una muchacha alta con pañuelo en la cabeza, delantal a rayas y una golpeada cazuela al cinto. Por delante iban dos trabajadores mayores y un par de mujeres jóvenes inmediatamente detrás. En la frontera, junto a la barrera, había las mismas prisas de todos los días.

—Se le ha apagado la pipa. –El compañero ofreció al funcionario una cerilla, se le añadieron un segundo y un tercero formando a su alrededor un pequeño grupo. El funcionario se extrañó de tanta amabilidad, se quitó la pipa de la boca y vio que ardía. La muchacha alta cruzó a espaldas del grupo. No tenía ningún sentido permanecer allí quieta, no tenía ni cerillas ni pasaporte.

En Bélgica la ayudaron otros camaradas.

Mali abrazó otra vez a Olga y acariciándola fue haciéndole preguntas. Olga comenzó saltando del final del viaje al inicio, a lo que ocurrió los primeros días, cuando abandonó la Unión Soviética.

—No os podéis hacer idea de cómo es cuando uno se marcha de aquí y de pronto se encuentra en otro mundo. Al principio en Inglaterra, de allí me expulsan después de un par de meses por ser una extranjera incómoda. Imaginad que vais un buen día por la calle Oxford en Londres, de tiendas maravillosas, llenas de cosas. Allí hay de todo, ciertamente no para todos: nueces de coco, jamón, chorizo de hígado trufado, muebles modernos, vestidos elegantes. ¡Y qué autobuses! Se puede viajar sin tener que ir colgado. Pero luego uno comienza a enfadarse porque aquí todavía nos falta mucho para igualarles, porque aquí la gente en muchas cosas lo tiene aún difícil. Mali, ¿qué dijo una vez tu Mischa? En veinte años, es decir, en cuatro planes quinquenales, lo tenemos y entonces habrá igualdad pero para todos.

»Poco a poco se va conociendo a las personas de fuera y uno se compadece. Pasan toda la vida con angustia e inseguridad, miedo a quedarse sin empleo, miedo a enfermar, ante el presente y el futuro; viven como si el suelo que pisan se tambaleara y esto sucede porque su suelo es el capitalismo. ¡Y la estrechez de horizonte! Uno se espanta de su pobreza: dinero, mejor puesto, un matrimonio con pasta, eso es todo, eso es todo. Jamás se oye: nuestra fábrica, nuestra cosecha, nuestro país. Es difícil describir esa diferencia que no está contenida en ninguna estadística. Pienso en el optimismo de nuestra gente, en su fuerza, el trabajo que realiza, el sentimiento de vida, el gozo de vivir, los intereses, el amplio futuro. Aquí se respira de otro modo, es maravilloso estar otra vez de regreso.

—Sigue contando –dijo la madre.

—Marché a Francia; como preparación leí todo lo que encontré sobre ese país. En los periódicos burgueses se podía leer que Francia es una isla dichosa en el mar de la crisis económica mundial, y cuando llegué a esta isla me encontré con un millón de parados, tres millones y medio de trabajadores de jornada reducida, una burguesía que por razones de competencia con el capitalismo inglés se tiraba de los pelos y que, al mismo tiempo, apoyaba diligentemente la guerra de Japón contra China. Hay lucha de clases. Durante diez semanas hicieron huelga los trabajadores del textil en el norte de Francia, se llegó a poner barricadas en las ciudades; actualmente están en huelga los mineros...

Olga hablaba y no paraba. Una vez la interrumpió Mali:

—¡A ti te gusta Francia!

—Naturalmente –dijo Olga–, los trabajadores, el paisaje, las ciudades, la pintura, la literatura, un país maravilloso. La despedida me resultó dolorosa.

A las pocas semanas de esta velada llegó a Moscú una delegación de jóvenes de Francia y Mali pudo comprobar que no solo Olga amaba a Francia, sino que los compañeros franceses querían a esta joven alemana.

—¡Qué va a hacer ahora Olga! –preguntó después de un tiempo la madre a Mali–. Habla alemán, ruso, inglés y francés, sabe desenvolverse bien en los distintos países, es valiente, inteligente, tiene experiencia en el trabajo ilegal... Todo eso es muy valioso.

—Pienso que debe permanecer aquí, trabajar, encontrar un hombre, casarse y tener hijos –contestó Mali.

Su madre la miró sorprendida.

—No esperaba de ti tal respuesta.

—Siempre hacéis de ella una especie de heroína, pero ella es una muchacha como yo, con las aspiraciones normales de una muchacha.

—No hacemos de ella ninguna heroína, lo que ha hecho con 23 años no es normal y es justo poner en ella grandes esperanzas. Podía, muy bien, como ya lo ha hecho en los dos últimos años, hacer propaganda del comunismo en los países capitalistas. Además, tú sabes que no creo que haya alguien que le desee más suerte de corazón que yo. ¿Ha superado el tema de Kurt?

—De esas cosas siempre queda cicatriz, pero no lo he comentado con ella.

Mali se sentó junto a su madre.

—A ella le gustan los hijos, pero este problema no lo va a solucionar por ahora porque está comprometida con la revolución alemana. Y ahora que ve la amenaza del fascismo cree que hay que llegar a la unidad de la clase trabajadora y con ello a la posibilidad de tomar el poder. ¡No sabes cuánto ama Alemania! No nos damos cuenta porque vive aquí feliz, pero el pensamiento de otra Alemania siempre está presente en Olga. Y a causa de la situación en Alemania siente que debe permanecer independiente y sin ataduras.

* * *

A comienzos de 1933 el fascismo en Alemania era brutal, y Olga, que trabajaba como instructora en el Komsomol, solo deseaba volver a Alemania para luchar contra el nazismo.

Habló sobre esto largo y tendido con Mali y Mischa. A ambos les parecía poco afortunado, Olga era muy conocida y sería apresada apenas llegara.

—Tú puedes sernos útil aquí, el fascismo amenaza también a nuestro país, tú conoces los objetivos rapaces de Hitler –le decía Mali.

Olga pensaba: fascismo y preparación de guerra son dos caras de la misma moneda y la más amenazada es la Unión Soviética. Si ahora no podía regresar a Alemania quería participar aquí lo más directamente posible en la lucha contra este grave peligro.

—Dejadme ser soldado –solía decir.

Los compañeros la miraban sorprendidos.

—Tengo que saber volar, saltar en paracaídas, aprender a manejar cada arma, adquirir una formación estratégica. Todo va unido.

—Olga no disfruta desde que le han denegado la formación militar –se quejaba un día Mali a su madre–. Va a todos los sitios, habla con cada compañero que cree que le puede echar una mano, se sienta en casa y empolla para demostrar a los compañeros lo mucho que sabe sobre este tema. ¡Cómo se puede emperrar una tanto con algo tan imposible!

—Conociendo la capacidad de Olga, puede que lo alcance –le respondió su madre.

* * *

—Ahora que ya no vamos a volar más sobre Moscú, me tienes que dejar.

—No puedo.

—Una sola vez, tan solo tres minutos, conozco todos los mandos de memoria, déjame.

—Pero solo un minuto.

—Dos.

Olga tomó la dirección del aparato.

Voló sobre las nubes, por el firmamento azul, allí abajo se veía un pueblo diminuto, ahora volaba sobre un río.

—Atención, voy a hacer un giro en arco.

—¡Estás loca!

—Uno pequeño. ¿Cuánto hay que girar para dar una vuelta de campana?

—Te denuncio por desobediencia a una orden, ¡abandona de inmediato el asiento!

—Tú eres el responsable, tú has subido conmigo.

—Olga, es la primera vez que te veo luchar con armas innobles.

—Es la primera vez en mi vida que piloto.

—¡Y ahora cantas! Concéntrate en el pilotaje. ¿Qué cantas?

—*Y el avión gira y gira...*

Olga vivía solo para su nuevo oficio. Aprendió con mucha fuerza de voluntad, no se cuidaba demasiado y pretendía ser tan buena como los hombres.

Odiaba la guerra, le parecía el signo enfermizo más horrible de una sociedad enmohecida y el pensamiento de que la Unión Soviética, que tanto estaba costando sacar a flote, pudiera ser invadida le resultaba inimaginable. Pero como empezara la guerra en la Alemania de Hitler o en otro de los estados capitalistas entonces ella combatiría, en eso no tenía duda.

El sueño de volver un día a Alemania jamás lo desechó.

A la pregunta de si su vida le parecía interesante y plena ella habría respondido con un claro y feliz sí. Pero era mejor no hacerle esas preguntas cuando veía paseando a las parejas o contemplaba a las madres con sus hijos pequeños. Entonces sucedía que corría al bosque y, sentada bajo los pinos, dejaba correr la arena entre sus dedos. Ya no sentía nostalgia de Kurt. Aquello había sucedido hace ya mucho tiempo. A veces pensaba en los buenos e inolvidables ratos vividos juntos en aquellos años; se daba cuenta de que la relación no había sido todo lo completa que hubieran deseado. Pero ¿es que existen realmente relaciones completas, que encierran perfecta armonía y plenitud? ¿O quizá pedía un imposible? ¿No era tal vez un deseo, un sueño, el resto de una época juvenil romántica?

En invierno, cuando los pinos se cubrieron de nieve y el suelo del bosque se heló, convocaron a Olga para una reunión. La condujeron ante tres compañeros, sentados tras la mesa decorada con manchas de tinta. Olga vestía uniforme y permaneció en pie delante de ellos. Sintió que se trataba de algo importante y sin darse cuenta se puso firme.

El mayor de los tres era fuerte, peinaba canas y se dirigía a ella con una voz profunda que resonaba en su tórax.

—Usted quiere volver a Alemania. Entiende por tanto la necesidad de un compañero por volver a su patria aunque constituya para él un gravísimo riesgo. Quiere volver porque su país se halla en manos de un régimen fascista.

—Entiendo, compañeros.

—Es uno de los más capaces. No le resultara difícil entender que no quisiéramos dejarle partir.

—Le entiendo y les entiendo.

—Ahora él insiste y apremia de nuevo porque mientras tanto en su país ha madurado una situación revolucionaria bajo la presión de un sistema de terror, en esta situación él es insustituible para su partido. Vamos a cumplir su deseo, si...

Los tres miraron fijamente a Olga, ella miró a quien le hablaba. Olga estaba tiesa como una vela delante de los tres.

—... si alguien le acompaña. –El compañero continuó–: Alguien que le descargue a ser posible parte de su peligro y lo cargue sobre sus propios hombros, que esté dispuesto a garantizar y defender su vida, aunque sea a costa de la suya propia.

Calló, acercó el tintero y miró por la ventana. Los otros dos sacaron tabaco y se pusieron a liar un cigarro.

El compañero de pelo blanco carraspeó y apoyó su espalda contra el respaldo de la silla. Los tres observaban a Olga.

—Hemos pensado en usted como acompañante. –Se hizo silencio en la sala por un momento y luego la voz profunda continuó: –Piénselo y si está de acuerdo le explicaremos más.

Olga se movió por primera vez.

—¿Puedo preguntar algo?

—Diga.

—¿Se trata de Alemania?

—No.

A los compañeros les pareció como si eso la hubiera defraudado.

—¿No le gusta combatir en otro país? –Olga levantó la cabeza. Los tres pensaron lo mismo, lo orgulloso que se mostraba.

La voz de Olga sonó clara, como una trompeta respondiendo al contrabajo profundo del viejo:

—¡Los internacionalistas luchan por la dignidad del hombre!

Los compañeros sonrieron.

—¿Cuándo recibiremos su contestación, mañana?

—¿Mi respuesta? ¡Acompaño al compañero!

Después de que se hubieran marchado los tres, Olga se fue a la ventana, agarró con la mano el pestillo de madera y apoyó la frente contra él al mismo tiempo que miraba a la calle. No había nada especial que ver: dos niños delante de un trineo, un viejo agricultor con una jarra deforme y una señora con un pañal gris del que salía la nariz respingona de un lactante.

¡Queridas gentes!

Ahora que tenía su propio cuarto preparado, ahora que contaba con permanecer aquí algunos años, acabar su formación y abandonar todo esto solo por un único amor, por amor a su tierra... ¿Cómo se podía proteger a un compañero en un país extraño?

De pronto comenzó a llorar y fue tan inesperado que no logró dominarse. Algo tan imbécil, pensó un tanto espantada, en cualquier otro momento mejor que en este, porque el compañero importante puede aparecer en cualquier instante. Y no podría recibir una impresión peor, se negaría a trabajar conmigo. Tragó saliva, se secó los ojos y se limpió la nariz con el pañuelo.

Ya con el siguiente pensamiento desaparecieron totalmente las lágrimas. «Uno de los más capaces y de los mejores». Posiblemente se refieran al trabajo, ¿pero qué cualidades tenía entonces? ¿Personalmente cómo sería? Incluso los mejores poseen sus partes oscuras, ¿y si resultara que estos lados negativos fueran en él algo que le resultara difícil soportar? Había experimentado que resultaba difícil vivir con hombres capaces y aptos porque sus debilidades, dependiendo del propio carácter y manera de ser, podían hacer estallar los nervios. Y eso podía suceder en este caso. No sabía de qué país era, pero tampoco le importaba demasiado. Le daba igual si el hombre al que debía defender era amarillo, negro, blanco o cobrizo. ¿Pero qué ocurriría si desde el punto de vista del carácter fueran incompatibles?; resultaría doloroso estar, a pesar de todo, continuamente a su lado y protegerle incluso con su vida. Podía ser un buen compañero y sin embargo ser un seco, carente de humor o un hombre sumamente precavido y nervioso, y eso ella no lo soportaría.

«Ella es inteligente, valiente y tiene experiencia en trabajos ilegales». Así tranquilizaba el compañero de anchas espaldas a su acompañante de pelo negro, como si le hubiera adivinado los pensamientos. «Además, es bueno que contigo vaya una mujer, un matrimonio pasa más desapercibido».

Cuando entraron en la habitación Olga estaba en la ventana, enmarcada por la luz clara del sol de invierno.

El nuevo compañero la revisó con la mirada: «¿Se puede uno responsabilizar de arrancar a esta persona joven de su vida organizada, de despojarla de su uniforme que tan bien le sienta? Es guapa. Lo importante es que posea las cualidades que ha mencionado el compañero».

Olga lo examinó con la mirada sin ningún apocamiento.

El de pelo blanco miró a ambos. «Es curioso», pensó, «ella tiene ojos azules claros y el otro sumamente negros y, sin embargo, hay algo parecido en sus miradas; tal vez porque los dos son audaces, transparentes y personas honestas». Entonces se dio cuenta de que Olga aún no sabía quién estaba delante.

—Este es el compañero Luiz Carlos Prestes. Debes acompañarlo a Brasil.

La columna Prestes, *Caballero de la Esperanza,* héroe y tribuno del pueblo, amado y respetado, acosado y perseguido.

Prestes dio la mano a Olga.

IV

CUANDO CAMBIARON DE AVIÓN al otro lado de la frontera y tomaron asiento el uno junto al otro él se sorprendió de la mutación de Olga. En el corto espacio de tiempo desde que se habían conocido habían decidido el itinerario de regreso, el futuro trabajo político y su manera de comportarse en la clandestinidad. Las propuestas de Olga eran inteligentes y prácticas, su manera de ver las cosas y su objetividad le agradaban. A ninguno de los dos les creó problemas el hecho de que Olga apareciera como la esposa de Carlos. A este le parecía evidente que la despedida de Olga de su antigua vida le tuvo que resultar difícil, pero ella jamás lo manifestó. Se mostraba entusiasmada y llena de vida cuando le hablaba de la situación política de Brasil y a petición de Olga tenía que hablarle en cada minuto libre sobre su país. Si a él le hubieran dejado elegir se habría quedado con la Olga del uniforme de piloto, aquella muchacha audaz. Ahora estaba sentada, arremolinada a su lado, chupando dulces y fijándose con aquellos ojos azules inocentes, sobre todo, en los pasajeros varones. Apenas se había librado Prestes de esta imagen cuando Olga sacó del bolso una madeja grande con dos agujas de tricotar y comenzó a mover los labios contando los puntos y las filas tejidas. La observó silencioso desde su lado y asustado se echó hacia atrás cuando se volvió hacia él con sus largas agujas para medirle la anchura de aquel que iba a ser su jersey.

Nadie estaba sentado a su alrededor, tenían un largo viaje por delante y las filas de su jersey iban creciendo... treinta y una, treinta y dos...

Él le contaba, como tantas veces a petición suya, la marcha de los soldados insurrectos de la Columna de los Invencibles que durante casi tres años recorrieron Brasil para ganar al pueblo para la lucha en defensa de sus derechos.

Cuando esto sucedía Olga dejaba de tricotar y con ansias de más detalle lo abordaba con preguntas tan profundas y atinadas que lo sorprendían.

En las escalas del viaje Olga se desenvolvía en su tarea con habilidad y así fue durante todo el trayecto. Cuando había que enseñar los pasaportes, se necesitaban los visados, había que cambiar de avión, registrarse en los hoteles con nombre falso o rellenar los datos del viaje, Olga cumplía todo con una seguridad y naturalidad que le llamaba la atención. A aquel hombre que había caminado luchando por estepas, bosques y aguas cenagosas no le agradaba tener que verse con controladores y revisores de pasaportes, gerentes de hoteles o funcionarios de ventanilla.

Una de las primeras escalas de su viaje fue París, donde ella quiso permanecer algunos días más. Mientras el avión ejecutaba las maniobras de aterrizaje apenas si hablaban, pero, sin saberlo, ambos pensaban en lo mismo. Aquí, en París, comenzaba la prueba diaria de la convivencia y era esencial cómo la superase cada uno.

La primera comida en el hotel, las compras, el vestir, la visita a las librerías... todo eso tenía una importancia decisiva para su futura vida en común. Tenían poco dinero. Cuando Olga entregaba a Prestes la carta de platos, este elegía siempre para él lo más barato, mientras que para ella elegía o proponía algo especial. Y era parecido su comportamiento en las tiendas, buscaba para él ropa sencilla, pero su compañera debía ir bien vestida. Ciertamente pequeñas cosas pero que a Olga la estremecían y se le ponía carne de gallina. Su sencillez era expresión de su ascetismo. Su atención para con ella, el deseo de complacerla del mejor modo, no respondía a la cortesía barata frente a una desconocida, sino que obedecía a una forma de ser. Olga estaba segura de que seguiría así porque era una persona bondadosa y atenta con todos. Y todo esto se reflejaba en la vida diaria, por ejemplo, en la forma de comportarse con el revisor del autobús, con una señora mayor en el metro o con la dependienta en una tienda de zapatos. Esta forma de ser a Olga le estremecía el corazón. Se acostumbró a elegirle la comida y a opinar sobre su ropa para que así todo fuera mejor.

Olga sabía que la exigencia del partido de ir juntos a Brasil, en determinados aspectos, debió ser más dolorosa para Prestes que para ella. De su vida llena de gestas, aparte de la relación con su madre, hermanas y amistad con los compañeros, apenas si conocía nada.

Olga, una persona abierta y natural, se acomodó mucho más rápidamente a la nueva situación. Eran compañeros, ninguno de los dos conculcaría esa ley, y sobre esa base organizaron sus vidas.

Ella se preocupaba de él con la mayor naturalidad y, como tenían que vivir con poco dinero, le pareció lo más natural del mundo, aunque estuviera prohibido, lavar secretamente la ropa en la habitación y remendar los calcetines y las medias. Olga se dio cuenta de que a Prestes esto no le gustaba, pero siguió haciéndolo. «Debe acostumbrarse», pensaba inmisericordemente.

Sucedía que ella, contenta por haber descubierto un hombre maravilloso en la vida ordinaria y de todos los días, le gastaba bromas e intencionadamente lo abochornaba. Estaba bien y era bueno que ella poseyera una mayor seguridad en sus relaciones porque, aunque él era tan discreto y sencillo, Olga reconocía, con admiración, su gran superioridad interna y espiritual.

Les produjo un especial placer su primera visita a una librería; Carlos se dio cuenta de que a los dos les gustaban los mismos libros y su opinión y crítica sobre lo leído fue fuente inagotable de conversación. Y es que cuando se ama a los mismos héroes en los libros y se experimentan parecidas cosas en la lectura uno se entiende mucho antes a la hora de hablar de su vida privada.

Durante la estancia en París, Prestes visitó las mejores farmacias y, tras un exhaustivo cambio de pareceres con los dependientes, escogió medicamentos homeopáticos para su enfermiza madre, que se había quedado en Moscú. Empleaba mucho tiempo y ponía sumo cuidado en estas compras.

La víspera de su partida, al anochecer, tras haber hecho el paquete para su madre, se quedaron un largo rato sentados en el restaurante. A Olga, que a veces se sentía insegura ante la seriedad y reserva de Carlos y como no lo conocía suficientemente no sabía si era así o es que estaba descontento por algo, le enternecía la devoción y el cariño con el que hablaba de su madre.

Puso empeño y se concentró en sonsacarle algo más de su interior.

Mientras Prestes hablaba afloró un hecho que ya Mali le había contado años antes. Mali cuidaba por aquel entonces en Moscú a una brasileña con cuatro hijas; Olga no sabía en aquella época de quién se trataba. Ahora acababa de entenderlo.

Prestes se admiró de que Olga sonriera. Tartamudeó y, obviando la intensidad de su mirada, continuó hablando.

Olga jamás se olvidó de esa noche en la que afloró la imagen de la madre del héroe.

Leocadia Prestes provenía de una familia acomodada. Su primera decisión personal chocó y extrañó a parientes y conocidos: estaba decidida a aprender un oficio, quería ser maestra, una grave infracción al código de usos y costumbres de las muchachas bien, de buena familia, que decía que debían esperar sin hacer nada al hombre rico.

Su segunda decisión rebelde fue vista por muchos como una consecuencia de la primera: en contra de lo establecido, se casó con un oficial sin dinero porque lo amaba y punto. Y para colmo de desdichas en el círculo en que se movía, su marido no solo era pobre, sino algo mucho peor, defendía ideas progresistas democráticas.

Leocadia era una mujer pequeña y de porcelana, parecía que se iba a romper en cualquier momento. Pero se mudó y acompañó a su marido e hijos de guarnición en guarnición y vivió una vida difícil, inestable y rica en privaciones. Leocadia no solo limpió, guisó, lavó y cosió, sino que defendió las ideas de su marido y educó a sus hijos en la justicia, en la verdad y en el respeto a la clase trabajadora. Quería que sus hijos estudiaran a pesar de los pocos medios que poseían; quería que se formasen como ella se había formado estudiando en los mejores colegios, y les daba clases de aquellas materias que ella conocía. Cuidaba que su comportamiento fuera excelente.

Cuando Carlos cumplió diez años murió su padre. Carlos era el único varón; la madre quedó como mutilada. Aquellos menores dependían de ella, pero Leocadia había elegido ese camino libremente y se creció ante la adversidad y el castigo. Trabajaba hasta entrada la noche para ganar el pan de su familia.

El hijo era quien más la ayudaba. A doña Leocadia le hubiera gustado que su hijo fuera médico, pero tal carrera, aún en vida del padre, les habría resultado imposible de costear. La posibilidad más barata era que fuera militar, así que lo envió a la academia de cadetes. Él era cariñoso con su madre y sus hermanas y, aunque no era el mayor, era quien más congeniaba con su madre y con el que discutía sus cuitas y angustias. En ocasiones Olga pensaba que tal vez esa gran responsabilidad que tuvo que asumir a temprana edad pudo contribuir a que madurara antes de lo normal.

Dentro de la carrera militar Carlos fue ingeniero. Y fue el más dichoso cuando, por fin, pudo traer su salario a casa, sobre todo pensando que así aliviaría la vida de su madre. Se había ganado un descanso.

¡Pero el hijo de esta madre resultó un rebelde!

Su rebelión era más política que la de su madre; iba dirigida contra el Gobierno corrupto e incapaz que permitía la colonización de Brasil por fuerzas e intereses extranjeros. Consecuencia de ello era la riqueza para unos pocos y una inimaginable pobreza para la gran mayoría. Junto con otros jóvenes oficiales tomó parte en el levantamiento contra el Gobierno.

Fue un momento duro para su madre cuando le dijo que abandonaba el oficio, abandonaba la casa y se iba a luchar con las armas en la mano. Pero ahí demostró su gran corazón: a ella le pareció bien el proyecto de su hijo, aunque se viniera abajo un futuro asegurado y tuviera que temer a diario por su vida. Casi tres años duró el combate de Prestes a lo largo y ancho del país.

Olga sabía que durante ese tiempo se había convertido en uno de los grandes héroes que había tenido el pueblo brasileño.

Como tantas veces, la madre tuvo que leer su nombre en los titulares de los periódicos y ver sus fotos en las páginas de los mismos.

Doña Leocadia no se extrañaba, no se había imaginado otra cosa de su hijo. Pero las fotos las estudiaba con detalle, no le gustaba su barba larga y aquel aspecto de bandido; eso no lo había aprendido de ella, no se lo había enseñado ella. Era difícil que la tropa fuera limpia, pero le intranquilizaba que estuviera tan delgado. Doña Leocadia no se paraba en esas pequeñas desaprobaciones, estaba profundamente orgullosa de los justos objetivos de la lucha de Carlos.

El final de la campaña no supuso una vuelta del hijo, ya que tuvo que escapar del país. Se enteró de que en el exilio se había hecho comunista.

Desde entonces el comunismo fue para ella una causa justa y, si alguien la censuraba por su ciego reconocimiento, recibía al momento una contestación llena de dignidad y de profunda convicción: «El camino que ha elegido mi hijo solo puede ser el camino que lleva a los hombres a la felicidad».

Solo cuando Prestes marchó a la Unión Soviética pudo reunirse con su familia.

Como ingeniero, Carlos había viajado mucho a aquel país y su madre era feliz cuando su hijo regresaba a Moscú. Entonces pasaban juntos largas y plácidas horas.

—La despedida fue muy dura para ella –dijo Prestes–. No está muy bien y esperaba que estuviera a su lado los últimos años de su vida.

Olga pensó que también para Carlos debió ser muy difícil la separación.

—Le he cogido cariño a tu madre sin conocerla y te envidio porque yo en realidad no he tenido madre.

Olga le habló entonces sobre su juventud en Múnich, las Juventudes Comunistas en Berlín, y de pronto habló de Kurt. Era la primera vez que hablaba con otra persona de manera tan precisa y definitiva, tenía la sensación de que aquella parte del pasado ya no le podía dañar. Y eso se lo debía a Prestes.

* * *

En el camino de retorno, cuando Olga y Prestes volaban aún sobre el continente europeo, se dieron cuenta tarde de que el aterrizaje previsto podía ocasionarles problemas.

Olga intentó ponerse en contacto con el piloto del pequeño avión. Le sonrió, le hizo un par de preguntas un tanto infantiles y con curiosidad femenina se sentó junto a él tras pedirle permiso. Prestes se había enfrascado en su periódico y solo miraba de vez en cuando para examinar y ver hasta dónde llegaba la relación con el joven.

Cuando Olga volvió a su sitio el piloto sonreía después de haber comprendido el asunto. Se volvió varias veces, tal vez más de las que requería el pilotaje del avión, y comprobó, al principio con admiración y luego con preocupación, cómo la joven muchacha, que había prometido ir otra vez a la cabina, se agarraba la cabeza y, balanceándose de izquierda a derecha, caía tendida, hasta que finalmente fue colocada sobre dos asientos por su marido. Olga gemía y temblaba. Prestes consultó nervioso con los pasajeros y el piloto y decidieron un aterrizaje de urgencia en el siguiente aeropuerto. Desde allí un coche debía llevarla al hospital. Pero ocurrió que, tras el aterrizaje, Olga «se recuperó» tan pronto que Prestes pudo cambiar de ruta y dirigirse a la estación de tren.

Cuando viajaban ya en el tren, se reflejó en su rostro la alegría del posible peligro superado, pero Olga no encontró el mismo eco en el de Carlos; tal vez toda la comedía llevada a cabo para evitar el peligro desagradó a Carlos. ¿Acaso no se había servido él de mil artimañas en su lucha para combatir al ejército enemigo o escapar de él? En Moscú los compañeros le habían contado un curioso suceso: cuando las tropas del Gobierno asediaron por todas partes y en gran cantidad a su columna y nadie veía ya una salida, Prestes logró por medio de una treta posibilitar la escapatoria; consiguió que las dos alas del ejército enemigo lucharan y combatieran entre sí durante toda la noche en la creencia de que estaban masacrando a la columna de Prestes. Ahora acababa de librar a Carlos de una difícil situación, tal y como era su obligación, pero Olga no quería meterse en comparaciones porque tal vez Carlos dudaba de la decencia de su comportamiento. La verdad es que a Olga le importaba mucho lo que él pensara de ella.

Antes de partir de Moscú Olga había hablado mucho con los compañeros de Latinoamérica sobre Prestes. Y cuanto más supo más se encariñó de él.

«Era el discípulo más brillante de la escuela militar, no solo de su curso sino en general».

«Carlos es un genio militar. Ya con 26 años había vencido en la larga marcha a ocho generales avezados e hizo huir a ejércitos bien entrenados, diez veces más poderosos que el suyo. De las más de cincuenta batallas que libró no perdió ni siquiera una».

«Un ingeniero brillante y un fenomenal organizador. Durante el exilio tuvo bajo su responsabilidad la construcción de calles en Bolivia y su tropa consiguió en unos meses lo que se pensaba construir en dos años».

«Él es sencillo y discreto y, a pesar de todo, superior a todos..., piensa lo que dice y su palabra tiene peso..., es muy limpio, desprende una inmensa fuerza..., para él la revolución es el todo».

«Es curioso, en su presencia me siento como un escolar».

Este escolar era un argentino dos veces más ancho que Prestes y que casi le llevaba dos cabezas. Olga se había reído en aquel tiempo al oír esa consideración.

—Pero escolar de un profesor maravilloso que al mismo tiempo es amigo, que te atiende, que es objetivo y humano, alguien que reconoce de inmediato lo importante y esencial de un asunto y sabe distinguir el grano de la paja –acabó diciendo el compañero.

En esta conversación Olga había quedado impresionada no solo por lo que decían, sino por la pasión y el calor de sus voces y la viveza de sus pensamientos. Era raro oír a unas personas hablar con tanta vehemencia y admiración de otras.

Antes del viaje temía que en el transcurso del roce diario fueran perdiendo brillo aspectos relatados por sus amigos, se descascarillara algo su imagen; uno puede ser y comportarse de manera ejemplar en reuniones, en conversaciones privadas, en el trabajo, pero es difícil en la vida privada de todos los días. Pero Prestes, con el que Olga llevaba ya conviviendo muchos días sin interrupción, era tal y como lo habían descrito los amigos. Por eso se le hacía a Olga insoportable que ahora no la atendiera tanto como antes.

Mientras el tren recorría sin detenerse amplias llanuras, campos y pequeños pueblos, Olga callaba pensativa y Prestes miraba el paisaje desde la ventanilla; era uno de sus lados positivos, la observación de las gentes, su capacidad de percepción. Ahora que Olga cavilaba y estaba ensimismada, él no la molestaría.

Olga le miró y le susurró suavemente:

—Lo del piloto era necesario, fue también lucha de clases. –Carlos sonrió y Olga se alegró porque la mayoría de las veces se mostraba serio.

Carlos le dijo:

—Puedo aprender mucho de ti.

La respuesta la sorprendió tanto que pensó que se debía a un malentendido por desconocimiento del lenguaje, él no hablaba alemán y ella desconocía el portugués, ambos se entendían en francés.

Pero no, Prestes completó:

—De tu experiencia política, cuando tú ya eras comunista yo aún era un pequeñoburgués.

Olga se rio abiertamente. Mientras a ella se le confiaban las primeras pequeñas funciones en 1924 en la Unión de Juventudes Comunistas Alemanas, se había iniciado ya la marcha de la columna. ¡De qué manera tan viva se lo recordaban los amigos en Moscú!

«Debías haber visto a Prestes y a su tropa en aquel tiempo; no parecían soldados sino salteadores de caminos: pelos largos, barbas negras y salvajes, jubones rasgados, botas gastadas, mejillas vacías por la huella del hambre, grandes ojeras de las largas marchas nocturnas; sucios, sin tiempo para lavarse, cubiertos de arañazos y enfermos de malaria... Prestes aguantaba desde hacía meses una fiebre alta. Y en ese estado iba anunciando al pueblo cómo puede ser una vida justa. Allí donde la marcha llegaba liberaban a los presos, rompían los libros y repartían las tierras entre los pobres. Sobre Prestes se habían forjado más leyendas que sobre un santo, de las maravillas que de él se contaban se desprendía valor, sacrificio y amor hacia el pueblo oprimido, odio al mal y lucha sin cuartel en favor del bien, pero de una manera que se asemejaba a los milagros de los santos».

El tren cruzó un puente y sus zumbidos hacían imposible entenderse.

Contemplaron el paisaje. Cuando Olga se dirigió a Prestes este le explicó, como adivinando su pensamiento, que de todas formas ni las barbas, ni las ropas destrozadas, ni la marcha de 36.000 kilómetros le convierten a uno sin más en revolucionario.

Habló del origen de la larga marcha. El Ejército brasileño se diferenciaba netamente de los ejércitos de los países capitalistas europeos tal y como Olga los conocía. Para los antiguos alumnos de la escuela militar el futuro no significaba ser instrumentos en manos de un Gobierno que soterraba al país con la aceptación de grandes créditos en el extranjero y que vendía las grandes riquezas de Brasil en beneficio de particulares, como el caucho, algodón, café y azúcar. Los futuros soldados querían un Gobierno limpio, que sirviera a Brasil y no explotara a su pueblo. En ese mundo de ideas creció Carlos.

Cuando el levantamiento de 1924 fue reprimido brutalmente, Prestes pertenecía a aquel grupo de oficiales revolucionarios perspicaces que mantuvieron firmes a su tropa y no pensaron en rendirse. De los distintos grupos surgió un ejército que comenzó la larga marcha por el país sin que las tropas reaccionarias del Gobierno lograran vencerlo.

Prestes fue el jefe supremo. Carlos explicó a Olga por qué la larga marcha significó su gran curso de aprendizaje.

Al recorrer el país de norte sur y de sur a norte, el oficial de la ciudad se dio cuenta de la inimaginable pobreza del pueblo, de su ignorancia y desesperación. La columna Prestes ayudó a los oprimidos a través de acciones revolucionarias aisladas –los compañeros habían pintado y descrito a Olga la situación justamente–, pero aquellas acciones contra un gran terrateniente que trataba a sus negros como esclavos, aquellas acciones contra algunos jueces y funcionarios corruptos, no cambiaban sustancialmente la situación del país, incluso tampoco contribuían al plan de derrocar al presidente. Prestes, a través de la larga marcha, entendió que aquellas acciones que ellos realizaban en sí no mejoraban sustancialmente la vida de todos aquellos millones de oprimidos de Brasil. Cuando Carlos comprendió que para remodelar la vida de su pueblo hacía falta emprender medidas de tipo político y social, finalizó con las acciones militares.

Se había puesto un alto precio a la cabeza de Prestes y cada miembro de la columna corría grave peligro. Así que en la primavera de 1927 se exilió, con un grupo de compañeros fieles, primero a Bolivia y más tarde a Argentina. Araron bosques, secaron zonas pantanosas y construyeron carreteras. Por las noches Prestes leía a Marx, Engels y Lenin. En muchas de sus páginas se reconocía a sí mismo, se encontraba con muchas ideas que durante la marcha habían rondado su cabeza sin dejarle descansar. Había frases que lo zarandeaban de tal manera que lo obligaban a cerrar el libro y a pasear nervioso por la habitación, frases que le iban iluminando y aclarando ese nuevo mundo que iba surgiendo. Esos libros lo iban ayudando a formular y a ensamblar aquella experiencia que había adquirido.

Prestes guardó silencio.

Olga cerró sus ojos que hasta entonces habían seguido las explicaciones de Carlos. Ahora Olga ve una pobre choza junto a la selva impenetrable. Prestes vive como todos los compañeros de la columna, recibe el mismo sueldo, come como ellos, viste igual que ellos aunque está al frente de todos y los dirige. Solo a la noche, cuando se ha apartado de los compañeros, vive de manera distinta. Mientras los demás se tumban en el catre hechos polvo y se defienden de los mosquitos, en el cuarto de Carlos arde una luz, él abre los libros y se empapa de ese gran regalo de vida: perfilar la meta que tanto ansía para su pueblo. Del Caballero de la Esperanza va a nacer un luchador versado y formado en favor del comunismo, «uno de nuestros hombres mejores y más capaces».

Prestes observó a Olga, estaba adormecida, estaba cansada. Tal vez había hablado demasiado, debía ser más delicado con ella. Estaban solos en el compartimento. Ahora que los párpados con sus negras pestañas le cubrían los ojos, que siempre le habían parecido lo más bello del rostro, se fijó en su boca, en la simetría de su frente y en aquella nariz fuerte y marcada.

Ella sonrió y él apartó la vista un poco avergonzado por haberla observado sin que ella lo supiera. Cuando Olga abrió los ojos no se mostraba amodorrada, su mirada era tan clara y fresca que le dio la impresión de que tan solo pudo tener bellos y felices sueños.

Inclinó la cabeza hacia él, sonrió como lo había hecho en sueños, y comenzó a tararear una melodía corta y sencilla. Él la escuchaba con atención.

—¿Qué canción es?

—*Y el vagón gira y gira* –dijo ella–, *hacia el futuro, hacia el comunismo.*

—Un bello texto.

—Lo inventé, lo he sustituido por el que tenía.

Escucharon el traqueteo de las ruedas hasta que Olga lo sorprendió pidiéndole a su manera peculiar:

—¡Háblame de Brasil!

—Ya has oído mucho, ¿qué más quieres saber hoy?

—Geografía, las riquezas naturales –dijo Olga; parecía ahora una alumna traviesa.

Carlos comenzó a contar y a través de sus palabras fue sintiendo aquel país, que parecía ya pisar con sus pies.

«Qué maravilloso puede ser el futuro de Brasil con todas sus riquezas naturales apenas descubiertas, ya que los especuladores de riquezas se han limitado a arañar aquí y allá, donde se podía hacer dinero fácil sin mucho esfuerzo. Lo más importante es conseguir que el capital extranjero, sobre todo el de Estados Unidos, no se apodere del país, promocionar el desarrollo de los habitantes y dominar la naturaleza. Brasil, el cuarto país más grande del mundo, tan solo debe alimentar a 37 millones de habitantes y actualmente no consigue ni eso con este sistema de capitalismo feudal, a pesar de sus riquezas naturales.

»Hay que industrializar y crear redes de comunicación, carreteras, trenes, hacer los ríos navegables, el Itabira, un monte casi todo él de mineral de hierro –como puesto para el socialismo– hay que desmontarlo; pero en Brasil existen muchos otros valiosos metales. Casi la mitad está cubierto de bosques, la selva impenetrable llega hasta la periferia de las ciudades; a pocos kilómetros de Río de Janeiro el bosque es tan frondoso que tú lo considerarías selva virgen (claro está, hasta que no vieras realmente cómo son las selvas vírgenes) y de estas conocerás solo las más domesticadas, porque aún nadie ha penetrado hasta el corazón de la jungla. En la jungla, a la que el río Amazonas con sus 5.500 kilómetros de largo se enrosca tenaz en parte y uno puede adentrarse por él, crecen 4.000 especies distintas de árboles, entre ellas algunas maderas nobles maravillosas y más de 50.000 plantas diferentes».

Prestes preguntó a Olga cuántas especies de árboles había en Alemania y esta no tenía ni idea; para salir del paso dio una cifra que recordaba de Europa: en toda Europa debía haber algo así como 200.

«En la jungla existen inmensos troncos con grandísimas copas, los troncos a su vez desaparecen tras una maraña prieta y trenzada de cientos de enredaderas que arrastrándose por el suelo trepan por los árboles y llegan hasta sus copas. Un investigador paciente durante una semana de trabajo liberó solo a un árbol de todas aquellas plantas parásitas y contó, trenzadas en su entorno, 800 plantas diferentes. Pero no solo hay selvas vírgenes, hay grandes extensiones de tierra fértil en las distintas partes de Brasil capaz de producir y madurar casi todas las plantas de cultivo: pastizales verdes y jugosos con grandes rebaños de ganado, esparcidos hasta el horizonte que se pierde... Las zonas secas, donde ahora se alzan los cactus hacia el cielo y los matorrales descarnados se defienden como pueden, pueden ser regadas, y las zonas pantanosas, peligrosas por sus fiebres, pueden ser desecadas. Todo este trabajo aguarda al socialismo.

»Pero este país, con una clase trabajadora muy poco numerosa, todavía no está maduro para el socialismo; hay que encontrar un programa con el que concuerden todas las fuerzas progresistas, un programa que quiebre el poder del capital extranjero y que dé tierras a la población pobre, trabajo a los trabajadores, que elimine la represión y opresión de los negros, garantice la justicia y elimine la corrupción».

Olga pensó: «Es mucha la tarea y yo puedo ayudarle».

Los viajes de comunistas ilegales y perseguidos no siempre van en línea recta; Prestes y Olga dieron muchas eses e hicieron muchas paradas. Siempre permanecieron juntos y evitaron el contacto con otras personas, se alegraron cuando comprobaron su coincidencia de opinión en muchas materias y asuntos. Durante el viaje el jersey estaba ya acabado hasta el triángulo del cuello, Prestes se había acostumbrado ya a contemplar el ovillo de la madeja de lana como una aportación a la legalización del marido comerciante y pequeñoburgués.

—Cuando haces punto tienes todo el derecho a exigir que yo participe –le dijo él–. ¿Por qué tienes que soportar tú todo el peso de la legalidad?

Ella le contestó sonriente:

—Jamás pensé que iba a ser capaz de acabar un trabajo manual, pero el tricotar no se me da tan mal. Me enseñó una compañera rusa. Esto no parece ser muy comunista que digamos.

—Va a quedar muy bien, es muy bonito –comentó Carlos, y ella se alegró del cumplido, como si hubiera ejecutado una acción heroica.

Olga era insaciable en su afán por conocer lo más posible de Brasil. A medida que iba decreciendo la madeja le pedía que le explicase la geografía e historia del país.

—Explícame por qué Brasil pasó a manos de los portugueses.

No se imaginaba Olga lo a gusto que Prestes le informaba.

—Cuando en el 1.500 la flota portuguesa buscaba la ruta por mar a las Indias dio con la costa del Brasil y, siguiendo métodos contrastados de pillaje, Portugal declaró a Brasil posesión suya, sin contemplaciones ni consideraciones con los habitantes indios. Para que no hubiera dudas de que ahora mandaban otros señores, se abalanzaron sobre los poblados y mataron, saquearon, robaron; a los indios fuertes los hicieron prisioneros y les obligaron a trabajar en las primeras plantaciones de caña de azúcar. A pesar de las palizas, los crueles castigos y la ayuda de los misioneros que habían viajado con ellos, no consiguieron retener a los indios, estos huyeron al bosque. Cuando no les fue posible la huida murieron a causa de las duras condiciones de trabajo.

»¿Qué puede emprender un pueblo conquistador sin esclavos? ¿De qué les servía el nuevo país si no tenían personas encorvadas y sudorosas que, golpeadas por el látigo de sus guardianes, transformaran la riqueza de la tierra en oro para sus señores? Si no había en el país había que conseguirlos en otra parte.

»De esta forma surgió en África un nuevo oficio para los codiciosos portugueses: la compra de negros, el acoso al negro que era arrastrado a Brasil como esclavo. Ya tenemos africanos negros en los campos de tabaco, maíz, algodón y caña, negros en la jungla donde crecía el caucho de modo natural. El caucho se adquiría y obtenía de modo parecido a la resina en Europa: se hacía una hendidura transversal al árbol, se colocaba debajo un pequeño recipiente y comenzaba a fluir el jugo lácteo. Y aunque suene tan sencillo, la obtención del caucho en este horno húmedo de la Amazonia, donde millones de mosquitos inoculaban a los trabajadores la malaria, allí donde la picadura de las serpientes venenosas y las arañas causaba la muerte de la gente, constituía una de las formas más bestiales de explotación. Este trabajo suponía para el negro la condena a muerte. El dueño solicitaba nuevos refuerzos, un negro venía a costar tres fajos de tabaco y un árbol de caucho sobrevivía a varios negros. ¿Que el trabajador llegaba con sus incisiones a la base?, las primeras heridas de la parte más alta habían ya cicatrizado y, por tanto, se podía comenzar de nuevo.

»Lo que los árboles de caucho no aguantaron fue la competencia de las empresas extranjeras. Comerciantes ingleses vieron este floreciente negocio con envidia y pensaron en rotar la simiente y trasplantarla a sus colonias de Malasia. Todo esto hizo que el caucho ya no proporcionara tanto beneficio como antes y ahora debía ser la mata de café quien cuidara de que los ricos fueran cada vez más ricos y los pobres más pobres.

»Así que se dedicaron al cultivo del café y Brasil en poco tiempo produjo casi el 70 % de la cosecha mundial de café. Para mantener los precios altos de manera artificial se fue destruyendo el 15 % anual de las cosechas. Y afloró la cuestión de encontrar la manera más adecuada de hacer desaparecer esos cuatro millones de sacos que sobraban.

»¿No se poseía una bella y larguísima costa? El café se arrojó al mar, los peces acudieron a comer y poco a poco fueron abriendo sus bocas y muriendo por cardúmenes en las playas. Como se vio que el café no era bueno para los peces se esparció en los campos, las plantas crecían pero doblaban la cabeza a causa del especial abono que constituía el café, y envenenadas yacían en el suelo.

»Entonces se intentó quemándolo, pero hacían falta muchas cerillas y mucho papel para reducir tantos millones de sacos a ceniza. No les quedó otro remedio que importar petróleo de Norteamérica. Les costó un millón de dólares quemar cuatro millones de sacos de café. Estos gastos a deducir hacían imposible subir el sueldo de los trabajadores de las plantaciones de café.

—Háblame algo más de la larga marcha –solicitó Olga de pronto, como suelen pedir los niños una nueva historia cuando comprueban que la anterior ha terminado–. Es bueno que participaran las mujeres –dijo con un suspiro de envidia.

Carlos sonrió y habló de las mujeres que participaron en la columna. Se lo había contado ya tantas veces que Olga conocía a todas las acompañantes: la anciana negra Tía María, hecha prisionera por las tropas del Gobierno y torturada hasta la muerte; la mulata Onca, que durante el día combatía con las armas en la mano y a las noches bailaba para la columna; Chininha la gorda, que para sorpresa de todos corría como una bala; Herminia, la de ojos azules y pelo rubio que transportaba a los heridos del frente y les atendía. Esta sentía un amor especial por el alférez Firmino, y más tarde, cuando con la columna se refugiaron ambos en Bolivia, formaron una familia. Tuvieron enseguida hijos, todos a cuál más guapo: el que había heredado el pelo rizado negro, los grandes ojos negros y los blanquísimos dientes de su padre, el negro Firmino, y la piel clara y los labios delgados de su madre. La columna de Prestes era tan colorista y multicolor como la población del país: mulatos, negros, indios, blancos, descendientes de portugueses, de esclavos, de criollos. A todos ellos les unía un deseo: ayudar a su pueblo aunque el camino no fuera tan claro.

—Tú siempre cuentas lo bueno, tuvo que haber dificultades y momentos amargos.

—Muchísimas dificultades: desánimo, falta de moral, cobardía, traición. Los valientes, honestos y más fuertes ayudaban y educaban a los débiles. Sucedía también que alguno tenía que ser apartado porque no quería dejarse aleccionar, porque en el fondo estaba contra nuestra causa, como por ejemplo Felinto Müller.

—Es un nombre alemán.

—Hoy juega su papel como jefe de la policía fascista en Río de Janeiro.

—¿Quién era el responsable de echar a la gente del grupo?

—Yo.

—¿Tenemos que vivir en Río de Janeiro?

—Es la capital y el centro político.

Los útiles de punto yacían quietos en el regazo de Olga, y Prestes vio cómo las agujas temblaban suavemente. Le extrañó, sabía que era una mujer valiente.

Cuando Prestes hablaba Olga siempre le escuchaba con ardiente interés, pero a veces las palabras de Carlos se le escapaban unos segundos, cuando sonaban con aquellas fantásticas cualidades que él poseía, y ella adivinaba la gran suerte que tenía de compartir su futuro con él.

Carlos hablaba con ella más de lo normal porque debía aprender –algo que era muy importante para el trabajo– y porque le hacía bien que ella le escuchara. Aquellas preguntas inteligentes y sus atinadas observaciones, sin conocer el país, eran fruto de la visión marxista y de sus conocimientos, estaban en consonancia con su pensamiento. Y cuando hablaba de sus experiencias le fascinaba tanto la exposición vital, objetiva y, a veces, un poco campechana, como su carácter, su jovialidad o su manera de ser.

Sucedía que si sonreía mientras él hablaba o si se reflejaba un especial interés en su rostro, Carlos perdía el hilo.

Hacía ya bastante tiempo que Olga se daba cuenta de lo que pasaba, aunque él siguiera intentando defenderse de sus propios sentimientos; cuando no lo conseguía se cobijaba en la disciplina del partido. No podía hacer creer a Olga que él se servía de las seductoras circunstancias del viaje para acercarse a ella.

Olga, más relajada y sincera que Carlos, no entendía por qué no había respuesta en la otra parte a sus sentimientos ardientes y generosos.

Y no lo entendía porque sabía que su elección no dependía de las circunstancias; podía haber pasado toda la vida buscando entre miles sin encontrar un hombre que la llenara tanto como la llenaba Carlos y del que deseara estar tan cerca como deseaba estar de él.

Por esa razón hubo días en que hablaron poco y guardaron largos ratos de silencio e, incluso, evitaron mirarse.

* * *

Durante las últimas etapas por barco, en Brasil ocurrieron acontecimientos que mostraron cuánta razón tenía Prestes en querer regresar.

Penalidades y penurias junto con importantes medidas dictadas por un Gobierno fascista provocaron una fuerte reacción en todo el país, que terminó uniéndose en lo que se llamó la Alianza de la Liberación Nacional. Comunistas, otras fuerzas de la izquierda, sindicalistas, demócratas, intelectuales, oficiales, soldados rasos, católicos, agricultores, trabajadores, negros, mulatos y blancos apoyaron esta unión, cuyo programa exigía que las grandes sumas que fluían hacia el extranjero se utilizaran en beneficio del pueblo, que se industrializara el país, que se liberara a los agricultores de la dependencia feudal y de las enormes cargas económicas y que se garantizara al pueblo el derecho a la libre opinión y el derecho de reunión.

Cuando se habló de poner a alguien al frente de este gran movimiento resonó en millones de gargantas el nombre de Luiz Carlos Prestes.

Y este gran patriota que volvía para servir al país, para establecer un nuevo orden social, eliminar el hambre y la miseria y procurar bienestar, riqueza y conocimiento a sus gentes, que vivía solo con ese objetivo, tuvo que pisar suelo patrio en secreto, en el silencio de la oscuridad y bajo nombre falso. El Gobierno y los esbirros policiales no le perdonaban la larga marcha y su confesión en favor del comunismo. Cosa curiosa, Prestes tuvo que renegar de su país al que tanto amaba y desaparecer en su Brasil querido bajo un nombre de súbdito portugués: Antonio Vilar.

Tras la llegada a Río de Janeiro el primer paso fue encontrar un escondite y desaparecer de la vista de la policía. Para entonces Olga y Prestes ya sabían que, si tras la victoria Prestes se presentaba ante su pueblo, al lado estaría orgulloso su mujer, Olga Benario Prestes. Ambos se habían unido irremediablemente para siempre.

Desaparecieron entre ese enjambre de pisos en la ciudad de Río de Janeiro. Comenzaron una vida tejida por el trabajo, el amor, la alegría y esa peligrosa situación en la que se movían. Concordaban no solo en las cosas importantes sino también en las pequeñeces del discurrir diario, que conforman una parte importante de la vida de las personas.

Con frecuencia constataban que pensaban igual, que amaban a las mismas personas, los mismos paisajes y los mismos colores. Jamás hubo una riña entre ellos. A veces hablaban de lo curioso que es que dos personas de distintos países, con diferente educación y procedencia, se amen y armonicen tan bien a pesar de destinos tan desiguales. Aunque siempre estaban juntos no se aburrían. No cesó el empeño por ir descubriéndose mutuamente y así siguieron, su vida en común les proporcionó frescura y riqueza mutua.

Prestes, huérfano de padre a temprana edad, muy unido interiormente a su madre y siempre compartiendo sus preocupaciones por la lucha existencial de Leocadia, tendía a ser rígido y duro consigo mismo. Olga, en cambio, rebosante de esa alegría vital, generosa, tratando siempre de buscar lo bello y de gozarlo, era para Carlos un oasis y remanso de placer.

Olga, por su parte, aprendió a exigirse más. La gran modestia y sencillez de Carlos le hicieron ver muchas cosas de sí misma bajo otro prisma. Muchas veces le había gustado ser el punto central, había actuado sobre otros consciente de sus cualidades y se había aprovechado de ellas; ahora la bondad y comprensión de Prestes le habían hecho olvidarse de las sombras del pasado.

Con todo esto Olga adquirió un atractivo nuevo y Prestes se volvió más joven y sonriente, a juicio de sus amigos. Tal vez una felicidad así no se alcanza si solo se vive el uno para el otro. Olga y Prestes tenían un fuerte deseo común y eran capaces de dar todo por él: mejorar el destino de los oprimidos.

El pequeño trabajo diario, el estudio sobre las relaciones en Brasil, la aplicación de la teoría marxista al contexto brasileño, las decisiones de Prestes en el trabajo de la Alianza... todo eso era tema de conversación y de actuación entre la pareja.

Carlos era la cabeza de un movimiento que crecía como un gran alud, aunque debía reducir sus relaciones con él al máximo para no exponerlo a que lo pillaran. Como presidente honorario desarrollaba un gran trabajo político y organizativo, pero sin aparecer en público. Solo unos pocos conocían su presencia, pero parecía como si toda la gente progresista sintiera su hálito.

Prestes apenas abandonaba el piso; Olga era la intermediaria entre él y sus compañeros y cuando se reunía a la noche con los colaboradores más estrechos, aprovechándose de la oscuridad, Olga siempre estaba a su lado.

Durante más de cuatrocientos días jamás se apartó de su lado, ni uno siquiera, y esto no se debía solo a su estrecha unión con él. Olga continuó siendo una persona independiente, la que siempre fue. No era de esas mujeres que son incapaces de perderse de los ojos de sus maridos.

Pero nunca se olvidó de la tarea, encomendada por el partido, de protegerlo y defenderlo, y para eso debía estar siempre a su lado. Lo habría llevado a cabo aunque sus relaciones personales no hubieran sido como eran, cumplía su tarea con gran capacidad y muy consciente del deber.

Olga era consciente del peligro que los acechaba a los dos y aunque sabía que lo peor que les podía ocurrir era que tuvieran que separarse, esto no le restaba ganas de vivir o disminuía su alegría. Al contrario, disfrutaba de cada día como si fuera un regalo preciado. Olga no solo iba apartando del camino todo lo que pudiera ser peligroso para Carlos, sino que también le ayudaba cuanto podía en su trabajo, facilitándole su tarea y haciendo que se pudiera concentrar así en los asuntos más importantes. Prestes admiraba lo valiente, confiada, sagaz y dura que era en su apoyo. Pero, sin duda, lo que más admiraba en Olga era su inteligencia política y su madurez. Cuando venían compañeros a casa o ellos iban a casa de otros –lo que más apreciaba eran los encuentros en casa del joven trabajador Francisco, que tenía cinco preciosos churumbeles– se mostraba silenciosa, como si ya hubiera entendido lo suficiente para seguir el tema. Allí era él el líder de un gran movimiento de masas y los otros aceptaban sus palabras como oro en paño; Olga solo era su acompañante. Más tarde, en casa, discutía apasionadamente sobre los problemas políticos que habían tratado en la reunión.

La vida de Olga se diferenciaba en muchos aspectos de la llevada hasta entonces. Casi siempre había trabajado en equipo y ahora vivía aislada, sus días habían estado marcados por una actividad sin descanso y, aunque en Brasil no estaba parada, su vida discurría mucho más tranquila y pausada.

Cuando iba a casa de Francisco siempre encontraba tiempo para jugar con sus hijos y a Prestes le gustaba observarla. Una vez, camino de casa, le preguntó a Carlos si Francisco no podría dejarles uno de sus hijos durante unas semanas.

Prestes se calló. En la situación en que se movían, hasta eso podía resultar peligroso.

Aquella noche cada uno sabía en qué pensaba el otro.

¡Qué a gusto le habría enseñado el país, habría ido con ella al teatro, al cine, a conciertos o incluso al jardín botánico de la ciudad! Pero nada de eso era posible por causa de la clandestinidad.

La primera impresión que tuvo Olga en el viaje se confirmaba: Prestes no tenía necesidades materiales mayores; le preocupaban las carencias y el bienestar del pueblo y él se conformaba con poco. Ella, que nunca se había preocupado de los trabajos de la casa, se cuidó ahora procurando una dieta equilibrada y sana, mucha fruta, verdura, poco tabaco y poco alcohol. Se obligaron a hacer deporte y a pasear. No sabían lo que les iba a deparar el futuro y la cárcel exigía estar fuerte.

Ya durante el viaje Prestes había disfrutado enseñando a Olga el puerto de Río de Janeiro y explicándole el origen de su nombre.

En el descubrimiento de Brasil una parte de la flota portuguesa llegó a una hendidura estrecha y profunda de la costa del océano Atlántico, repleta de bahías e islas. La tripulación creyó hallarse en la desembocadura de un río y, como el hallazgo ocurrió la noche de San Silvestre, bautizaron al supuesto río con el nombre de «Río de Janeiro», río de enero. No hacía falta tal bautizo, la denominación autóctona era más bella y exacta: Guanabara, bahía escondida. A la orilla de la ensenada creció la ciudad de Río de Janeiro.

Jamás olvidó Carlos el embelesamiento de Olga cuando vio por primera vez ese paisaje. No encontraba palabras para expresar lo que sentía. Ella conocía muchas grandes ciudades, pero nunca había visto una con tan bello entorno: aquel mar azul, salpicado por los puntos de innumerables islitas y peñas inmensas emergiendo con fuerza del agua, olas acompasadas, de igual intensidad, muriendo en aquella playa blanca que, con un suave arco, rodeaba la bahía. Un monte rocoso estirado, bañado por el mar, el «pan de azúcar», mira por encima de la nube de rascacielos blancos y claros de la ciudad. Rascacielos que han surgido porque el mar y el monte impiden la expansión horizontal de la ciudad. Una cadena de montañas boscosas, acentuadas por la exhuberancia tropical, se alza junto a la ciudad, disolviéndose y dejando paso en un punto a pequeños ríos que arrojan furiosos sus aguas al mar eterno. Desde la otra parte de la ensenada saludan playa, colinas, valles y montañas.

Para Prestes era fuente de gozo experimentar el entusiasmo de Olga ante la belleza de su país, sentir cómo se sentía fascinada ante la naturaleza, los majestuosos colores y los atractivos productos de Brasil. Probaba frutas que no conocía y, cuando no le agradaban de inmediato, no por eso desistía.

«En un país extraño no siempre te gustan los platos de entrada, pero eso cambia cuando los vas probando y saboreando», decía Olga, y con el tiempo fue prefiriendo las olorosas guayabas y los frutos de la jaca y los cajus a las peras y manzanas. Sobre todo estimaba los carnosos mangos verde oscuro, tan escurridizos que apenas se les puede echar mano.

Una vez se quedaron quietos contemplando el profundo azul del mar desde la falda de una colina. Ahí arriba estaban solos. Ella dio unos pasos hacia adelante y se quedó quieta a la sombra de una palmera. Acababa de sentirse embriagada y embelesada por la grandiosa belleza del entorno y ahora suspiraba. Tal vez puso en guardia a Carlos su mirada vaga y ausente: «¿Nostalgia?», le preguntó con dulzura. Olga corroboró con la cabeza.

Prestes la quería por aquel amor que sentía hacia su tierra, Alemania, por su deseo de combatir allí donde estaban sus raíces, y ni sus relaciones con él, ni mucho menos aquella embriagadora hermosura brasileña, la habían apartado y alejado de su gran tarea.

Olga se dirigió a Prestes y le dijo: «Vosotros os sentís orgullosos de vuestro país y sabéis formular políticamente ese orgullo. Nosotros antes desconocíamos lo importante que es saber hablar con amor del país. Se debía a que existía la idea de que el patriotismo era un valor fascista y no nos dábamos cuenta de lo que ellos habían hecho para emponzoñarlo y de que con ello habían dañado terriblemente a Alemania.

»Muy raramente utilizábamos la palabra patria, y patriota, jamás. ¿Por qué no? Pues porque el enemigo había depositado en ella la baba chauvinista, olía a ideología fascista, era sinónimo de guerra y colonialismo. El haber llegado a entender lo importante que es la cuestión nacional se lo debo a Thalmann, pero cuando de verdad me fui dando cuenta de que los conceptos patria y comunismo iban juntos para un verdadero miembro del partido fue en la Unión Soviética. Y una vez más experimento aquí, en un país que aún no es socialista, que así es y así debe ser».

* * *

Cuando Olga transmitía a los compañeros de Prestes las reflexiones o pensamientos de este procuraba volver lo antes posible, pero a veces se tomaba tiempo para darse una vuelta por los barrios pobres. En caso de que hubiera existido el más mínimo peligro de encerrarse en su suerte personal y aislarse, estas visitas a los barrios pobres lo habrían impedido. En aquel país de abundante riqueza y belleza sin igual le parecía especialmente insoportable y sin sentido el sufrimiento de los explotados. En muchos países las clases dominantes suelen presentar la engañosa afirmación de que la pobreza radica o se debe a la superpoblación humana, con ello los pobres y desamparados deberían limitar su única posesión: los hijos. En Brasil, donde tan solo viven 37 millones de habitantes en una superficie casi tan grande como toda Europa, la pobreza de la clase trabajadora es un grito de horror y espanto. A tan solo cien metros de los grandes rascacielos se encuentran callejuelas estrechas y malolientes, sin agua ni electricidad, cuevas de barro y hojalata confeccionadas a golpe de martillo con latas de conserva, en las que las gentes malviven tocadas por la lepra, el raquitismo, la tuberculosis y malaria, niños con barrigas hinchadas y abultadas, mayores y ancianos que miran tristes desde unos inmensos ojos.

Muchos brasileños, pensaba Olga, se sienten orgullosos de que entre ellos no exista ese fuerte odio racial blanco como en Norteamérica. ¡Pero es que no puede haberlo! ¡Si durante más de tres siglos hubo más de doce millones de esclavos «apresados» en el país, millones de mestizos de todo tipo! Es un pueblo mezclado donde uno no sabe dónde acaban y dónde empiezan las diferencias de raza.

Olga paseó con enconada rabia por los barrios de los pobres, les habría dicho con ganas lo que sabía: no seguiréis así por mucho tiempo. La Alianza crece, cambiar vuestra vida es una de las principales tareas que vamos a emprender.

Se interesaba también por el arte y la cultura de Brasil. Prestes la convencía para que lo dejase un par de horas solo y fuera a ver una exposición o una obra de teatro. No era normal que las mujeres fueran a esos lugares sin acompañante y ella quería evitar todo lo que pudiera llamar la atención. Algunas veces se unió a sus mejores amigos, Arthur y Elise Ewert; en esos casos, cuando regresaba medio sin aliento por la prisa, le informaba con exactitud de lo que había presenciado en el teatro o había visto en la exposición. Se lo contaba con tanto entusiasmo y se esforzaba tanto en que participara de todos los detalles que él la escuchaba con agrado y alegría interna. A veces pensaba que casi era mejor que verlo.

A esos comunistas alemanes, Arthur y Elise, Hitler les había robado la patria y por eso vivían en Brasil. Su marcada orientación política, su participación activa en pro de movimientos progresistas, había hecho que Hitler no los pudiera soportar. Para ellos era natural su apoyo a la Alianza de Liberación Nacional. El fascismo alemán trató por todos los medios de ganar influjo en Brasil. Aviones alemanes trajeron a este país funcionarios nazis e introdujeron una ingente cantidad de propaganda. Los nazis trataban de organizar a los alemanes que desde tiempo atrás vivían en Brasil. La embajada aumentó su personal y trabajó codo con codo con el movimiento fascista brasileño (apoyado por el presidente Vargas), el movimiento llamado de los Integralistas.

El primer encuentro con Arthur y su esposa Elise, que en Alemania recibía el apelativo de Sabo, fue gozoso porque resultaba consolador encontrarse en Brasil con compañeros de la propia tierra.

—Te conozco de Berlín –le había dicho Sabo en su primera conversación–, y no solo de ver tus fotos en la pared cuando fuiste detenida en 1928; un joven compañero me habló entusiasmado de ti.

—¿Cómo se llamaba?

—Kieler. –Olga sonrió.

—De ti hablaba también él con tanto calor que creo que tú fuiste el motivo de que fuera a la escuela nocturna; sí, con una chica..., pensé que ambos...

—Se llamaba Lene –la interrumpió Sabo–, ¿la conoces? La ayudé para que siguiera su formación. Se ha desarrollado maravillosamente, una compañera inteligente y activa... Pero creo que esperaba en vano, porque Kieler dependía muchísimo de...

—Sí, ya sé –intervino Olga de inmediato–, no era culpa mía. Pero de todo esto hace ya mucho tiempo...

—Lene logró zafarse de la detención en Berlín y ahora vive en París.

Arthur, el marido de Sabo, era un gigante pelirrojo de ojos azules y hombros anchos. Interiormente también era ardiente y fogoso, creativo y de carácter pasional. Había sido parlamentario comunista en el Reich, a veces le resultaba imposible embridar sus ideas y moderar el tono de su poderosa voz. Olga y Prestes sonreían cuando, en vano, intentaban interrumpirlo sin conseguirlo, en esos momentos se oía una voz con tono de reproche que decía: «¡Arthur!», que era casi imperceptible entre el estruendo y la cascada de palabras y, a pesar de todo, él la oía y secándose, el sudor de su frente abombada y cuadrada con su pañuelo, respondía: «Sí, Sabo».

A Olga la conmovía esa relación interna existente entre Sabo y Arthur, que se habían conocido de muy jóvenes y que, como comunistas combativos, habían caminado juntos por esta vida llena de gozos y tristezas.

Olga y Sabo se entendían muy bien, fueron muy buenas amigas. Cuando raramente se reunían los cuatro, Arthur y Sabo, Prestes y Olga –la ilegalidad impedía verse con más frecuencia– aquello era una fiesta. Entre el alborozo relajado de Olga y el humor ácido de Sabo se creaba una hilaridad que Prestes estimaba mucho.

En cada encuentro volvían siempre al mismo tema, era algo que les ardía en el alma: la Alianza de Liberación Nacional. Estaban de acuerdo en que era un acierto haber promocionado, en aquellas circunstancias, un movimiento de base amplio; en pocas semanas habían brotado 1.500 comités o grupos. Las exigencias y reflexiones contra el feudalismo e imperialismo, contenidas en el manifiesto redactado por Prestes, encontraron la acogida de millones de personas. Se reivindicaba un verdadero Gobierno popular con el Caballero de la Esperanza al frente. Carlos discutía con sus compañeros; sin duda alguna en las próximas elecciones la Alianza sería el partido parlamentario más fuerte. Eso significaba la posibilidad de un cambio de Gobierno y político por vía legal y pacífica.

Pero el régimen de Vargas no estaba dispuesto a escuchar la voz del pueblo por vía democrática; el Gobierno promovió el terror. De todos los lugares del país le llegaban a Carlos noticias y datos de asesinatos, golpes, matanzas, detenciones, difamaciones contra el movimiento.

Luego venía la reacción: nuevo crecimiento del movimiento, nuevos comités, asambleas masivas, venta masiva de todos los periódicos de la organización. Los Integralistas no se atrevían ya a manifestarse por las calles.

Pocos meses después de su llegada Prestes trabajaba en su habitación elaborando un nuevo manifiesto. Olga estaba delante de la puerta, con la mano en el pestillo pero sin abrirla. Apoyaba la cabeza contra la hoja de madera y se rascaba las sienes. Solo quería proporcionarle alegría... Cuando entró en la habitación de Carlos lo vio en su mesa con esa mirada ausente propia de quien, concentrado, piensa.

Le resultaba difícil tener que hablar. Él esperó pacientemente hasta que, por fin, ella dijo:

—La Alianza ha sido prohibida.

Prestes terminó de escribir la frase y respondió:

—Seguirá creciendo.

Al día siguiente las emisoras y los periódicos difundían la noticia: «Hoy, 11 de julio de 1933, ha sido prohibida la Alianza de Liberación Nacional».

Eso significaba, por una parte, la total dependencia del Gobierno del imperialismo extranjero, el amenazante peligro del fascismo, el empeoramiento de la situación económica, la subida de precios y el aumento de los parados. Por otro lado, la prohibición de un programa nacional, democrático, limpio, que intentaba liberarse del monopolio capitalista norteamericano. Prestes tenía razón, la Alianza, pese a la ilegalidad y persecución, se convirtió en el mayor movimiento político que jamás había tenido Brasil.

En el verano y otoño de 1935 una ola de huelgas paralizó el país.

Prestes hacía la siguiente valoración:

«El Gobierno echa mano de los métodos más brutales de una dictadura fascista: ha liquidado los últimos vestigios de un Estado democrático. Función y tarea de la

Alianza es llevar a cabo la liberación nacional. Estamos en vísperas de grandes sucesos –no es una frase hecha–, caminamos a pasos agigantados hacia una confrontación revolucionaria, a una confrontación en la que nadie puede permanecer neutral. Aun cuando la Alianza está prohibida tiene la capacidad de conducir al pueblo y los brasileños tendrán que decidirse en favor o en contra».

En los días 23 a 25 de noviembre se acumularon las noticias provenientes de la ciudad de Natal, en la región de Río Grande do Norte:

«Las medidas terroristas del Gobierno amenazan con aniquilarnos. Hemos convocado la huelga general. El pueblo ha cogido las armas. Hemos vencido. La ciudad y toda la región está en nuestras manos, necesitamos el apoyo de la capital, contamos con el alzamiento de la Alianza Nacional en Río de Janeiro».

Y luego una especie de sos: «Prestes... Prestes...». Prestes estaba ante la tarea más dura que puede haber para un revolucionario: decidir si ha llegado ya la hora del levantamiento.

Tenía que tomar la decisión a pesar de todas las dificultades que suponía vivir en situación de clandestinidad. ¡Cuántas decisiones justas para su país tomó Lenin estando fuera de su patria!

Para Prestes las cuatro paredes de su habitación significaban solo un aislamiento exterior, miles de hilos lo unían con sus compañeros y con su pueblo. Recapacitó una vez más sobre la situación política y económica de Brasil y sopesó el pulso de las fuerzas existentes. Los trabajadores estaban dispuestos, pero se trataba de un proletariado aún sin experiencia, la industrialización de Brasil se hallaba en sus comienzos. Gran parte de la burguesía, sobre todo los intelectuales, que sufrían la opresión fascista de Vargas, apoyaba el programa de la Alianza. No estaba claro si una parte de la burguesía estaría conforme con el levantamiento armado; ejemplos había en la historia de la revolución de otros países que explicaban que la burguesía, por miedo a la manifiesta fuerza de la joven clase trabajadora, los había dejado solos, aunque en Brasil se daba el hecho de que sus mejores y más prestigiosos representantes se habían declarado siempre del lado de los revolucionarios: los oficiales del Ejército. Estos estaban dispuestos; no solo la clase trabajadora sino también los oficiales esperaban la decisión de Prestes.

Olga se acostó al amanecer del 26 de noviembre, cuando empezaba a clarear el día.

No podía dormir. El inicio de la revolución era ya una cuestión de tiempo, era un asunto de días y horas. ¡Maravilloso Brasil, puedes llegar a ser un paraíso!: todos los inmensos terrenos en barbecho para los pobres agricultores, abajo las chabolas de barro, el paludismo, la lepra, el analfabetismo, la ignorancia, la suciedad, la mortalidad infantil.

¿Qué era lo que le había dicho una vez Carlos?

«Al marchar por Brasil con la columna apenas vi una escuela, una clínica, pero en cambio había muchas cárceles y todas estaban llenas, esta fue una de las causas por las que me hice comunista».

Por la revolución no se lograría el comunismo, pero sí un Gobierno del Frente Popular con los patriotas más generosos del país a la cabeza. «Prestes no solo es comandante de sus soldados sino comandante del pueblo», había dicho un soldado durante la larga marcha. Ahora va a ser un comandante del pueblo y va a seguir siendo el hombre sencillo que fue durante la larga marcha. Ya no va a ser el Caballero de la Esperanza sino el Caballero del Cumplimiento, de la Realización, hay que transformar las cárceles en clínicas y así como entonces enseñó a leer y escribir a sus camaradas-soldados ahora se preocupará de que todos aprendan a manejarse con los libros y los bolígrafos.

En días, en horas, se levantarían los militares. Olga conocía al dedillo el plan estratégico: en cuanto los militares asestaran el primer golpe saldría Prestes de su escondrijo y se pondría al frente, tomaría el mando. Los obreros anunciarían la huelga general bajo la dirección del Partido Comunista y una gran parte de la burguesía apoyaría el levantamiento. Ella permanecería al lado de Prestes pues su vida era más valiosa que nunca.

En toda Sudamérica repercutiría el Gobierno del Frente Popular de Brasil, el país más grande de esta zona del mundo. En el programa de la Alianza se decía: «Unión de todos los movimientos nacionales de liberación de todos los países sudamericanos».

Y todo esto iba a tener su efecto en Alemania y, sobre todo, en Norteamérica que, en competencia con los nazis, trataba de dominar Brasil.

Olga soñaba con el futuro.

Ahora podría cumplir un gran deseo al que tuvo que renunciar por su situación ilegal y por el peligro en el que se movía; ahora podría acallar aquella gran necesidad de la que nunca había hablado porque no tenía sentido hacerlo en las circunstancias en las que se encontraba. Ocurría que hasta la mirada de los niños le dolía y cuando veía a un muchacho de esos, descalzo y moreno, por el barrio de los pobres, que apenas se sostenía en pie, sentía ganas de robarlo, de acariciarle su cabecita, apretarlo contra su pecho, vestirlo, alimentarlo y acunarlo en sus sueños. Su propio hijo tendría pelo negro y espeso, no podía ser de otro modo, los dos, Carlos y ella, lo tenían negro.

Vivirían cerca del mar, crecería entre el canto de las olas, con el azul del cielo y el verde de los bosques.

Olga escuchaba a Prestes ir y venir por la habitación de al lado. Ella soñaba con el futuro; sería mejor dormir, porque aún les esperaban días duros.

Amaneció el 26 de noviembre. En cuanto Olga se levantó Prestes la envió a los camaradas con varias comunicaciones. Olga le ayudó a organizar las últimas reuniones antes de la proclama del levantamiento. Discutieron hasta los mínimos detalles con los compañeros más fieles, solo el momento de sorpresa –el inesperado ataque contra las tropas del Gobierno– podía propiciar el éxito militar. El piso de Olga y Prestes, hasta entonces apenas visitado, se convirtió en cuartel general de la revolución.

El 27 de noviembre Prestes dio la orden de levantamiento en la Escuela de Aviación y en el Tercer Regimiento en Río de Janeiro, cuya fidelidad a la Alianza era manifiesta. Comenzó la lucha.

Prestes esperaba noticias para asumir la dirección, Olga, Arthur y Sabo aguardaban con él. Los líderes del proletariado esperaban el pistoletazo del primer golpe para convocar la huelga general.

Olga estaba junto a Prestes cuando llegó un emisario sin aliento y semiamoratado. Y agarrándose de los pelos grito: «¡Traición, estamos perdidos!».

El plan del levantamiento había sido delatado a Vargas, antes de comenzar, por un oficial sabedor y leal; las tropas del Gobierno, preparadas para el ataque, habían golpeado a los heroicos luchadores del alzamiento. Antes de que los trabajadores convocaran la huelga se había impuesto un régimen de terror que superaba lo hasta entonces conocido. El levantamiento fue utilizado por el Gobierno como excusa para atentar contra todo aquel que fuera progresista. Gran parte de la burguesía, que apoyaba el programa de la Alianza, cambió de chaqueta y se puso de parte de Vargas. Las cárceles y los cementerios se llenaban mientras desde el jefe de policía hasta el último siervo funcionario repetían continuamente la misma orden: «Nos falta una cosa, agarrar a Prestes».

* * *

Olga pensaba que ya no era posible querer a Carlos más de lo que lo quería. En los duros días que siguieron a la derrota, cuando apenas les quedaba tiempo para una palabra personal y sus pensamientos giraban en torno al destino de Brasil, a Olga llegó a dolerle su amor. Entonces se daba cuenta de su gran dimensión; creció con él, desarrolló el mismo valor, igual confianza y tenacidad que las que lo distinguían a él. Prestes se responsabilizó del fracaso, pero no se ahogó ni en acusaciones personales ni en defensas inútiles. No había actuado espontáneamente, había sopesado con detalle la situación. Había errores que debía encontrar y discutir con sus compañeros.

Carlos estaba serio, muy concentrado, trabajaba sin pausa, apenas comía y en el nuevo refugio se vio privado de la sonrisa de Olga. No hubo una palabra de queja, de acusación, una señal de nerviosismo. Carlos siguió siendo el gran camarada. Mientras vivían el amargor de la derrota no perdieron por un momento su gran confianza en el futuro; la revolución debía continuar, había que impulsar la lucha hacia adelante. Vargas no podía encerrar a todos; Olga, Sabo, Arthur, él mismo y miles de revolucionarios seguían libres. Estableció contacto de nuevo aquí y allá y comenzó a edificar y establecer la organización, que se había quebrado. En los militantes de la Alianza fue surgiendo el sentimiento de que mientras el Caballero de la Esperanza estuviera libre la revolución no se había perdido.

Olga experimentó cómo su conducta infundía valor a los demás; nunca se había dado cuenta como entonces de lo que significaba ser ejemplo, modelo. No solo Prestes, también Olga, Sabo y Arthur se encontraban en grave peligro. Era posible abandonar el país y ponerse a resguardo, no eran románticos idiotas, llegado el momento esa era una posibilidad acertada también para los comunistas. Pero estaba claro, la presencia de Prestes era de gran importancia y tanto para él como para Olga la decisión estaba tomada: había que quedarse. Arthur y Sabo se hicieron la misma pregunta: ¿podemos hacer algo aquí en estos momentos? ¿Es útil para la clase trabajadora, para la revolución, que sigamos trabajando aquí? Al igual que Prestes, ellos respondieron que sí y decidieron quedarse.

Olga acentuó la vigilancia sobre su hombre: examinaba los caminos, espiaba la casa, las calles y los alrededores por si había peligro. Trabajaba calladamente y sin miedo, como antes. Solo de regreso a su escondite se obligaba a caminar más lentamente. Si entraba en la habitación de Prestes y lo veía doblado, sentado en la mesa de trabajo, se sentía libre de un gran peso, un sentimiento de alivio recorría su cuerpo.

Cuando visitaba a Arthur y Sabo, en la despedida se quedaba agarrada de la mano; a veces permanecía un par de minutos en el pasillo, sentía la necesidad de contarles algo sobre Carlos y Sabo le respondía: «Igual ocurre con Arthur». Luego se echaban a reír pues parecían dos amas de casa que con el carrito de la compra se quedaban en el mercado cuchicheando y despotricando de sus maridos. Un día Olga le dijo a Sabo:

—Pienso que Arthur debe fumar menos y beber menos café, ¡no le dejes!

—Sabes que es muy sano –le contestó Sabo–, pero está un poco afectado de los nervios, aunque esto nos ocurre a todos. A él le ha tocado aguantar mucho.

—Hombre, también es un poco irascible... menos cuando estás tú de contrapeso.

Sabo confirmó con la cabeza. De pronto le dijo:

—¿Conoces lo que pasó cuando Arthur era maestro?

Olga dijo que no y Sabo le contó:

—Los padres de Arthur eran unos pobres labradores que nunca habían salido del pueblo. Su padre tenía hambre de formación para sí y para sus hijos, que acudían a la única escuela que había en el pueblo. El maestro se emborrachaba con cierta frecuencia. Si no aparecía el maestro a dar clase, el doceañero de Arthur asumía la responsabilidad e impartía la lección a las cuatro clases a un mismo tiempo.

»Una vez sucedió que el maestro llegó a la escuela borracho, interrumpió a Arthur en medio de su clase, se tropezó con un alumno y lo golpeó en el rostro. Arthur, que para sus 12 años era grande y fuerte, asió al maestro y lo golpeó hasta que cayó al suelo. Luego lo sacó fuera.

»Los chavales dijeron posteriormente que por un momento creyeron que Arthur no era el mismo sino una especie de demonio: de sus ojos partían rayos azules y en su pelo rojo se habían formado unos diminutos cuernos.

»El maestro, ya sobrio, cojeó durante varios días por el pueblo y nadie pidió responsabilidades a Arthur. Estaban contentos de tener un maestro sustituto gratis.

»Además de esta actividad, Arthur era el consejero del pueblo: si había que escribir una importante carta, aclarar una palabra extranjera, exigir algo a las autoridades o si alguien requería su consejo en temas de derecho, allí estaba Arthur Brockhaus. Cuando abandonó el pueblo con 14 años para aprender con su tío el oficio de guarnicionero en Berlín, lo sintió todo el pueblo, y también él, porque aún no había terminado con todo el alfabeto Brockhaus.

»Se pasaba los días cosiendo tiras en un lóbrego sótano, pero a las noches leía en las bibliotecas. Adquirió muchos conocimientos, más tarde comenzó a asistir a reuniones. Se le vio con los curanderos, con las asociaciones de emigrantes, con astrólogos y socialistas. Sin descanso, como un poseso, fue escuchando todo; poco antes de aprobar el examen de oficial y empezar a trabajar como guarnicionero en la caballeriza de Spandau oyó hablar a la socialista Frida Rubiner. Arthur terminó leyendo todo lo que encontró sobre «Peligro de guerra e imperialismo». Cuando más tarde Frida disertó sobre el mismo tema en otro distrito, Arthur fue a escucharla y la interrumpió tantas veces y la cuestionó tan violentamente que parte de los asistentes se marcharon. Frida le dio un repaso y le devolvió golpe tras golpe. Pero esta señora se interesó por este cabezón inteligente y al final de la reunión se quedó todavía discutiendo largamente con él. Frida, una mujer delgada de larga nariz y ojos claros, era una socialista de temperamento vivo y amplios conocimientos, cuando se enfadaba su voz se volvía vehemente y chillona. Al final apareció el tabernero, espantado, para ver por qué se gritaban tanto. «Ponte el bozal que remiendas y podrá salir de ti algo digno», terminó diciendo Frida en su primera intervención y Arthur pronto supo lo que debía hacer. Se hizo miembro del grupo del Partido August Bebels.

En otra ocasión, esperando Olga a Arthur, estaban sentadas las dos amigas en el cuarto. Sabo miró por la ventana –tal vez había visto algo en la calle–. Dijo:

—Deberíamos tener hijos, lo deseamos desde siempre. –Al mirar a Olga se espantó y pensó que no debía haber dicho esas palabras, pero una vez dichas ya lo mejor era seguir hablando–. Hablamos muchas veces de este tema, pero nos resulta imposible. Arthur estuvo en la cárcel, luego yo, más tarde ambos y después lo del paro. No se puede traer al mundo un hijo irresponsablemente. El mismo asunto de la clandestinidad... Mira, incluso habíamos hablado con Minna. –Ahora Olga debía haber preguntado quién era Minna, pero no lo hizo.

Sabo no sabía si debía seguir hablando.

—¿No te he hablado de Minna, la hermana de Arthur? Es una de esas personas sencillas, retraídas, que son activas sin aspaviento alguno y que tienen un corazón de oro, siempre dispuestas a ayudarte. Es curiosa la dependencia que tiene de Arthur. Tras mucho pensar, un día fuimos a su casa y le dijimos que queríamos tener un hijo pero que tal como estábamos no podíamos asumir solos la total responsabilidad, si quería ser su segunda madre.

»Minna se asustó. Sabía que Arthur, casi siempre en paro, apenas tenía dinero, pero como persona responsable debía valorar su situación. Nos aconsejó que lo pensáramos otra vez. Le resultaba difícil que le hubiéramos preguntado cuando ella ya hacía todo lo posible por nosotros. Temía que ya hubiera decidido decirnos que no aunque todavía no nos lo había dicho. Era consciente que con una pequeña presión podía cambiar su no por un sí.

Sabo calló.

El cielo se había cubierto. En el piso del vecino gritó un papagayo y de pronto algunas gotas de lluvia golpearon la repisa de la ventana.

—¿Fue correcta vuestra decisión de no tenerlo?

—Fue difícil, sobre todo para mí, pero fue justa. Olga...

Sabo le rodeó el cuello con los brazos.

—Ven, cariño, vosotros sois más jóvenes que nosotros y la situación no va a ser siempre igual...

—No –dijo Olga–, puede ser mucho peor. Vuestra decisión estuvo bien tomada.

Ese día no se acercó a Prestes inmediatamente tras su regreso a casa. No quería desanimarlo saludándole con rostro sombrío y triste, no quería resultarle una nueva carga. También sabía que nada le proporcionaría más tranquilidad que hablar con él y experimentar la bondad y la comprensión de Carlos.

¡Qué bonito sería ir a su encuentro, llorar, dejarse acariciar y sentir sus manos y su sonrisa! Se quedó en la cocina moviéndose por ella con cuidado. Era mejor serenarse a solas.

Podía ser que no tuviera siempre a Prestes a su lado, algo que le resultaba difícil imaginar, pero era de cobardes no pensar en ello. Si eso ocurriera encontraría fuerzas para superarlo; de todas formas, era acertado superar los problemas por sí misma, la hacía más fuerte. Le hubiera gustado tener, como Francisco, cinco hijos; le gustaba ir a su casa. Pero no iba a casa de Francisco solo por ver a sus cinco retoños. Francisco había participado en la larga marcha y había acompañado a Carlos en el exilio. Él quería a Prestes y bastaba apenas un empujoncito de Olga para que Francisco comenzara a contar las leyendas que en aquel tiempo se habían tejido en torno a la figura de Prestes. La imbatibilidad de su columna durante la marcha había hecho que el pueblo sencillo de zonas atrasadas atribuyera a Prestes fuerzas sobrenaturales. Era un vidente que conocía con exactitud por dónde iba el enemigo. Poseía una red en la que iban cayendo hombres y caballos. Por las noches, permitía que una maga bailara delante de sus soldados y quien la veía quedaba prendado. Francisco había vivido en persona cómo la columna solicitó un bote en un pequeño pueblo para cruzar el río y cómo la gente movía la cabeza sorprendida: ¿Para qué? ¡Si Prestes poseía el don de atravesar el agua y las zonas cenagosas a pie enjuto, sin mojarse! Contaba Francisco que durante toda la marcha no se dio jamás la circunstancia de que Prestes se sintiera sitiado o desanimado. Una vez le dijo a un amigo que necesitaba aliento: «La constancia es una de las mayores armas de la revolución».

—Esa misma constancia posee y manifiesta hoy día en la situación que vivimos –dijo Olga.

Cuando Prestes y sus hombres fueron al exilio no solo Carlos era héroe de pastores, agricultores y trabajadores, sino que también la clase burguesa había romantizado sus acciones.

Desterrado de Bolivia, Prestes encontró acogida en Argentina y apenas llegaba a puerto un barco brasileño se organizaba una especie de peregrinación hacia su casa.

El grumete soñaba encontrarse un gigante de agitada barba y voz cavernosa, los ciudadanos se imaginaban un majestuoso general que les pronunciaría discursos patrióticos y guerreros en favor de Brasil. En lugar de sus sueños e imaginaciones encontraban a un hombre joven de espaldas estrechas y ademanes sencillos. Más tarde les resultaba difícil describir a los demás lo que habían visto.

De eso hace ya mucho tiempo, hoy la burguesía odiaba al comunista Prestes; una cosa no había cambiado a pesar de la amarga derrota: para los compañeros, para las personas progresistas, seguía siendo el héroe y el ejemplo, y no solo porque era capaz, valiente y trabajador, sino porque él siempre vivía como un verdadero comunista. Olga pensaba: «Si hubiera un aparato que registrara noche y día los pensamientos de un hombre, en Prestes encontraríamos siempre las ideas de un bolchevique».

«Ya es hora de que vaya a su cuarto. ¡Cómo es posible que lleve viviendo con él un año, en un piso pequeño, y, a pesar de todo, me sienta tan feliz de, tras dos horas de ausencia, ir a su cuarto, verlo y hablar con él! Pensaba que los sentimientos tenían fronteras, pero, así como no las hay en la ciencia y en los conocimientos, también los sentimientos maduran y se van haciendo más fuertes».

Cuando Olga entro Prestes la miró.

—¡Me llamaba la atención que no entraras!

Ella le sonrió y él vio todo: la sombra en su rostro, su cansancio y la alegría de verle de nuevo. Carlos esperó por si Olga quería hablar. Ella guardó silencio y él dijo:

—Cuando te oía moverte por la cocina pensaba cómo es posible que, viviendo ya todo un año, día a día, juntos me sintiera aún tan impaciente por que entraras. Todo sigue como al principio.

En un claro y soleado día de diciembre, Prestes entregó a Olga un comunicado para Arthur.

El Pan de Azúcar la saludó desde el otro lado. Olga sentía nostalgia del mar, hacía tiempo que no había estado en la playa. Prestes abandonaba su habitación, cuando todavía estaba oscuro, para asistir a asambleas urgentes. Olga pensaba ir a nadar de regreso a casa.

La calle en la que vivía Arthur hacía una pequeña curva. Allí donde una pequeña colina formaba parte del muro de una casa Olga se paró y observó con detenimiento los alrededores. Unos pocos pasos más y el camino era ya recto hasta la casa de Arthur.

Se paró de pronto, un hombre joven que iba detrás chocó con ella. Se disculpó, ella sonrió porque la culpa era suya. Cuando aquel joven desapareció Olga torció hacia una calle secundaria y volvió corriendo. Ahora era lo de menos si la habían visto, lo importante eran los segundos. Corrió a toda velocidad, solo disminuyó su marcha al llegar a casa, notaba sus latidos en el corazón y las sienes. Estaba delante de Prestes.

—Acaban de ser detenidos Arthur y Sabo, he visto cómo la policía los metía al coche.

Olga salió corriendo y avisó a otros compañeros en peligro. Cambiaron de piso, si Arthur había hablado los cogerían a ellos. Pensaron si debían quedarse en Brasil.

Prestes analizó otra vez la situación. A pesar de la brutalidad sin miramientos llevada a cabo por el Gobierno contra el movimiento progresista, había un tono de inseguridad en sus medidas. Ciertamente, la Alianza había sido batida como movimiento de masas, pero había sido una advertencia a la reacción: el Gobierno sabía ahora que la oposición del pueblo contra el avance del fascismo era extraordinariamente grande.

—Por supuesto, nos quedamos –dijo Olga. Tras una pausa añadió–: Quizá Arthur y Sabo no sean torturados, tal vez tengan miedo porque son extranjeros.

Prestes se calló.

Olga sufría por la detención de los amigos.

—Pierdo las ganas de comer pensando en Sabo –dijo apartando el plato a un lado.

Prestes la observó. Olga era una persona valiente, tenía tras de sí una vida sacrificada, movida, valerosa, pero todavía no había pasado la prueba de fuego.

—Come, cométetelo todo –le dijo Prestes. Cuando al fin el plato estaba vacío ella entendió el pensamiento de Carlos; a pesar de todo, Olga le dejó hablar.

Humanidad y compasión son dos cualidades fundamentales en un comunista, sin ellas no se puede ser un verdadero compañero. Había miles en la cárcel y todos sufrían como Arthur y Sabo. Naturalmente que duele cuando se piensa especialmente en aquellos que son tus mejores amigos. ¿Pero sirve de algo no comer por eso? ¿Reciben acaso una cucharada más si yo no lo hago? ¿Es un acto de solidaridad con ellos o más bien un acto de debilidad ante el enemigo? Lo triste, duro y amargo es que no se puede prestar ninguna ayuda a los compañeros detenidos.

A quien está aún libre le queda un camino: luchar.

Prestes arrancó a Olga la promesa de que, en caso de ser apresado, no manifestara debilidades personales, al contrario, se mantuviera firme y siguiera en la lucha sin tregua.

—Si a ti te detienen yo no voy a quedar libre –le dijo Olga, y en esos momentos no pensaba en una entrega natural por amor o desesperación. No. Estaba pensando en la tarea encomendada por el partido. Si el mensaje transmitido hubiera sido separarse en caso de peligro, para que quien quedara libre siguiera trabajando, habría actuado conforme a la orden. Pero la orden dada era tajante.

No lo dejaría ni a sol ni a sombra, esa jauría no se acercaría a su defendido si antes no la apresaban a ella.

Descubrieron tan pronto su nuevo escondrijo que a Olga ni siquiera le dieron tiempo de coger la ropa.

Pasó enero y febrero.

Prestes supo que Sabo y Arthur habían sido torturados. Al principio no quiso decírselo a Olga, pero luego pensó que debía saberlo. Olga se puso pálida al oírlo.

—¡Sabo es tan delicada, se querían tanto!

—Se quieren –corrigió Prestes.

Tal vez no debía habérselo dicho al anochecer, Olga no podía dormir y trataba de no molestar. Pensaba en lo prometido, en no mostrarse débil.

—Olga, tienes que dormirte.

—Es más fácil endurecer el cuerpo que el corazón.

Él le acarició el pelo.

—¿Aguantarán? Terminarán hundiéndose. –Olga hablaba en silencio.

—Son comunistas.

* * *

Son comunistas.

A Sabo le colgaban jirones de pelo de la ensangrentada piel de su cabeza, negros chichones cubrían aquel rostro hinchado, convertido en una masa deforme.

Estaban el uno frente al otro sin saber dónde se hallaban. Un anillo de policías se cerraba en su entorno. Era la primera vez que se veían tras la captura. Sabo y Arthur se miraron, ella lloraba sin saber por qué. El cuerpo de Arthur estaba cubierto de pequeñas y numerosas heridas. Habían cumplido su amenaza y lo encerraron en el cobertizo bajo la escalera del cuartel de la Policía donde ella misma había estado las tres primeras semanas. Allí no había luz, ni catre, ni manta. Era tan pequeño que ella no podía ponerse de pie, ni que decir tiene Arthur, que era mucho más grande que ella. Cientos de pies con pesadas botas corrían, escalera arriba escalera abajo, por aquel pasadizo de hierro que constituía el techo del cuchitril. Era tal el ruido y el alboroto que a veces uno creía que la cabeza iba a partírsele en dos.

Lo peor en él no le pareció la increíble delgadez en aquel cuerpo tan fuerte solo hacía un par de semanas, ni tampoco aquel rostro hinchado por los golpes, sino su piel de cera que encerraba algo misterioso, cristalino, transparente.

Cuando tuvo que desnudarse por orden de la policía, fustigada por los comentarios soeces de los vigilantes, y así desguarnecida colocarse frente a su hombre querido, algo salvaje centelleó en los ojos de Arthur.

Sabo tembló: «¡Como le entre la rabia lo rematan!».

El círculo se redujo.

—¿Dónde está Prestes? ¿A quién conocéis? ¿Quién ha escrito el manifiesto? ¿Dónde está Prestes? Hablad y quedaréis libres, recibiréis vuestra ropa y podréis iros a casa.

Nadie dijo una palabra. Sus labios no se movieron.

Cuando Arthur comenzó a gritar Sabo deseó perder el conocimiento. No gritaba porque le golpearan con los puños, gritaba porque veía cómo apagaban los cigarros encendidos en el cuerpo de Sabo. El jefe de policía reía comido por la rabia. «¡Basta! Sabo, haz un agujero porque él va a ir al hoyo».

Sabo cavó. Sabía que el fin de aquel dolor era la muerte, no el hablar.

Aquellos terrones olían a frescura al removerlos con la pala. Un escarabajo negro y brillante se arrastraba por la tierra removida, esperó a que resbalara por el terraplén.

Tardó mucho en cavar la fosa. Cuando finalizó sintió la necesidad de dejarse caer en el hueco, estaba demasiado débil para aguantar el peso de la vida, en pocos segundos acabaría aquel espanto.

Fue entonces cuando los fusiles apuntaron al cuerpo doblado y herido de su marido.

Arthur y Sabo se miraron.

El jefe de policía temblaba de rabia. Tenía el poder en su mano y no lograba vencer a aquel deshecho humano.

—¡Hablad!

Silencio. Le asaltó un pensamiento demoníaco.

—La mujer os pertenece. –Los policías titubearon, sonrieron satisfechos y el primero se abalanzó sobre ella. Dos policías agarraron con fuerza a Arthur y le obligaron a presenciar la violación. En sus ojos brilló una luz mortal, su cuerpo se movió como golpeado por descargas eléctricas, su mirada se trocó vidriosa y transparente como su piel. Pareció haber perdido todo contacto con su entorno, había superado todos los límites del dolor sin llegar a la muerte.

Los hombres se deshicieron del cuerpo de Sabo.

—¡Hablad!

Arthur calló con muda indiferencia.

Sabo yacía tumbada entre espasmos.

Sabo abrió los ojos y vio a Arthur, un espanto férreo le hizo acogerse a sus últimas fuerzas y gritar:

—Arthur.

—Sí, Sabo. –Ella le había rescatado de la peligrosa y oscura lejanía.

—Quieren hablar, han dicho algo.

Los hombres se agacharon e inclinaron sobre la mujer. Sabo calló.

Rodearon a Arthur.

Silencio.

—Golpeadles, golpeadles, golpeadles.

La naturaleza es misericordiosa. Perdieron pronto el conocimiento y ya no sintieron más.

* * *

Marzo, la época de otoño en Brasil, comenzó con cielo raso y días de sol.

Prestes trabajaba y Olga tenía en sus manos un periódico que no leía. En otros tiempos una tarde tan fenomenal habrían ido al mar. El agua brillaba en tiras plateadas a la luz de la luna, las olas murmuraban suave y somnolientamente, las colinas parecían montes vigorosos, Olga se imaginaba todo eso con los ojos cerrados.

¡Cómo trabajaba Prestes! Independientemente del entorno, lograba siempre y en todas partes concentrarse en sus asuntos y, a pesar de todo, no se enfadaba si alguien lo interrumpía. Ahora mismo podía entrar ella en su habitación y colocar sus manos en sus hombros, seguro que él se volvería hacia ella con todos sus pensamientos a cuestas. Pero ella no lo hacía, respetaba mucho el trabajo que realizaba. La dirección de la Alianza ilegal seguía estando en sus manos, aunque los encuentros con los demás compañeros se habían hecho sumamente difíciles.

Se mostraba cansado. ¡Qué bien le sentaría respirar aire fresco y mover el cuerpo!

Entró donde él estaba y se colocó suavemente detrás de la silla.

Él la miró enseguida.

—Deberíamos salir a las noches alguna vez cuando los demás ya duermen –le dijo Olga–, subir montes o ir a ese río pequeño y plateado que cae en cascada y que a mí tanto me gusta. Hace ya varias semanas que no has salido de tu habitación.

—Me buscan.

—No te encontrarán.

Olga escuchó muy cerca primero el ladrido del perro y luego el retumbar de pasos rápidos sobre los adoquines de la calle. Prestes sintió la presión de las manos de Olga que aún descansaban sobre sus hombros. Forzaron la puerta y docenas de policías se abalanzaron en la habitación. Apuntaron con los revólveres.

La orden del jefe de Policía, Felinto Müller, era: «Al menor intento de resistencia, matadlo». Ellos tenían experiencia y sabían interpretar correctamente sus palabras. El mismo hecho de que Prestes respirara o viviera era ya intento de resistencia.

Quienes habían entrado los primeros rodeaban a Prestes en semicírculo, las filas de atrás empujaban. Todos querían tener el honor de disparar el primer tiro: con el dedo en el gatillo y la cabeza y el oído, preparados para el ruido ensordecedor de la detonación.

Uno de los armados lanzó una blasfemia y los revólveres bajaron.

Los policías de la primera fila giraron nerviosos las cabezas, se miraban desconcertados y comenzaron a cuchichear los unos con los otros.

Delante del hombre al que debían asesinar estaba una mujer protegiéndolo con los brazos extendidos. Miraba a los soldados con rostro orgulloso e inmutable.

No sabían nada acerca de esta mujer. Antes de matar a este rojo malhechor había que alejar a la mujer. No habían recibido orden de matarlos a los dos. Los armados se acercaron a Olga y la agarraron de los hombros. Olga se aferró a Prestes con fuerza sobrehumana y no lograron desasirla de él.

Los policías dudaban, el comportamiento de la mujer se les hacía extraño: ni gritaba, ni lloraba... Sosegada y sin pronunciar palabra, no permitía que nadie tocara a este hombre.

¿Qué se podía hacer? Tal vez lo mejor era apresar a los dos, al fin y al cabo, también más tarde Prestes podía ser asesinado.

Ya en la calle Olga sintió la intranquilidad detrás de puertas y ventanas y cambió en su manera de comportarse. Para extrañeza de los policías ahora gritaba y vociferaba. Cuantas más personas supieran del apresamiento antes se enterarían los compañeros, cuanto antes lo supieran al enemigo le resultaría más difícil matar a Prestes en secreto.

Cuando intentaron meter en un segundo coche a Olga esta se defendió con tal ahínco y tan violentamente que, para no llamar la atención, la condujeron con Prestes. En la jefatura policial Olga y Prestes tuvieron que separarse sin despedirse y rodeados de gente uniformada.

Los ojos de Prestes, profundamente negros en su rostro pálido, produjeron en Olga otra vez un impulso de inmenso amor e invencible fuerza. Sus ojos hablaban, iluminados por su fuerza interior: tranquila, aguanto, el partido, Sabo y Arthur, la clase trabajadora, nuestro amor.

El guardia de delante de la puerta de la habitación de interrogatorios miró al reloj que colgaba al final del pasillo. El interrogatorio de la mujer, que hacía varias horas que había comenzado, no parecía acabar nunca. Había una docena de altos funcionarios interrogándola.

Estaba ya al final de su tarea cuando salió la mujer. El vigilante miró a Olga: el rostro apacible, su andar erguido, cimbreante...

En libertad, pensó él. A pesar de toda su experiencia esta vez se equivocó. Mientras conducían a Olga de nuevo a su celda un alto funcionario de Policía anotaba en las actas: «De gran fuerza de ánimo y tranquila. No se deja amedrentar o confundir y responde con cuidado. Da la impresión de estar acostumbrada a los interrogatorios policiales».

¿Había mayor elogio para una joven comunista a la que acababan de separar del nombre a quien más amaba, que se aferraba a la vida y se daba cuenta de que en mucho tiempo no iba a ver a ningún compañero ni iba a sentir el sol?

Sabo, torturada y maltratada hasta más no poder, recobraba el sentido en pocas ocasiones. Al principio, en su insensible apatía, no percibía nada del nerviosismo y ajetreo de un día de celda comunitaria hasta que una vez oyó el nombre de Prestes y su apresamiento. Fue entonces cuando rodaron las lágrimas por su rostro, ella, que creía estar ya seca y sin vida, que se sentía incapaz de reaccionar ante el dolor.

Creció la intranquilidad y el nerviosismo en la celda; al principio fueron los gritos: «Prestes, Prestes, Prestes», luego comenzaron a cantar los de una celda con los de las otras, al final fueron todos quienes unieron su voz en una canción, se entremezclaban las voces bajas de los hombres del piso inferior con las voces claras de las mujeres del piso de arriba, un canto sonoro, valiente, en honor del Caballero de la Esperanza, de cuya detención se acababan de enterar. Cantaron durante horas y los vigilantes les dejaron.

Ese día, mientras sonaban los cantos, Sabo tuvo otro dato y sonrió por primera vez desde su detención. Olga fue apresada el cinco de marzo de 1936, la interrogaron varias veces, la amenazaron y la trataron rudamente.

En cada interrogatorio, en cuanto aparecía un vigilante, a la hora de traerle aquella comida tibia e indefinida, Olga repetía la misma petición: autorización para escribir a Prestes y traslado a celdas comunitarias.

Con sus interrogatorios no habían conseguido nada, diferentes investigaciones fuera de la cárcel hicieron sospechar que Olga era alemana. ¿No tenían estrechos contactos con la embajada nazi? Los alemanes tenían fama de analíticos, podrían encontrar quién se escondía detrás del nombre de María Berguer Vilar.

A Olga la fotografiaron.

El jefe de Policía observó las fotos detenidamente antes de enviarlas a la embajada. Esa desvergonzada altanería y terquedad, ese provocador desafío: «Lo que yo no quiera vosotros no lo vais a saber» estaba escrito en sus ojos, en el rasgo de su boca, en la pose de la cabeza.

Tras más de treinta días el jefe de Policía decidió que Olga podía escribir la carta, tal vez diera algún dato o alguna pequeña pista. Además, el hecho de escribir una carta no significaba que el destinatario la fuera a recibir.

Se le entregó papel y bolígrafo. Con el pensamiento había formulado cientos de veces lo que quería decirle, a pesar de todo tardó en comenzar a redactarla.

Estaba de pie junto a la pared, enfrente del pequeño hueco de la ventana.

Para ella lo más importante en esos momentos era luchar por mejorar sus condiciones de vida. De continuar como hasta entonces se vendría abajo no la voluntad pero sí el cuerpo.

Prestes ya sabía que le amaba y que ella era valiente y sosegada, pero en caso de que recibiera la carta debía saber –sin que la censura la rechazara con gesto grosero por utilizar algunas palabras inconvenientes– su situación y de paso protestaría por sus condiciones de vida, y la última frase... No tenía suficiente luz en la celda y por eso se colocó cerca de la ventana.

Un oficial de la Policía, que estaba delante de la puerta, observaba a Olga por la mirilla.

Hasta entonces esta mujer había resistido a base de fuerza, gracias a su dureza; ahora, al escribir la carta, tal vez podrían desatarse en ella otro tipo de sentimientos normales, quizás pudiera llorar. Si lloraba es que se había roto el hielo. Si eso sucedía tenía orden de llevarla de inmediato al interrogatorio. El funcionario vio la sonrisa de la presa.

Y también vio aquella celda gris cuyo agujero enrejado proyectaba un resplandor delgado y macilento, pálido eco del centelleante sol en el cielo azul, sobre el deteriorado suelo de piedra.

En la celda se arrodillaba una mujer sucia, hambrienta y en la más completa soledad, inclinaba su rostro enjuto y magro sobre una caja maloliente y escribía.

Y a pesar de todo acababa de sonreír.

Había parado de escribir, titubeaba, pensaba, leyó la carta y tomó de nuevo el bolígrafo. La última frase debió ser corta. Dobló la carta y al levantar la vista aquel rostro cubierto de lágrimas encerraba la expresión de dulzura interior y alegría profunda.

—¿Ha llorado? –preguntó el jefe al entregarle el vigilante la carta.

—No ha llorado –respondió el oficial.

El jefe leyó la carta y frunció el ceño, la queja era un descaro, en cualquier caso, Prestes no la recibiría, el papelucho iría a la papelera.

El jefe hizo una mueca, una delegación de parlamentarios ingleses había llegado a la capital para analizar el sistema de gobierno de Vargas. La delegación resultaba incómoda, sobre todo una mujer del séquito, que debía ser una aristócrata, había dejado caer varias veces la palabra «fascismo». La presa era extranjera y no se sabía más de ella. A lo mejor era acertado sacarla del aislamiento y llevarla a una celda común, al fin y al cabo, tampoco estas eran locales de placer y de todas formas podía ser tratada «bien» si en los interrogatorios se utilizaban los métodos adecuados.

Cogió la carta de la mesa, la leyó hasta el final y se golpeó los muslos. A esta habría que hacerle entrar en razón y Prestes debía recibir esta cartita, sería bueno para él.

Prestes había sido trasladado al calabozo de la Policía secreta. Como Olga, vivía en una lúgubre celda individual, no le dejaban leer, ni escribir, ni podía hablar con nadie, solo veía a sus vigilantes. La primera señal externa de vida fue la carta de Olga.

Primero se fijó solo en sus rasgos de escritura enérgicos y decididos. Alisó la hoja, la había tenido Olga en sus manos, la misma carta era su rostro, su aliento, sus ideas, su valor, su amor.

Comenzó a leerla y la entendió al momento. No le escribía sobre su situación para quejarse de su dolor, se la escribía como protesta ante las terribles condiciones. Era importante aprovechar todas las ocasiones para combatirlas. Prestes leyó la carta de un tirón.

La larga marcha, el hambre, el tifus, la malaria, el exilio, la derrota, la cárcel... nadie podía vanagloriarse de haber visto a Prestes en el suelo, derrotado.

Ahora estaba sentado en su madriguera con la cabeza entre sus apretados puños y gimiendo.

La última frase de la carta decía: «Te comunico una gran alegría, espero un hijo».

* * *

La celda común era estrecha, tétrica y sucia. A pesar de todo a Olga, que venía de la lóbrega celda individual, la opaca luz le parecía tan fulgurante y penetrante que tenía que cerrar los ojos. Los primeros días se espantaba del sonido de voces extrañas, pero había ganado un combate. Una estancia mayor en la temible celda individual habría significado para el hijo, ya antes de nacer, su condena a muerte.

Las mujeres de la celda común no eran todas comunistas. Muchas habían sido apresadas porque sus maridos eran activos militantes de la Alianza, algunas eran incluso pequeñoburguesas que no entendían su detención. El hecho de que Olga, viniendo del infierno lóbrego y subterráneo, estuviera todavía tranquila y llena de vida les impresionaba profundamente y les hizo cambiar su comportamiento; ya no se dejaron manipular tanto. En sus cartas hacia el exterior pedían a sus amigas «cosas para el hijo de Prestes, en caso de que tenga que nacer aquí», y describían a Olga como una mujer extraordinaria. A partir de entonces en distintas familias se cosió y bordó hasta que en la cárcel entró un auténtico ajuar infantil.

Olga contemplaba a las compañeras radiante de alegría.

«Sabéis, más tarde quiero contar a mi hijo lo que vosotras le habéis ayudado entre rejas».

Los pensamientos de Olga terminaban en Prestes. Cuatrocientos días habían labrado una comunicación tal que mucha gente ni siquiera se imaginaba. Algo que no solo permanecía imborrable en el recuerdo, sino que tendría consistencia en el futuro.

Su preocupación ahora era que su hijo, a pesar de la mala alimentación, la carencia de sol y la humedad de la celda, naciera sano y robusto. Tal vez el hijo pudiera alimentarse de lo que la madre había acumulado en esos cuatrocientos días. Estaba segura de que habría muchos amigos dispuestos a adoptar al hijo de Carlos, a cuidarlo y a amarlo. En caso de que Francisco no estuviera ya apresado ella se lo entregaría a esa familia con sumo agrado para que lo cuidasen, allí donde crecían cinco podía vivir y desarrollarse uno más.

Olga empleó el tiempo en la celda común para aprender bien el portugués; las mujeres le enseñaban canciones portuguesas y ella, a su vez, canciones libertarias alemanas, rusas y francesas. Les contaba historias de su tierra y de la Unión Soviética. Solo podían hablar en tono bajo y las mujeres escuchaban con suma atención. Nada les hacía olvidar tanto su situación como las narraciones de Olga.

A esta compañera extranjera no solo se le quería en la celda común, sino que era conocida en toda la cárcel y en toda ella se seguía su maternidad. Así, cuando atravesaba el pasillo camino del interrogatorio sonaba su nombre con insistencia y muchas manos tendían hacia ella a través de las rejas de las puertas de las celdas.

A medida que avanzaba la maternidad comenzaba Olga a sentirse peor. Sentía dolores espasmódicos y tuvo que guardar cama. Su estado, el escaso alimento, la falta de ejercicio y la carencia de aire puro le hacían pensar en su hijo. Pero su mayor angustia eran esas frecuentes palizas y las torturas en la cárcel. Cada vez que era llamada de su celda comenzaba a temblar, ¡ella que era tan valiente otras veces! Las compañeras la aguardaban intranquilas. A Olga la amenazaron, le gritaron, la agarraron burdamente por las muñecas en los interrogatorios, pero no la golpearon. ¿Sintió quizás el enemigo un resto de dignidad ante una mujer embarazada? ¿O tal vez no se atrevían a tocarla porque a Prestes, aunque encerrado en una mazmorra, millones de personas no lo olvidaban y eso significaba siempre una defensa?

Estaba ya en el séptimo mes cuando inesperadamente la llamó el director de la cárcel. De regreso a la celda se le veían gotas de sudor en la frente, las amigas la rodearon y ella repitió átonamente: «Mi hijo, mi hijo», y tumbándose en el catre murmuraba: «Carlos».

Las demás la miraban contrariadas, nunca habían visto a Olga así. ¿La habían torturado? ¿Le había sucedido algo a Prestes?

No se atrevieron a hacerle ninguna pregunta.

La confusión no duró mucho, Olga se dio media vuelta y dirigiéndose a las mujeres les dijo: «Voy a ser entregada a Alemania, a los nazis». Se levantó. «Naturalmente que voy a luchar contra esto».

Las compañeras de celda le aconsejaron solicitar del Tribunal Supremo una petición en contra de la extradición, el derecho le asistía. Aunque no fuera reconocido su matrimonio con Prestes le correspondía la nacionalidad brasileña como madre del niño.

A la demanda siguieron días de lacerante espera, hasta que por fin llegó la denegación: se rechazaba la solicitud.

El fascista Vargas le hizo a Hitler el favor de entregarle la comunista. Sentía incluso cierto placer porque así torturaría a Prestes.

Toda la cárcel conoció este acto de infamia y un susurro pasó de celda en celda: «No lo permitiremos, no lo consentiremos, nos defenderemos». Un día de septiembre fueron los policías a llevarse a Olga. Cuando se abrió la puerta de la celda y pronunciaron su nombre retrocedió hasta la pared y permaneció manos en alto sin moverse. Las otras mujeres corrieron a su lado y formando una barricada en su entorno pidieron a gritos ayuda.

En las celdas de al lado comenzaron a gritar, las voces de las mujeres sonaban estridentes: «Defendeos, no lo permitáis».

Los hombres del piso de abajo se unieron a la protesta; un marinero, un negro tremendamente fuerte, apresó con sus puños de acero las celosías de hierro de la puerta y comenzó a sacudirlas con toda su fuerza. Le siguieron los presos de las otras celdas: el ruido era ensordecedor. Los vigilantes corrieron por los pasillos golpeando los brazos y manos que movían las rejas, pero el ruido no cesó.

El director de la cárcel notificó al jefe de Policía que había peligro de motín general.

Los policías se retiraron.

El jefe estaba furioso. Si no se quería desacreditar ante la embajada alemana, que esperaba la entrega, había que enviar a Olga.

—Está enferma, embarazada, el médico cuenta con un parto prematuro, de ahí el enfado –repetía el director de la cárcel.

—¿Enferma? –aguzaba el oído el jefe de Policía–. Entonces el problema es mucho más sencillo.

El director de la cárcel visitó a Olga en su misma celda.

—Sé que han surgido complicaciones. Usted no está para viajar, me he preocupado para que ingrese en un hospital. Allí será atendida y tendrá a su hijo en paz.

Las compañeras meneaban la cabeza advirtiendo a Olga que quizás le estaban mintiendo. ¡Quién podía garantizar que a pesar de todas las promesas la mujer de Prestes no fuera deportada! Olga se negó a abandonar la celda.

—Puede usted elegir a dos compañeras para que la acompañen a la clínica.

Las mujeres discutieron. En esas condiciones Olga estaba dispuesta a ceder.

Olga saboreó el silencio de la habitación individual, la cama suave y la abundante cena. No tenía dolores, yacía de espaldas acariciándose el vientre con su mano y dialogando, como ocurría con frecuencia en la celda individual, con el todavía no nacido.

—Golpeas maravillosamente, seguro que vas a ser un luchador, tienes que serlo porque no conoces otra cosa. Me vas a hacer feliz. ¿Sabes?, muchos se han quedado pasmados de que yo haya podido resistir la celda individual, de que aún pueda sonreír. Y es que en realidad no era aislamiento, tú estabas allí y si hoy río es para ti. No es verdad cuando piensan que yo lo tengo especialmente difícil, yo lo tengo fácil porque tú eres un gran manantial de ilusión. Cada mañana, cuando me despierto, me invade el temor: ¿vives aún?, y cuando te oigo moverte sé que estás ahí y por cada día que pasa sin sentir un especial dolor me siento feliz. Ahora me van a tener aquí hasta que tú vengas al mundo. Lo peor ya ha pasado.

Olga temió cuando se abrió la puerta de repente. Rara vez ocurría algo bueno cuando se abría así la puerta. Solo eran el médico y la enfermera que venían a auscultar a Olga.

El doctor sonrió:

—El niño está bien –dijo él–, pero necesita calcio, tenemos que recetarle algo para los huesos. Enfermera, a diario una inyección de calcio.

—¿Desde hoy?

—Cuanto antes mejor.

Olga dejó libre su delgado brazo.

La enfermera no encontró fácilmente la vena. Fue el propio médico quien le inyectó, ambos le desearon un feliz descanso y se marcharon.

Olga estaba feliz.

El calcio era bueno para el niño. Carlos, si supieras que ahora estoy bien; solo deseo una cosa, igual es un poco tonto, pero me gustaría que me vieras antes de nacer nuestro hijo. Algunas prefieren esconderse en esta circunstancia, a mí me ocurre lo contrario. Me gustaría que tus ojos tiernos y vivos descansaran sobre mí. Si tuviera que elegir, evidentemente preferiría mil veces más ir a visitarte con el hijo en brazos. Qué suave es la cama, qué cansada estoy, qué cansada. Carlos mío, es posible que estés aquí, tu pelo, tus ojos, tu boca, nadie se imagina lo mucho que he deseado tenerte; perdóname si lloro, suena tan suave, como de lejos, tal vez no oigas nada, estás conmigo, me siento cada vez más cansada, no te vayas, quédate, quédate...

* * *

—Despierta, despierta.

Olga sintió la esponja fría en el rostro y unas manos que hacían daño en los hombros. Una brutal mano separaba sus párpados, sintió como si las pupilas resbalaran en sus órbitas desde una altura artificial. Cuando intentaron colocar en el suelo a la recién despertada esta se desplomó, alguien a su izquierda y derecha la agarró bajo los brazos intentando mantenerla en pie.

—¡Venga, andando, abre los ojos!

Olga llevaba ya mucho tiempo presa y obedecía de inmediato las órdenes aunque apenas se diera cuenta. Daba traspiés y se esforzaba, haciendo de tripas corazón, por mantener abiertos los ojos.

Oyó cerrarse una puerta y llegar un coche, y se dio cuenta de pronto de que la habían sacado de este coche y estaba de pie. Por delante de su rostro bailaban rayas onduladas de colores blancos y negros. Le zumbaban los oídos.

Una brisa suave le apartaba el cabello de su rostro decaído. Aquel viento le hacía bien, las rayas fueron desapareciendo y reconoció a su lado las botas policiales. Olga levantó la cabeza.

¿Cómo estaba junto al mar? Sonaba tal vez. ¿Por qué corrían nerviosos tantos hombres a su alrededor? ¿Era que no se aclaraban en medio de la oscuridad de la noche?

La figura de un inmenso barco se alzaba ante ella, en proa flameaba una bandera iluminada débilmente.

Olga estaba inmóvil, de repente se sustrajo con fuerza y gritando de las garras policiales: la bandera llevaba la cruz gamada.

—Aquí no sirve de nada meter ruido, todos son de los nuestros.

La agarró por el pescuezo con una mano y la arrastró hasta las escalerillas del barco.

—Buscad al capitán –gritó enfurecida una voz en la oscuridad.

Dos faroles arrojaban una luz tambaleante sobre la cubierta.

El capitán estaba ante Olga: grande, elegante y de ojos tan azules como los suyos. Se llevó la mano a la gorra y miró a la mujer que descalza, sucia y envuelta en un ajustado vestido de algodón estaba ante él: «Soltadla».

Los funcionarios policiales, sorprendidos por la vigorosa voz del capitán, la dejaron libre.

Olga, sin darse cuenta de lo que hacía, se colocó las manos en su vientre abultado.

El capitán dijo: «Me niego a asumir el transporte».

Los oficiales de la Policía trataron de convencerlo. El capitán, mirando hacia el mar, les dijo: «En ese estado no me responsabilizo».

Cuando Olga sintió de nuevo el aire sofocante de los coches cerrados se dejó caer mareada en el asiento... Seguro que todo aquello del barco era un sueño, pronto se despertaría en la suave cama de la clínica... Naturalmente, la prueba era que algo tan mullido solo podía ser la cama del hospital, iba a tratar de despertarse, echar por la borda esa mala pesadilla y luego dormirse, estaba cansada.

Solo cuando una vez en el hospital se dio cuenta de lo sucedido, supo que todo aquello no había sido un mal sueño. Debía permanecer despierta por todos los medios e impedir ser arrastrada por segunda vez.

Se acostó en presencia de la enfermera, cerró los ojos y empezó a respirar profundamente y con ritmo acompasado.

Todavía permaneció algunos minutos tumbada tras sentir que desde fuera alguien giraba la cerradura de la puerta. Se levantó y observó el cuarto en la penumbra del amanecer. No sabía en qué piso estaba su habitación, se hacía reproches por no haberse despertado antes y haberse fijado bien al entrar en el hospital. La enfermera había hablado con ella en alemán, era posible que estuviera en manos de los nazis en una clínica alemana.

¿Qué era ahora lo más importante?

En cuanto se hiciera de día debía examinar el modo de huir y si no lo conseguía cuando menos que alguien supiera de la planeada traición.

El capitán se había negado a tomarla, tal vez pasaran días hasta que otro buque alemán arribara al puerto. Todo lo que fuera ganar tiempo era bueno. Ya está, haría huelga de hambre. Pero... No, eso podría dañar al niño. ¿Cuánto tiempo aguantaría sin dormir?

¡Inyección de calcio! ¡Esos miserables!

La vieja angustia se apoderó de Olga otra vez. Estaba muy débil. Olga se mordió los labios y tragó con dificultad, no había tiempo para meditar, ahora se trataba de examinar su situación y ver las posibilidades de actuar. Había amanecido, se levantó y examinó por segunda vez el cuarto: cada grieta del suelo, cada abertura, la puerta, la ventana, golpeó en las paredes... Sin respuesta. No encontró la forma de escapar o comunicarse con alguien.

—¡Diablos! –dijo Olga gritando a modo de consuelo y a punto de sucumbir–. Para quejarme y amargarme voy a tener tiempo suficiente en el barco, ahora debo mantener la cabeza despejada, es hora de actuar.

El día transcurría desesperadamente lento, Olga estaba extremadamente cansada pero no debía dormirse.

Cuando se hizo de noche vinieron por segunda vez.

—¡Como grites te arreamos!

Pasillos vacíos y sin nadie, un patio oscuro y silencioso, viajes veloces por calles desiertas, el mismo barco y docenas de policías.

Olga se dejó llevar pacientemente y se iba fijando en todo: dónde estaba anclado el barco, cuántos pasos había hasta la pequeña puerta tras la que comenzaban las escaleras de hierro. Ahora bajaba a la bodega, el aire se hizo irrespirablemente caliente. Esta vez el capitán no apareció, permaneció en su camarote bebiendo. Había sido suficiente un corto diálogo con la embajada alemana. ¿Quién podía exigirle que se jugara el puesto, su economía y quizás su libertad por una muchacha desconocida y bolchevique, enrollada con un brasileño? A pesar de todo tuvo que vaciar la botella para jurarse a sí mismo que durante el viaje no querría saber nada de la cárcel que albergaba aquella vida. Quería olvidarse de todo.

Se abrió la pesada puerta y Olga penetró tanteando con los pies por delante.

—¡Olga!

Se espantó terriblemente ante el inesperado grito. Luego se acercó a Sabo, que yacía en el suelo.

—¡Querida Sabo! –Olga se arrodilló.

Durante meses las compañeras de Sabo habían intentado, con paciencia, romper su silencio en la celda, sacarla de su inmovilidad a la que siempre volvía. Ahora, cuando vio a Olga, se desató y liberó por sí misma. Le resultaba imposible hablar coherentemente, su respiración no tenía ritmo, se movía a golpes, balbuceaba frases entrecortadas.

Olga acarició a Sabo, le dijo palabras tranquilizadoras. Ella misma temblaba ante lo que tal vez tuviera que escuchar. Al final Sabo se durmió en el suelo apoyando su cabeza en el regazo de Olga.

Olga estaba sentada y como petrificada. ¡Qué habían hecho aquellos asesinos con esta mujer! ¿Eran curables esas heridas? ¿No habría sido mejor morir que arrastrar consigo esas terribles y espeluznantes experiencias como un eterno lastre? No, era mejor vivir, superar, luchar. Olga no podía dormir y, a pesar de todo, no tuvo ningún diálogo con su hijo, sus pensamientos no estaban ahora en Prestes, cavilaba cómo podría ayudar a Sabo.

A la mañana siguiente Sabo yacía en su insensible inmovilidad, apenas si dirigía la vista hacia Olga.

De pronto tembló el barco, un ruido ensordecedor penetró en el cuchitril y unos golpes sordos, lentos al principio y más rápidos luego, hicieron vibrar el suelo, las paredes y el techo de la bodega. El mismo aire se estremeció.

Olga sintió cómo se introducía en ella esa fuerte vibración y la recorría de pies a cabeza. Irresistible y amenazante se manifestó el terrible cabeceo de estas máquinas de 2.600 caballos e hizo temblar a todo el buque. Para su maternidad esto era peor que todo lo pasado o lo que pudiera suceder en el futuro. Se sintió mal, el sofocante calor, el ruido y ese continuo movimiento tembloroso se le hacían tan insoportables que no creía poder aguantar más de una hora.

Zarpó el barco. Se alejaba de Carlos por segundos sin saber nada de él. Si hubiera estado sola ahora se habría tumbado en la litera y habría llorado. Estaba sentada mirando fijamente al catre y con la mano delante de la boca. Fue entonces cuando Sabo despertó de su letargo y se acercó a su amiga.

Olga apoyó su rostro sudoroso en los hombros de Sabo.

—Me siento mal, este ajetreo me vuelve loca y llevamos así diez minutos, ¿qué va a ocurrir con mi hijo?

—Olga –dijo Sabo–, al niño no le pasará nada. Yace tranquilo, como en una cuna. Superarás este traqueteo, vamos a combatirlo.

Olga sonrió con sus labios pálidos y doloridos. Sabo no estaba perdida, había hablado de luchar.

Pasaron tres días eternos, inmensos, en ese espacio diminuto y poco aireado. Recibían poca comida; aquella agua tibia no bastaba para apagar la sed, aquel continuo sudor picaba y mordía en el cuerpo. Olga devolvía con frecuencia, no tenían ropa para cambiarse, solo tenían un pañuelo, el de Sabo.

Sabo y Olga se miraron ahora mutuamente, cada una conocía las costumbres de la otra hasta el mínimo detalle. No poder estar sola suponía una dura carga hasta para la mejor amistad. Terminaron aprobando el examen.

Olga preparó un plan. A la gimnasia de la mañana seguían las clases de lengua: Sabo dominaba mejor el inglés y Olga el ruso y, como a las dos les gustaba leer y tenían libros, alargaban las horas dedicadas a la lectura. El día finalizaba con poemas.

Conscientemente había también horas de silencio en las que cada una prescindía totalmente de la otra.

—Así no nos escupiremos –dijo Olga.

El plan lo cumplieron a rajatabla y valientemente, a pesar de los ratos en los que Olga, retorcida por el dolor y con miedo de perder su hijo, se tumbaba en el catre, o Sabo, imbuida por los recuerdos del pasado, se sentía incapaz de concentrarse.

Es posible que hubieran perecido si, a veces, en la oscuridad de la noche, no les hubieran abierto la puerta.

—¡Aquí, rápidas, bebed!

Agua riquísima, fría.

—¡Rápido, subid la escalera!; ¡esperad en el rincón, detrás del cobertizo, en diez minutos os silbo!

¡Abierto, el mundo abierto! ¡La frescura y el murmullo del mar, la luna y las nubes del cielo, aire puro y respirar profundo sin ese martilleo de las máquinas! ¡Qué bella podía ser la vida!

Jamás lo vieron a la luz, pero ellas creían que era el fogonero.

—Es igual –dijo Olga– un trabajador alemán que nos ayuda.

Fue inolvidable aquella noche que les trajo dos naranjas.

—Una para ti y otra para el hijo –le dijo Sabo.

—Evidentemente una para ti.

—No.

—Sí, tus encías están sangrando.

—No, me he pinchado.

—¿Con qué, con la cuchara?

Casi discutieron.

A veces soñaban. ¿Podría ser que dentro de poco se vieran en la calle? ¿Qué le podía suceder a Olga? Ahora era brasileña, hasta la liberación de Kurt no había cometido ningún delito punible en Alemania.

—Sabo, como vean tus cicatrices te dejan libre.

—Si ven tu estado tú también sales a la calle.

La noche que les entregaron las naranjas Olga preguntó por el nombre del barco.

—*La Coruña.*

—¿A dónde se dirige?

—A Hamburgo.

—¿Y antes?

—A Marsella o Burdeos, el capitán todavía no lo ha dado a conocer.

—Sabo –dijo Olga–, el fogonero nos ayudará, escaparemos. Conozco Marsella.

—En el puerto nos van a vigilar especialmente.

—Si no funciona, cuando zarpe le decimos que nos abra la puerta, saltamos y nadamos.

—No sé nadar.

—Yo te ayudo a mantener la cabeza fuera del agua.

Ahora había surgido un nuevo y apasionante tema de conversación para largas horas.

* * *

La enfermera Minna Ewert cuidaba de sus enfermos, acostados en blancos camisones, y en sus rostros no se reflejaba si eran fascistas o antinazis. A pesar de todo, ella no solo se fijaba en si el corazón latía con regularidad, sino también en qué dirección lo hacía.

Minna era una persona formal, seria y justa; todos los enfermos recibían las mismas atenciones: la medicina exacta, la medición precisa de su fiebre. Pero solo uno de los enfermos recibía el regalo de su sonrisa y era aquel que siempre parecía dormir cuando las enfermeras entraban al lugar de los enfermos con el saludo «Heil Hitler» y que colocó el periódico a un lado tras fruncir el ceño.

Además se llamaba Arthur como su querido hermano, del que nada sabía hacía tiempo.

Minna cogió el periódico, quería ver qué noticia había enojado al enfermo. No supo precisar porque todo lo que leyó le molestaba. El enfermo observó cómo la enfermera, estando a punto de dejar el periódico, lo retuvo de pronto y comenzó a temblar.

Le quitó el periódico de las manos y buscó inútilmente la relación entre las noticias y la excitación.

Eran solo tres pequeñas líneas las que mencionaban la detención de Arthur y Sabo.

A partir de ese día cambió la vida de Minna. Desde entonces solo había un objetivo en su vida: ayudar a su hermano y a Sabo. Repasaba sus ahorros y les sumaba el valor de sus muebles. ¿Cómo podría conseguir el visado? ¿Qué podría hacer en Brasil a su llegada? Sola no lograría nada.

Sabo tenía tres hermanos, personas inteligentes y exitosas que habían triunfado en la vida a pesar de provenir de la herrería de un pueblo del este de Prusia. Naturalmente que para ello había que pensar en la propia carrera y no, como su hermano, en ser comunista. Minna escribió a uno de sus hermanos y le contó el caso de manera solapada. Él le respondió; en la carta le decía que su hermano había conseguido lo que se merecía.

Minna escribió a París, a la pelirroja berlinesa Lene, la fiel amiga y discípula de Sabo. Lene, hija de obreros y ahora emigrante sin recursos, le respondió de inmediato. Le contestó como si fuera una francesa bien situada: la operación que le hicieron los médicos alemanes en Berlín le supuso una importante mejoría. ¿Podría recogerla la enfermera Minna en París, ya que los médicos de aquí exigen acompañamiento? Debería responder del sueldo y de los gastos, naturalmente.

Minna obtuvo el visado.

Los primeros días en París le parecieron como un sueño, en Francia, gracias a la unión de los partidos de la izquierda, se había elegido un Gobierno del Frente Popular, existía un Partido Comunista fuerte. En la capital de Francia se estableció el Comité Europeo de la Ayuda Internacional Roja, la Unión de Juristas Internacionales, la Liga de los Derechos Humanos y una serie de organizaciones progresistas.

Minna creía que, como pariente de Arthur y Sabo, tendría que asumir sola la batalla con ayuda de Lene. Pero se encontró con muchas puertas abiertas en todas partes. Se le decía que su viaje a Brasil podía terminar con la detención inmediata y que ahora lo importante era informar a los europeos de la situación de Prestes.

Cuando Minna y Lene abandonaron los locales del Auxilio Rojo tropezaron en el descansillo con una señora anciana, delicada de salud, de pelo blanco y ojos oscuros. Se apoyaba en su acompañante que, a juzgar por el porte, era su hija. Minna titubeó, debería decirle a la hija que esa señora no podía subir las escaleras en ningún caso, su respiración fatigosa, aquellos labios azulados...

Como tenían que pasar junto a ellas, Minna las saludó, madre e hija devolvieron el saludo con extraordinaria dignidad y amabilidad.

Minutos más tarde la viejecilla utilizaba en la oficina del Auxilio Rojo casi las mismas palabras que Minna: «Solo tengo un deseo en mi vida, salvar a los presos, por favor ayúdenme». Esperó hasta que su aliento recobró algo la tranquilidad y añadió: «Mi hijo, Luiz Carlos Prestes, es inocente, porque yo sé que ha dedicado su vida a hacer el bien. Sus amigos son mis amigos y su mujer es mi hija».

Lygia, que estaba en silencio junto a su madre, sonrió.

La madre se había enterado por la detención de que su hijo estaba casado, y necesitaba tiempo para asimilar la noticia. Posiblemente, en su situación, no le había sido posible comunicárselo antes. Seguro que había elegido bien y era una suerte que la hubiera conocido antes de la detención.

En Moscú había leído en los periódicos del lejano Brasil cómo su mujer se había colocado ante Carlos, protegiéndolo, en el momento de la detención, y ello fue ya suficiente para amar y respetar a su nuera.

¡Si la pudiera ver alguna vez, estrecharla entre sus brazos! Los periódicos brasileños publicaban las fotos de Olga realizadas en la cárcel. Doña Leocadia las analizaba detenidamente, a pesar de la mala impresión del periódico podía observarse: rostro inteligente, orgulloso, de ojos azules; la madre guardaba la foto junto a los recuerdos que poseía de su hijo para repasarlos en las noches de insomnio.

Ahora se enteraba en París, donde vivía con el único objetivo de ayudar a los presos, de la gran noticia que colmaba su vejez en medio de preocupaciones y emociones, el advenimiento del primer nietecillo.

Como la mayoría de las mujeres brasileñas, no había participado de modo activo en la vida pública y ahora debía hablar cada noche ante miles de personas. Con su cabello blanco, pequeña y encorvada, hablaba de pie desde la tribuna, con valentía, de su hijo, de Olga y del nieto que esperaba. Sus palabras eran sencillas, conmovedoras, nacidas desde el cariño de una madre, esas palabras que encogen el corazón del hombre. Palabras encendidas y vehementes contra la bestialidad del fascismo, en favor de la justicia y la democracia, que iban más allá de su dolor personal y conmovían a los asistentes.

Poco a poco la clase trabajadora fue conociendo la situación de los presos. En París hubo grandes manifestaciones con eslóganes como «Libertad para Olga, libertad para Prestes»; en Inglaterra se formó un comité de ayuda, en México y otros países sudamericanos se organizaron protestas públicas contra su encarcelamiento.

En la segunda semana de octubre, cuando Olga y Sabo se acercaban a la costa europea y planeaban su propia liberación, se encontraban en Francia comunistas alemanes camino de España, en donde los fascistas con ayuda de Alemania e Italia urdían una guerra civil contra el Gobierno democrático y legal. Los comunistas alemanes, perseguidos en su propia tierra por Hitler, intentaban apoyar al pueblo español en su lucha contra Franco.

A uno de estos grupos que llegó a París pertenecía un trabajador callado de pelo color arena y pálido rostro. Le seguían llamando Kieler.

Cuando la primera noche se separó de sus compañeros, estos le preguntaron qué buscaba.

—Tal vez la conozcáis, busco a Lene, ha trabajado en el periódico comunista, una chica pelirroja de ojos marrones.

Nadie sabía darle respuesta, la estuvo buscando dos días hasta que la encontró.

—Kieler, hay en ti algo raro –le dijeron los amigos a su regreso.

—Son cosas que pasan –respondió Kieler.

Luego pensó que las cosas no pasan nunca porque sí.

Lene le había contado lo de Sabo y Olga.

El pensamiento de que ambas iban camino de las cárceles nazis lo acompañó en adelante día y noche. Él estaba dispuesto a hacer todo lo posible para ayudarlas.

Uno de aquellos cuadros que él había pintado de Olga en Neukölln se encontraba en su pequeña y raída maleta. Que Olga hubiera elegido como compañero al héroe del movimiento revolucionario brasileño, lo amara y se hubiera jugado la vida en su defensa y protección era asunto de ella. Kieler se sentía orgulloso de Olga. La idea de pasear por las soleadas calles de París, acallar el hambre con pan blanco y mitigar la sed con vino mientras Olga... Nada, lo mejor era ir a España cuanto antes y agarrar un fusil.

Le llegó la noticia de que Lene la necesitaba.

Era un fantástico día de otoño. En el puerto de Boulogne reinaba la ajetreada vida de todos los días, el horizonte estaba despejado y cuando apareció en lontananza el buque que se acercaba, todo siguió su curso. Siempre había mirones por el puerto, en un día tan radiante quizás había alguno más de lo usual.

El barco enfiló hacia el puerto, la bandera lucía en el mástil y aquel caparazón blanco avanzaba a lomo de las olas.

Lene, Minna y Kieler aguardaban en primera fila del puerto, el buque redujo su marcha y las máquinas comenzaron a retroceder. En alguna parte sonó un silbato, callaron las máquinas y poco más tarde cientos de pequeños botes rodeaban al barco en el mar.

El sol, las olas centelleantes, el buque blanco, los numerosos botecillos, la espera, el deseo de estrechar a Sabo entre sus brazos... Minna se dio cuenta de que estaba llorando cuando un amigo francés le puso la mano en el hombro.

—No temas, si están en el barco las tendremos. Si saltan al agua nuestros botes las salvarán.

Kieler hizo un embudo con las manos y gritó: «¡Olga, Sabo, vamos a liberaros!».

Sonó el grito en todos los botes.

Silencio. Nadie se asomó, no respondió ninguna voz.

Lene con permiso de las autoridades y en compañía de Kieler y un grupo de compañeros franceses subieron al barco. La esperada denegación del capitán no se produjo, él solo dijo:

—En mi barco no hay ningún preso. –Nadie le creyó.

—Por favor, miren el barco, examinen la lista.

Los compañeros corrieron por los pasillos, revisaron las cabinas, la bodega, la calefacción, la sala de máquinas, la despensa, revisaron todo a fondo y nada. No se lo creían.

Olga y Sabo no estaban a bordo, sin embargo, los informes de los compañeros decían que este era el barco. ¿Qué pensar, había traición, provocación, o se escondía quizá algún malentendido?

Mientras Lene, Minna y Kieler abandonaban cabizbajos Boulogne, llegaba a *La Coruña,* a dos días de la costa francesa, una orden por radio: dirigirse a Hamburgo sin atracar.

Olga y Sabo no sabían dónde se encontraban, el fogonero no las había visitado, estaban encerradas bajo llave, no podían huir.

Cuando el barco dejó la costa inglesa, tras su estela cambió el tiempo, el cielo se volvió gris y se desató una tormenta.

Olga padecía fuertes dolores en el bajo vientre, llena de angustia esperaba los movimientos de su hijo reafirmando su vida. Por fin el barco atracó en Hamburgo.

Hacía ya ocho años que Olga no pisaba su país y sentía cierta nostalgia, había soñado cómo se tiraría en paracaídas y lucharía contra los nazis por su querida Alemania.

Descalza, enferma, sucia y con su vientre abultado pisó suelo patrio. El viento soplaba vigoroso por el puerto, había niebla y hacía mucho frío. Con aquellas manos delgadas y pálidas las dos mujeres trataban de alargar sus ligeros vestidos de verano, el camino era corto: de las escalerillas del barco al coche celular.

Funcionarios de la Gestapo se sentaron a su lado. El coche viajó sin pararse. Solo se detuvo en Berlín, delante del portalón del cuartel central de la Gestapo, en la calle Prinz-Albrecht.

V

HAMBRE, FRÍO, DOLORES, AMENAZAS, AISLAMIENTO... todo desapareció y quedó en el recuerdo ante el grito, un hilo de voz tembloroso, que llenó de vida la habitación gris, la cárcel y el mundo, el grito de una recién nacida.

Olga tomó a su hija en brazos.

¡Carlos, nuestra hija!

La madre cerró los ojos y tocó con su rostro la cabecita de la pequeña, sintió su piel suave, olió su calor y ternura y se dio cuenta de que la quería aún más de lo que se había imaginado.

Olga estaba tan débil que apenas podía levantar la cabeza. Profundamente feliz se durmió y solo se despertó sobresaltada cuando alguien la agarró por los hombros. Le produjo contrariedad: algo parecido le habían hecho cuando la despertaron para arrastrarla al barco. Le traían la escudilla con la comida. Una asistenta se inclinó sobre la niña: «¡Es guapa la gusanillo! Sabes que la puedes tener mientras le des pecho».

Se alejaron los pasos. ¿Y luego, luego qué pasará con la niña? Olga temblaba. Quien no tuviera parientes se quedaba sin su criatura, la cogían y la llevaban a un orfanato. Agotada, sin defensas, sentía la inmensa necesidad de cariño, de protección, de que alguien la envolviera de ternura, que cuidara de ella, de no tener que luchar. Se dio cuenta de que quien era capaz de hacer esto por ella, quitarle preocupaciones, darle ternura y cariño como nadie en el mundo, aquel que se inclinaría sonriente ante su hija y abrazaría feliz y orgulloso a su esposa, aquel... estaba a miles de kilómetros de distancia, en una celda, y aún no sabía que era el padre de una niña.

Contempló el pequeño rostro sonrosado de la lactante, su diminuto labio inferior que con suave movimiento anunciaba un quejido... Olga estuvo a punto de llorar. La niña comenzó a quejarse con pequeñas convulsiones. Olga estiró el brazo y quiso acunarla, pero aquella tosca caja de madera, fabricada por los presos, no le obedecía. Lanzó un vistazo a la comida y sintió que no tenía hambre. Tenía que comer, debía hacer todo lo posible para alimentar a la niña durante el mayor tiempo posible. ¿Y si se le retiraba la leche dentro de un par de semanas? Había oído que las preocupaciones y la intranquilidad adelantan el cese de la actividad en las glándulas mamarias. Había que evitarlo, no había que preocuparse, su hija estaba viva y sana. Ella y Carlos tenían una hija, Olga intentó sonreír. «No importa, Anita, lo conseguiremos».

Cogió la cuchara en la mano y se quedó parada, la primera comida para la niña de una semana consistía en garbanzos con berza.

La celda de las madres en el servicio cuatro era una gran habitación, más clara y aireada que las demás. Delante de la ventana había un árbol, pero ninguna de las tres jóvenes mujeres podía verlo porque la ventana enrejada tenía un cristal opalino.

Cuando se abría un poco la ventana de la celda las presas espiaban con desconsolada sonrisa aquel nuevo sonido que no pertenecía al mundo de la cárcel y que acentuaba en ellas su deseo de libertad, su vuelta a la familia, a la vida normal.

Oían los lloros de sus pequeños. Las presas políticas intentaban reconocer por su voz quién era el hijo que lloraba; los de Margot y Gerti tenían un timbre fuerte, el de Gerti era quien más gritaba.

—Parece que tu hijo está enfermo –decían aquellas mujeres que ya tenían experiencia como madres.

—Esa es Anita –sonreían ante el sollozante quejido de su vocecita chirriante y clara.

El hijo de Gerti había nacido más tarde que el de las demás. Olga y Margot habían ayudado a aquella joven madre de 22 años en sus primeros cuidados. Gertrud había trabajado en la Siemens. En septiembre de 1936 fue detenida juntamente con toda la célula clandestina del partido por un chivatazo. En el nacimiento de su hijo hubo complicaciones, con las presas comunistas había pocos miramientos. El médico llegó tarde y utilizó las pinzas para sacarlo. Luego estuvo en cama, en la celda, seis semanas con fiebre y Olga se encargó de atenderla.

Margot y Gertrud conocían ya su sentencia de varios años de reclusión y aunque era duro por lo menos sabían a qué atenerse. La Gestapo no encontraba razón legal alguna para condenar a Olga, que había vivido varios años fuera, pero no pensaban en dejarla libre. Su estancia en la cárcel era indefinida, su futuro incierto. Le pesaba el destino de Prestes y, sobre todo, el futuro de su hija. A todo esto se añadió las noches de insomnio y los gritos lastimeros del hijo de Gerti. Era importante que Olga durmiera para, por lo menos, compensar así la comida insuficiente y prolongar y garantizar la alimentación de su hija.

Las otras madres tenían parientes que, en el momento del destete, podían hacerse cargo de los niños. Olga intentó averiguar desde el primer día de su detención si su padre vivía. Además, había rellenado una solicitud por la que entregaba a su hija –en el caso de que ella no pudiera alimentarla– a los parientes de Prestes.

Margot y Gerti recibieron correo y visita de sus seres queridos. Nadie vino a visitar a Olga. No tenía relación con el mundo exterior. Tres veces al mes escribía a Carlos, pero no tenía ninguna seguridad de que reexpidieran las cartas. Jamás recibió respuesta desde Brasil.

Les preocupaba la situación de Gertrud. Carecía de fuerza de voluntad y ganas de vivir ante la enfermedad, la debilidad de su hijo y la situación carcelaria. Era aún demasiado joven para poder soportar todo el peso que había recaído sobre ella. Olga se creció ante la dificultad y su entrega hizo que Gerti se fuera recuperando poco a poco.

Olga insistía en el derecho como presa preventiva a recibir un periódico, y para que las otras dos, que ya habían sido condenadas, no pudieran leer se la encerró con el *Völkischer Beobachter* en un cuarto que servía para guardar la ropa sucia.

Desde el primer día de cárcel ella se había preocupado no solo de su salud corporal sino también de la espiritual. Conocía el grave peligro que encierra la cárcel de dejar pasar, de desidia y amodorramiento, y combatió día a día contra todo ello. Hizo ejercicios de memoria desde el primer día.

Le vino bien. Mientras estaba en el aposento en medio de hatillos de ropa sucia devorando a toda velocidad las páginas del *Völkischer Beobachter* era capaz de retener las noticias importantes. Sabía leer entre líneas y aprendió a entender el vocabulario nazi y a comprender e interpretar sus matices. Era sorprendente lo que, gracias a su experiencia y conocimientos marxistas, sabía deducir con astucia e inteligencia de todo aquel maremágnum de mentira y confusión. En aquel periódico, pobre en noticias del extranjero, lo primero que trataba de encontrar era alguna información sobre la situación de Brasil.

Margot y Gerti aguardaban con impaciencia el regreso de Olga. Las informaba de modo claro, mordaz y jocoso y siempre sacaba conclusiones propias. Olga estaba segura de la derrota del fascismo y ese optimismo se reflejaba inconscientemente en ella. Todo ello la hacía más convincente.

Para ella el gran peligro radicaba en la preparación militar del fascismo.

—Si salís libres no os dejéis embaucar por sus cantos de paz, Hitler quiere la guerra –les decía a las demás.

—¿Y entonces qué pasará?

—Cuando él golpee será el principio de su fin porque existe la Unión Soviética.

La celda de las madres poseía un servicio añadido cuya pared comunicaba con la celda de al lado. Olga estaba convencida de que esa pared de separación era débil. Cuando golpeaba desde el váter suavemente una de las presas de la celda contigua colocaba la oreja mientras la otra vigilaba la puerta y así se enteraba de las noticias más importantes. Esos cinco minutos constituían para las presas políticas el punto central del día. Evidentemente las comunicaciones transmitidas por Olga no quedaban encerradas entre las cuatro paredes, sino que trataban por todos los medios de hacerlas extensibles a todas las presas. De igual modo transmitían a Olga los datos que venían del exterior, así, los nuevos detenidos, militantes del partido, les informaban de la lucha y marcha del Partido Comunista, de la resistencia y oposición de los compañeros y de los esfuerzos para crear un frente popular antifascista. La oposición de fuera reforzaba y daba ánimos a seguir la lucha en la cárcel.

Olga estaba feliz, estaba orgullosa de su hija. Anita tenía una carita redonda y rellena y un moñito espeso y negro. A pesar del aire enrarecido de la cárcel tenía buen color, sus ojos eran de un azul más oscuro que el de su madre y sus pestañas largas y negras. Por ser la única niña de la celda estaba un poco mimada por las otras dos madres, aunque no había otra cosa para hacerles gracias a los niños que no fuera una bella sonrisa, una caricia en la cabeza o un paseo de pared a pared. Cualquier manifestación de su hija le hacía gracia a Olga: la mirada clara de sus ojos, el juego de sus manos y pies y aquel gran momento que supuso su primera sonrisa. Cualquier gesto se multiplicaba por mil en aquel medio hostil, en aquellos eternos, infinitos días aburridos, en aquellas semanas largas y tediosas de cárcel. Aquella sonrisa resultó desconcertante. Olga miraba a su hija con aquel gesto suave y generoso que solo poseen las madres jóvenes, le dirigía palabras cariñosas, requiebros y piropos.

Olga abrazó a las amigas. «¿No habéis visto? Esperad, seguro que sonríe otra vez. No, ¡qué bello, qué maravilloso!».

En lo más hondo de su corazón Olga había sentido miedo –un miedo que le parecía tonto pero que estaba ahí– de que la niña, abrumada y afectada por las duras condiciones del pasado, no aprendiera a sonreír.

Cuando finalizó el día y las sombras de la noche fueron eliminando los perfiles de los objetos de la celda, Olga cantó para los tres niños canciones de cuna del país del padre de Anita y para las compañeras canciones libertarias de Brasil.

—¿Por qué estás tan contenta, Olga? –le preguntó Margot. Y es que en la cárcel toda muestra de alegría era algo delicioso.

—He pensado que tal vez ahora mismo estén cantando en las cárceles brasileñas canciones alemanas valientes en favor de la lucha, yo se las enseñé. A pesar de Hitler y Vargas sabemos cantar y cantamos.

—Cuéntanos más cosas de Brasil, es tan bonito.

Olga las entretuvo con historias, fue desapareciendo el dolor propio y el corazón de aquellas mujeres se hizo más grande y más universal.

—Precisamente en el aniversario del alzamiento en Brasil, el 27 de noviembre, nació mi Anita. Lo he hecho muy bien –dijo Olga.

—Pero según tú el levantamiento no tuvo éxito –terció Gerti titubeante.

—Cada levantamiento revolucionario supone un paso adelante para el pueblo –contestó Olga.

* * *

—¿Por qué has puesto a tu hija los nombres de Anita Leocadia? –le preguntó Margot un día que trataban de encontrar un nombre para el hijo de Gertrud.

—Leocadia, por la madre de Carlos, él se alegrará. ¿Comprendéis que la quiera, aun sin haberla visto, solo por lo que él me ha contado? Siento no haberla conocido, podría contarme mucho sobre la infancia de Prestes y seguro que en ciertos aspectos son parecidos. Carlos es la ilusión de su vida, no me atrevo a pensar, sabiendo que está enferma, cómo le estará afectando el encarcelamiento de Prestes.

—¿Y Anita?

—Esa es otra historia: en Italia vivió un valiente luchador, un socialista, un líder del pueblo, inteligente y entregado, se llamó Garibaldi. Tras un fracasado levantamiento tuvo que abandonar el país y huyó a Brasil. Cuando bajó del barco y piso tierra, allí, entre la multitud, le aguardaba una mujer. Se miraron y él se acercó a ella, estando ya muy cerca el uno del otro la mujer alzó la cabeza y él la beso y agarró su mano. En adelante jamás se separaron. Se llamaba Anita. Garibaldi siguió en Brasil la guerra de liberación iniciada en suelo italiano, Anita siempre estuvo a su lado. El pueblo los quiso y honró a ambos.

Una de las primeras noticias que Olga tuvo del exterior fue la de que su padre había muerto. Se interesó por él y todo apuntaba a que había perecido en un campo de concentración. Se quedó pasmada. Ella misma había experimentado lo que significa el amor a su propio hijo; se reprochaba por haber tenido poca relación con él, se acordaba de muchas cosas bonitas vividas en su infancia y sintió nostalgia y tristeza por su desaparecido apego y cariño. Ahogó dentro de sí el dolor y dijo a Gertrud:

—Pobre padre, los nazis no hacen distinción entre comunistas y socialdemócratas, los nazis no habrían llegado al poder si socialdemócratas y comunistas hubieran sabido unirse. Mi padre nunca quiso entender esto. –Tras una pausa añadió–: Era el último pariente que podía hacerse cargo de Anita.

Olga solicitó de nuevo el reconocimiento de la familia de Prestes como parientes.

Por aquellos días –la niña tenía ya varios meses– Olga ya no producía tanta leche como antes y a la comida no le echaban azúcar, la dirección comunicó a los presos que el azúcar no tenía valor nutritivo y únicamente servía para mejorar el sabor inútilmente. Olga estaba obsesionada con que debía comer todo para prolongar así el período de lactancia. Cuando comían pescado debían taparse la nariz porque olía, a veces tenían miedo de envenenar a sus hijos.

—Comed –advertía Olga–, se puede comer, solo huele un poco. ¡Venga, Gertrud!

Gertrud se negaba y apartaba la cabeza.

—Está casi crudo.

—En Japón lo comen crudo, incluso es el plato nacional, Gerti.

Durante un interrogatorio por la Gestapo Olga recibió la respuesta a su solicitud: «Los brasileños son personas de segunda clase, no se les considera consanguíneos. Si usted no tiene aquí ningún pariente, su hija Anita irá a un orfanato».

Olga paseaba en la celda de lado a lado apretando los puños y rechinando los dientes.

—De ningún modo, la hija de Carlos y mía no ingresa en un orfanato fascista.

Margot y Gertrud estaban dispuestas a hacer todo lo humanamente posible por ayudar a Olga y a Anita. En la siguiente noche de insomnio Margot tomó la decisión que venía ya madurando desde el nacimiento de la niña.

Estaba claro que si su plan fallaba debía contar con un castigo de años en la cárcel. ¿Se le podía exigir que asumiera ese riesgo?

Cuando existen personas como Olga una no puede quedarse de brazos cruzados.

El plan de Margot comenzó dando un giro religioso a su vida, visitaba siempre que podía la misa de la cárcel y al tiempo manifestó públicamente el deseo de bautizar a su hijo.

Cuando Margot con su hijo en brazos, acompañada de una funcionaria, entró en la sencilla iglesia, estaba ya presente su marido que había sido autorizado para la ceremonia. El sacerdote invitó a los padres del niño a colocarse ante la pila bautismal. Desde la detención era la primera vez que ambos estaban tan juntos. El niño, acurrucado en brazos de su madre, miraba atónito, sorprendido, con grandes ojos, al párroco que le salpicaba con agua bendita. «Quien cree y es bautizado será salvo, quien no cree se condenará». Y mientras el párroco iba hablando de la ayuda que la fe en Dios supone para el hombre pecador, Margot demostró la solidaridad de una comunista.

Miró fijamente a su marido a los ojos y comenzó a balancearse, pareció como cansada de tener tanto tiempo a su hijo en brazos y lo colocó en brazos de su esposo. En ese mismo momento en el que recibía al niño sintió que entre el suave pañal y la palma de su mano se deslizaba un trozo de papel. Una sonrisa apenas perceptible se dibujó en la faz del marido, era la respuesta a su esposa.

Ya en la calle, una vez que se alejó de la cárcel, desdobló aquel precioso tesoro. Contenía un ruego para la abuela de la pequeña Anita, doña Leocadia Prestes, debía advertirla del peligro que acechaba a la niña. Debían remover Roma con Santiago y venir en busca de su nieta.

Cada presa política de la calle Barnim conocía el destino que se cernía sobre la cabeza de Olga y, a veces, se encontraban con la pareja en el pasillo. Pero, precisamente, la presa que más deseaba saludar a Olga y ver a Anita, Sabo, lo tenía vedado. Enterada del nacimiento solicitaba un día sí y otro también permiso para visitar a Olga. Tenía contacto con Minna, la hermana de Arthur, que había ido de París a Londres para seguir insistiendo y conseguir la liberación de Arthur y Sabo.

A principios de 1937 escribía Sabo a Inglaterra:

> Querida y amada Minna, te comunico otra noticia. En noviembre tuvo Olga Benario Prestes una hija, creo que no recibe cartas de nadie y las cartas en la cárcel suponen un soplo de vida, me gustaría que le escribieras unas líneas. [...]
>
> Me alegro de que escribas a Arthur. Cuando pienso en él no te exagero si te digo que lo tengo por un héroe y un santo, pues solo yo sé lo que ha tenido que pasar. [...]
>
> La afirmación por parte de las autoridades de que está bien de salud no merece crédito alguno. Siempre decían lo

> mismo, aunque yo sabía que estaba gravemente enfermo... Lo único que me tranquilizaría sería saber algo por él mismo, de su puño y letra. Lo vi por última vez el 7 de abril de 1936. Me llamó la atención lo pálido y delgado que estaba, pero es que además no es que estuviera pálido, sino que era una especie de blancura transparente, vidriosa. Además, me dijo que su sistema nervioso estaba hecho polvo, que a veces tenía alucinaciones...[4]

Desde entonces Minna Ewert escribió a tres presos: a su hermano, a su cuñada y a Olga. De Arthur y Olga nunca recibió contestación.

Lo mismo que Minna Ewert escribía desde Londres, doña Leocadia escribía a Carlos y a Olga desde París. A su hijo lo hacía a diario. Cada sábado por la tarde Lygia, la hermana de Carlos, llevaba a correos un sobre con siete papeles. Le escribió más de trescientas cartas sin que Carlos recibiera ni una de ellas.

No solo escribió cartas: se movió por diversas ciudades contando a la gente la situación de sus hijos y sus palabras encontraron eco y respuesta en todas partes. El parlamento londinense fue el primero que protestó oficialmente por la condena de Carlos Prestes y exigió su puesta en libertad. Heinrich Mann, Máximo Gorki y Romain Rolland también protestaron. Se cursaron preguntas a las autoridades alemanas interesándose por la situación de Olga a través de la Federación de pueblos, Cruz Roja y varios organismos internacionales. La Gestapo no contestó. Por fin un abogado francés obtuvo el permiso de entrada, viajó a Berlín y entregó las peticiones de libertad sobre Olga. La Gestapo contestó que no podían liberarla porque era muy peligrosa. Intentó saber si, al menos, iba a ser juzgada sin obtener respuesta alguna. Fueron vanos sus esfuerzos por ver a Olga. ¡Qué bien le habría venido

4. Todos estos extractos de carta son auténticos.

saber que se preocupaban de ella, que se trabajaba por su liberación! Ella lo desconocía totalmente, nunca recibió noticia alguna.

Olga seguía escribiendo a Prestes breves textos comunicándole el nacimiento de su hija y aunque no obtenía respuesta estaba segura de que algún día recibiría alguna carta, sobre todo desde que se le facilitó la dirección de doña Leocadia.

La misma esperanza alentaba a la madre de Prestes, en cuanto llegaba el cartero indicaba a su hija Lygia que bajara a preguntar a la portera.

Por fin en febrero de 1937 recibió una carta con el signo de la cruz gamada y el visado de la censura de la Gestapo. Al abrirla rompió el sobre porque le temblaban las manos, llamó a Lygia.

Olga le hablaba del nacimiento de su hija, de cómo se llamaba, de su peso, de cómo era...

Lygia y la abuela lloraron, releyeron una y otra vez la carta y dedujeron que la nietecilla tenía ya tres meses. Discutieron entre las dos largamente qué ponerle, porque Olga podría recibir su respuesta. Era el primer éxito de su eterna constancia.

La respuesta debía contener su amor hacia aquella mujer que había luchado con Carlos, le había hecho feliz y había parido a su hijo. Cuando terminó la carta aún le añadió una posdata: había bordado, hecho a ganchillo y cosido todo un ajuar para la nietecilla.

Esta carta la recibió Olga y la guardó entre sus manos como un inmenso tesoro. Se llenó de esperanza y recobró nuevo impulso para seguir luchando por liberar a Anita de su negro futuro y entregarla a su abuela. Le escribió detallándole profusamente los rasgos de su hija y le agradeció de antemano y de todo corazón por las prendas para la nietecilla.

> ¿Sabes, querida madre?, voy a guardar cada cosa con la mayor estima, tal y como he aprendido de Carlos, que guardaba con el mayor cariño del mundo todo lo tuyo. Estoy preocupada de que Carlos no reciba ni tus cartas... También aquí, en Berlín, es ahora primavera y en esta época me resulta más difícil vivir detrás de puertas y ventanas enrejadas. Pero no me desanimo, ya vendrán tiempos mejores. Debo decírtelo de nuevo, no sabes lo que me alegro de verte tan animada a pesar de todos los contratiempos del momento, confío en que sea pronto el día en que nos juntemos toda la familia...

Le contaba sobre aquello que, a pesar de todos los sinsabores de la vida, la hacía feliz: su hija. Deseaba con toda el alma que Prestes recibiera siquiera un rayo de esa dicha.

> Berlín, abril de 1937. [...] Sobre todo, quiero hablarte de nuestra pequeña. Ahora Anita tiene más de cuatro meses, la niña es una mezcla de los dos, sus ojos son grandes y azules, pero no tan claros como los míos sino algo más violetas. Tiene una tez muy suave y muy blanca y unas mejillas bellas y sonrosadas. ¡Qué a gusto las verías!

Prestes seguía viviendo solo en una celda sin luz del calabozo de la policía especial, sin contacto con el exterior. Querían doblegarlo, romperlo.

Es probable que la gran solidaridad internacional evitara su muerte, quizás esa solidaridad hizo que tras más de un año recibiera, por primera vez, en propias manos una carta de su madre y noticias de Olga.

¡Su mujer vivía! ¡Había tenido un hijo! Tenía cuatro meses, se parecía a Olga y a él. Prestes sonreía y su sonrisa adquiría un tinte extraño en aquel rostro macilento y adelgazado.

Fue también quizás fruto de la lucha por Prestes en distintos países que tras 14 meses de cárcel por fin se iniciara su proceso conjuntamente con el de Arthur Ewert. Solo bastante más tarde tuvo noticia el mundo de cómo fue llevado a cabo este juicio. No se posibilitó que Prestes y el otro compañero pudieran preparar su defensa, jamás recibieron ni papel ni tinta. Prestes se negó a participar bajo estas condiciones.

* * *

El primero de mayo Olga pensó en Carlos aún mucho más que de costumbre. Siempre había celebrado el 1 de Mayo, incluso en tiempos de clandestinidad. El 1 de Mayo era un día especial en Brasil para Carlos y para ella. Ahora las compañeras lo celebraban en la celda de las madres. Olga les hablaba –como en todas las fiestas de la clase trabajadora– de la Unión Soviética. Las otras la escuchaban y la envidiaban por los años allí vividos; les resultaba algo más fácil soportar el encierro pensando que existe la Unión Soviética y que el régimen de Hitler no podía durar mucho.

Anita mientras tanto tenía ya cinco meses, apenas transcurría un día sin que Olga pensara en Carlos. En los primeros días de mayo Anita comenzó a agarrar las manos de su madre y trataba de levantarse de su asiento. ¡Qué bello suceso en una cárcel!

Como a Olga no le entregaron el periódico durante varios días, el 9 de mayo le dieron los tres últimos números del *Völkischer Beobachter* de una vez y con todos ellos se fue al cuarto de la ropa sucia.

Estaba de pie en medio de los hatillos, concentrada en su lectura.

En la guerra civil española escuadrillas de aviones nazis alemanes habían reducido a hierros y cenizas Gernika, una de las ciudades más antiguas y, desde el punto de vista histórico, más famosas del Estado español. Habían muerto cientos de mujeres y niños.

Evidentemente no aparecía así en el *Vólkischer Beobachter*. Allí se decía que los bolcheviques habían disparado contra la gente y habían incendiado la ciudad. El periódico nazi se quejaba de las «mentiras de los periódicos extranjeros» que atribuían estas brutales acciones al régimen de Hitler. Incluso Edén, ministro de Asuntos Exteriores de Inglaterra, influenciado por semejantes cuentos, afirmaba que Gernika había sido bombardeada desde el aire. Esa mentira y tergiversación había sido ya contestada, los oficiales alemanes, siguiendo los consejos de la Comisión Internacional de no intervención, solo actuaban «para humanizar la guerra o el conflicto civil español».

Olga levantó la cabeza: «Condenados hipócritas, habláis y usáis palabras como "paz", "defensa", "humanismo", y vuestras acciones son asesinato, racismo, exterminio y pillaje».

Seguía: el ministro de Asuntos Exteriores nazi había viajado a la Italia fascista. ¿Qué hacía en Roma? Trataba de conseguir las condiciones para un trabajo político comunitario en contra del bolchevismo y la anarquía que amenazan Europa.

Olga comentaba: «En Italia se discute quién va a enviar la próxima flota de aviones y soldados para apoyar al fascista español, el general Franco».

Siguió leyendo sobre el acuerdo alemán-japonés: «Para rebatir malentendidos en círculos extranjeros... objetivo exclusivo es la defensa común contra la actividad destructiva de los Komintern o Comités Intemacionalistas».

El cerebro de Olga anotó: «Pacto anticomunista. Los acuerdos italianos para favorecer y potenciar las expediciones militares en España se encuadran dentro de la preparación de la gran guerra planeada contra la Unión Soviética. Los acuerdos de Japón van en la misma línea».

Olga abrió el periódico del domingo: «Día de la madre, día de fiesta en homenaje a nuestras madres. Queremos agradecer al destino que hayamos sido paridos y educados por madres alemanas».

¡Qué chulería, qué chauvinismo!

Pero, fijaos, las madres también tienen deberes y obligaciones: «Sin ideal biológico y sin conexión de raza no existe la seguridad de una posible existencia del pueblo alemán y de un aprecio alemán. Condición para la vida de nuestro pueblo es que nuestra corriente sanguínea se mantenga y, a poder ser, se fortalezca».

¡Qué manera más miserable de hablar! «Tenemos la obligación y el deber de hacer crecer y fortalecer esa corriente sanguínea debilitada por la atrofia y el estancamiento de nacimientos. Queridas madres...».

«Queridas madres, parid hijos para la próxima guerra», dijo Olga gritando.

Pasó las hojas: anuncios, parte literaria, una foto... y volvió a mirar la foto: «Banco en primavera». Un sauce doblaba sus tinas y delgadas ramas sobre las aguas centelleantes al sol y narcisos florecían a la vera de la campa, un banco solitario se reflejaba en la orilla entre luces y sombras. Una entre las mil imágenes usuales de expresar la primavera. Olga cerró los ojos subyugada. Todo estaba ahí, tan cerca: las flores, el sol, el agua, el sauce, la campa, la libertad.

¡Diablos! Durante unos segundos en lugar de leer había soñado. Le faltaba aún por leer la parte más importante del periódico del domingo: la política exterior. Seguro que trae aquí..., o aquí..., o aquí algo sobre España...

—¿Has acabado ya? –La funcionaria vio que el periódico yacía en el suelo al abrir el cuartucho. Estaba acostumbrada a discutir con la presa por poder seguir leyendo todavía unos segundos más y echar un vistazo así a las últimas líneas del periódico en el mismo dintel de la puerta. Hoy en cambio...

—¿Había muchas noticias? –preguntó Gerti–. Cuéntanos después de darle pecho.

Una vez que Anita estuvo ya atendida y dormía en la cama, Olga empezó a narrarles los acontecimientos políticos:

—Siempre que hablo del peligro de guerra tengo razón...

—¿Y qué será de nosotros si comienza la guerra? –El hijo de Gerti empezó a llorar. Gerti lo tomó en brazos.

—Debes preguntar qué va a ser de los nazis. La guerra significa su destrucción; lo mejor sería acabar sin que ello costara millones de sacrificios.

—¿Por qué estás hoy más preocupada que de ordinario? Algo ocurre. –Margot observaba el pálido rostro de Olga.

—En el periódico se decía que Carlos Prestes ha sido condenado a 16 años de cárcel y Arthur Ewert a 13.

Las tres miraron a Anita que dormía.

—No –dijo Olga–, verá a su hijita mucho antes, pero no mientras exista la dictadura en Brasil. –Las otras dos compañeras callaron. ¿Qué podían decir? ¿Ir hasta Olga y abrazarla? Por experiencia sabían que esta forma de actuar hacía más difícil mantener la propia serenidad.

—Pobre Sabo –dijo Olga–, yo por lo menos tengo a mi hija. También para la madre de Carlos tiene que ser un duro golpe esta noticia. Tengo que escribirle ahora mismo.

La carta a Leocadia estaba llena de cariño, amor, orgullo y entereza.

También Sabo podía leer el periódico como presa preventiva. Tras superar el amargo momento escribió a Minna Ewert.

> Mayo de 1937. [...] El 9 de mayo abro el periódico y me encuentro de sopetón con una breve noticia: la condena de Arthur y Carlos. Por un momento quedé fulminada. ¡Trece y dieciséis años! Increíble. Este castigo no se debe a que se les considere culpables sino porque se han destacado como gente honesta y valerosa. Y aunque en mi cabeza martillea continuamente trece, trece, trece... sé que las cosas no van a suceder como pretenden algunos poderosos. Según datos oficiales Arthur ha perdido 30 kilogramos de peso, pesa por tanto menos que yo, lo que significa teniendo en cuenta su estatura y su complexión que está terriblemente débil... Desde hace tiempo no sé nada de la mujer de Prestes. ¿Sabes?, lo peor es que su pequeña no disfruta ni un día del sol y del aire que debería tener. Estoy segura de que Olga soporta mal este alejamiento de la naturaleza.

Al tiempo que Sabo escribía esto Olga fue sacada de la celda de las madres y trasladada, sin aclaración alguna, a la celda individual.

Hasta ahora Anita había disfrutado solo de media hora de aire fresco al día; durante el paseo Olga la podía llevar en brazos. Ahora llegaba la autorización de que la niña podía estar sin su madre durante tres horas en el patio. A veces Anita empezaba a llorar fuerte mientras Olga tenía que estar sentada tras las puertas enrejadas. Sucedió un día de mayo, de extraordinario calor, que la niña estuvo gritando durante tanto tiempo y de forma tan angustiosa que las mujeres de las otras celdas se taparon los oídos. Olga sufría y sudaba hasta que por fin pasó el tiempo. Giró la llave en la cerradura, a Olga le golpeaba el corazón pero se contuvo para no ir corriendo hacia la vigilante por el corredor, escaleras abajo.

Tomó en sus brazos a su tierno, delicado, bello, oloroso y amado bebe tragando saliva para no llorar.

Solo lloró ya en la celda con Anita. ¡Era tan fácil! Estas lágrimas no tenían que ver solo con Anita sino también con el destino de Carlos. Si no pensaba en Anita estaba pensando en Carlos y ambos le producían tristeza. Pero si alguien le había enseñado a ser valiente este era Carlos.

—Ahora no hay que llorar en cuatro semanas. Anita, vigila para que lo cumpla. –Se inclinó sobre la niña y vio que dormía.

Dos horas más tarde ya había roto el compromiso adquirido consigo misma y estaba llorando. Pero eran lágrimas de felicidad y gozo: acababa de recibir la primera carta de Prestes, y solo en un par de frases obtuvo todo lo que necesitaba: su valor, su inquebrantabilidad, su amor hacia ella, la alegría por su hija, su esperanza en el futuro.

Sus manos todavía temblaban cuando se puso a contestar a Carlos:

> Berlín, mayo de 1937. [...] No tengo palabras para decirte la alegría que me han producido tus líneas del 16 de marzo. Se ha hecho luz en mí y he estrechado, aún con más calor si cabe, a la pequeña Anita contra mi corazón. A pesar de esos inmensos meses sin saber nada apenas hay un día que pase sin pensar en ti. Todo lo mucho que nos une me da fuerza para superar el momento actual. [...]
>
> Querido, quiero hablarte de la niña. [...]
>
> ¿Sabes?, mi propia vida gira en torno a la de esta pequeña. Mi estado de ánimo depende del suyo y una se olvida de pensar en sí misma. ¡Qué cosa más dulce es un pequeño! Cada día descubres algo nuevo y cada día crece el amor por ella. Es tan hermoso que el bebé me beba y chupe lo mejor que tengo, lo más bello que poseo, aquello que le puedo dar...
>
> La mayor parte del tiempo lo pasa en su cuna, con las piernas al aire y agarrándose los piececitos con la mano. Si te acercas a ella tendrías que ver cómo sonríe. Lo más gracioso son sus ojos azules: claros y brillantes. Es sorprendente la mímica que tiene ya una criatura tan pequeña: alegría, aburrimiento, hambre, cansancio..., todas estas y otras muchas cosas puedes leer en su rostro.

Ahora tengo mucho para contarte, por ejemplo, cómo hacemos gimnasia y qué canciones cantamos, pero esto te lo diré en otra carta... En el patio hay un árbol y en él anida toda una familia de pájaros, son estorninos. Primero han incubado y ahora han salido los polluelos. Se les ve venir con gusanos y cosas parecidas para alimentar a sus crías. Los miro y pienso en nosotros. Solo las personas taimadas son capaces de romper una familia como han hecho con nosotros. ¡Todo un inmenso océano nos separa y, a pesar de todo, estamos tan cerca el uno del otro!

Olga se daba cuenta de que sus mamas iban teniendo menos alimento y mientras todas las demás noticias que escribía a la abuela sonaban valientes y consoladoras, también le decía que estaba preocupada por Anita, que lloraba mucho, que no aumentaba de peso, que padecía hambre y que la leche se le estaba retirando.

La abuela buscó ayuda en París y Minna Ewert hizo lo mismo en Londres. Reunieron dinero y enviaron paquetes con leche en polvo y alimentos a la cárcel. ¡Fantástica bendición en medio de una celda gris y lúgubre!

«Hoy me han entregado tu segundo paquete de alimentos», escribía Olga en junio a Leocadia.

Dices que no debo agradecerte por todo, pero ¿cómo si no puedo hacerte comprender la inmensa alegría que me proporcionas con tus cariñosas atenciones? [...] Todo lo que acabas de enviarme sabe a gloria y es de gran utilidad para mí. Si me envías de nuevo un paquete, pienso que las conservas son demasiado caras y que sería más práctico si en su lugar me mandaras mantequilla, queso... todo aquello que pueda cubrir el pan y hacerlo más húmedo porque, en general, aquí solo recibimos pan seco...

Ahora escribió a Prestes por primera vez contándole sus preocupaciones.

Desde hace tiempo está en el aire la pregunta de cuánto tiempo va a estar aún la niña conmigo. Me resulta difícil imaginarme lo duro que va a ser separarme de ella...

Siempre vencía su ilusión y valentía. En cada carta había siempre algo agradable y positivo:

> He aprendido un montón de todo lo que he sufrido tras largos meses de soledad en la cárcel. Es verdad, se aprende a distinguir el grano de la paja y los sentimientos mejores y más bellos se consolidan y maduran...

Cuando, por fin, tras tres meses de espera, recibió la segunda carta de Prestes, le respondió:

> A veces, cuando doy besos y hago caricias a nuestra enana, se queda callada y solo una sonrisa feliz se difunde por todo su rostro. Algo parecido me ocurre con tu segunda y querida carta... Me sorprendo pronunciando suavemente tu nombre...

Olga se interesó y afanó seriamente por la educación de su hija, cuya testarudez le preocupaba. Se lo contó a Prestes y era feliz cuando desde la lejanía Carlos respondía a sus dudas y le mostraba su parecer. Agradecida le contestó:

> Lo que dices en la carta sobre la educación de la pequeña me ha gustado. Tienes razón cuando afirmas que quien quiera educar a otros debe ser exigente consigo mismo. Y en lo que respecta a decir «no», ahora tengo yo más coraje, antes con cierta frecuencia cedía por conmiseración, porque Anita carecía de muchas cosas que otros niños poseen... Pero, querido, estoy segura de que si estuvieras con la pequeña sería aún más manhosa[5], pues tienes la maravillosa habilidad de mimar a los demás.

Prestes sabía que el amor y cariño de Olga por su hija de ningún modo suponía desplazar los intereses políticos. Su expresado deseo de querer conocer más sobre la lucha política que se estaba desarrollando en Brasil indicaba su posición:

---

5. Manhosa: En Brasil, mimada, mal criada.

Los trabajos públicos llevados a cabo por el Instituto Iberoamericano ni qué decir tiene que me interesan sobremanera. Tal vez pueda mamá pedir para mí, pero sin duda alguna lo que más me interesa son los acontecimientos políticos en Brasil. Aquí leo un periódico –tú te morirías de risa– y lo primero que hago es revisar todas las páginas tratando de encontrar alguna noticia de Brasil. Por desgracia, pasan a menudo semanas enteras sin obtener la más mínima información. Intenta enviarme, si puedes, recortes de tus periódicos con noticias interesantes...

Al mismo tiempo pidió a doña Leocadia que le enviase un libro de texto de matemáticas y otro de lengua portuguesa.

También Sabo tuvo noticia del peligro que se cernía sobre la hija de Olga y se preocupó todavía más por su amiga. Erre que erre fue solicitando cada mes el permiso para visitar a Olga. No cejaba en su empeño, confiaba en su insistencia y, por fin, de repente obtuvo el permiso en agosto: el encuentro fue un momento inolvidable para ambas. Sabo se lo comunicó a Minna:

Te puedo comunicar una gran alegría: he podido visitar a Olga Prestes, la autorización me llegó de repente, pero el encuentro fue fantástico. [...] Olga esta guapísima, sobre todo si la comparo con los últimos meses de su embarazo, que estaba muy estropeada. Su rostro sigue delgado, pero ella ha engordado algo a pesar de que sigue alimentando a su hija. Su aspecto exterior: su cabello liso y sus ojos azules claros me recuerdan mucho al retrato de la Gioconda. ¡Y su bebé! Querida, jamás he visto algo tan lindo: rechoncho, con unos ojos azul-violeta y un rizo tercamente tieso en la cabeza. ¡Qué inmensa fortuna! Una cosa: todavía no puede ponerse en pie, parece ser que la formación ósea está un tanto retrasada. La composición de la leche no debe ser todo lo rica que sería deseable, ya sabes, la comida en la cárcel es mala, carece de vitaminas. A Olga le gustaría que estuviéramos juntas y, sin duda alguna, a las dos nos iría mejor; a lo mejor lo conseguimos. Dice que su celda es lo suficientemente grande para las dos. A Prestes le han autorizado trasladarse a una celda comunitaria, ¡menudo recibimiento que le habrán preparado! Ni te imaginas el ambiente que reinaba entre los presos políticos cuando se enteraron de su detención; se extendió como un reguero de pólvora. De modo espontáneo se entonaron cantos en las celdas cuyas letras las componían los mismos presos siguiendo melodías conocidas. Era emocionante y maravilloso, ningún guardián dijo nada, estaban seguros de que esta noticia provocaría reacciones parecidas en todas las cárceles... ¿Qué significa que Arthur esté psíquicamente bien? Arthur cuando fue detenido era un hombre rebosante de salud, un hombre sano en todos los sentidos. ¿Se quiere ocultar o tapar que lo han arruinado? Todo esto me resulta angustioso...

Tan grande fue la alegría de Olga al ver de nuevo a Sabo, poder mostrarle su hija, como inmensa la tristeza al ver su estado. La antigua comunista seguía firme políticamente y Olga sabía que continuaría inquebrantable, indómita, pero se mostraba resignada, abatida, sin esperanza ante su propio destino. Sabo rondaba los cincuenta, tras las terribles mutilaciones y torturas sufridas por Arthur y ella misma en Brasil había perdido energía y convicción para seguir creyendo en un futuro propio. En ella se alternaban horas de apatía con otras de interés y garra por todo lo que echaba en falta en la cárcel; pero lo que más impresionó a Olga y le hizo daño fue que solo se esbozara y apareciera una chispita de aquel antiguo humor que poseía, o que solo se apuntara un soplo de sonrisa en aquel rostro sin brillo y arrugado.

Olga valoró atinadamente las reservas energéticas de Sabo. No creía que fuera a sobrevivir al fascismo, pero seguía dependiendo de todo lo bueno y bello que existía en el mundo. ¡Con qué garra y brío esta hija de trabajadores, desafiando todas las barreras que le oponía la sociedad capitalista, había estudiado durante toda su vida!

La fiel Lene, a la que ya no le dejaban enviarle cartas tan a menudo como antes, le envió una vez prospectos de libros y Sabo le contestó:

> He recibido la lista de libros de la editorial Propylaen. Me produce gran alegría imaginarme todo lo que se puede leer. De la misma manera que estando en libertad una pasea por las calles y echa un vistazo a los escaparates yo leo ahora las descripciones de los libros que vienen en los catálogos de la editorial y revivo en la fantasía el encuentro con Goethe, una hora con Holderlin, ojeo un poco en la antigua y siempre joven Odisea o paso un rato con griegos de otros siglos queriendo tenerlos a todos. [...]
>
> A ti, querida Leni, gracias de todo corazón por tu envío. Encuentro un hálito de libertad ocupándome de estas cosas y una solo se da cuenta del bien que le hace cuando lo padece.

Tras la visita de Sabo, Olga se interesó por obtener permiso para poder escribirle con más asiduidad y trataba de comunicarle en cada carta cosas bellas y gratificantes. Por fin, en septiembre Anita se sostenía sola en el camastro tras diez meses y comenzaba a corretear por la celda, Olga comunicó esta buena noticia a Sabo y, evidentemente, también a la abuela y a Prestes.

Cuando en estos devaneos Anita se caía en el áspero suelo y se hacía daño en las manos Olga la acogía en su regazo y la consolaba: «Un día corretearás por el césped perfumado y cogerás flores con tus manos. Me traerás una margarita, que tiene una corona blanca de pétalos y en medio miles de puntitos amarillos. Nunca has visto algo tan bello como una gran campa con flores. Los dientes de león son completamente amarillos y los nomeolvides, azules claros. Cuando te canses de correr tu padre te llevará sobre sus hombros y en las manifestaciones por las calles de la ciudad caminarás entre tu padre y yo, rodeada por un mar de banderas rojas y compañeros.

Cantaremos los tres juntos y miles de personas más. Escucha atentamente, Anita». Olga cantaba y Anita escuchaba como si entendiera todo hasta terminar durmiéndose, ¡así de feliz, así de segura, se sentía en los brazos de su madre! Olga suspiraba: pronto llegará esa hora.

Aún seguía alimentando a la pequeña y sumamente aliviada escribía a Prestes en septiembre:

> Por suerte Anita sigue conmigo. El médico de la prisión hace poco ha rechazado otra vez la separación porque sigo siendo capaz de dar pecho a la niña. Nunca había pensado en la capacidad de ser una especie de «vaca lechera», posiblemente se deba a esta circunstancia el que Anita nunca haya cogido un catarro. ¡Cuánto me alegro de que sigas con detalle el peso de nuestra hija!

Olga le contaba cómo transcurría la tarde con Anita:

> Hacia las 17:30 recibe la cena y luego le doy de mamar. Charlamos un rato y a las siete la pongo en la cama para que duerma; como a esa hora está ya oscuro y no hay luz, no me queda más remedio que imaginarme alguna cosa bonita y dormir. A las diez le doy otra vez de mamar, en medio de la oscuridad, y luego dormimos las dos hasta la mañana siguiente. [...]
>
> Tú quisieras que mamá me cuidara, yo quisiera, al revés, preocuparme de ella porque se merece realmente un poco de descanso y atención. [...] Me preguntas si he pensado cómo sería la vida entre los tres... Ese es el principal tema en el que pienso cuando me imagino alguna cosa bonita para dormirme...

* * *

Prestes había escrito a Olga diciéndole que todavía seguía en la celda individual, ella sabía qué era y qué significaba en Brasil esa fosa con su silencio de muerte. Olga no sabía que este silencio era interrumpido de la manera más bestial, que Prestes oía día y noche gritos, ruidos y quejidos en la celda de al lado y en alemán. Oía el golpear de un cuerpo contra la pared, puños que aporraban la puerta, otra vez los gritos un día y otro día. ¡Con qué frecuencia habían golpeado, torturado, castigado con descargas eléctricas, quemado con hierros candentes, colgado de las piernas... aquel cuerpo fornido de Arthur Ewert sin lograr jamás doblegar su voluntad, sin sonsacarle una palabra! Cientos de veces le habían dicho al ver que sus nervios se estaban rompiendo: «Te vamos a volver loco, vas a hablar».

Solo consiguieron su objetivo en parte. Veía arder día y noche en su celda el fuego con el que le quemaban y gritaba, sentía aún en silencio la soga con la que le torturaban. No se atrevía a tocar ni las paredes, ni la mesa, ni tampoco la cama porque creía que todo estaba electrificado. Gritaba y gritaba, pero si le preguntaban por el levantamiento y su preparación, si querían saber en qué dirección se había alojado Prestes y le daban nombres de un sitio y otro, Arthur negaba con la cabeza y guardaba silencio. La fuerza y convicción del comunista eran superiores y más fuertes que su trastornado espíritu.

Lo dejaron por inútil, por inservible, pero aun así a la policía se le ocurrió una idea macabra: ponerle en la celda que daba a la de Prestes, así tal vez consiguieran ablandar a Prestes.

Cuando Prestes se presentó el 8 de septiembre de 1937 a la segunda convocatoria ante el Tribunal Superior Militar, en la gran sala reinaba un perplejo silencio. Pálido, esquelético, sucio, andrajoso, el rostro completamente cubierto de sangre –de camino al tribunal lo habían maltratado–, así llegó Prestes ante sus jueces, tambaleándose pero con una mirada penetrante que salía de sus ojos hundidos. Alguno bajó la vista ante aquel espectáculo bochornoso y denigrante de ver a Prestes en aquel estado entre guardianes uniformados y sebosos, bien alimentados, en medio de un grupo de jueces, testigos y oyentes bien aseados y afeitados. Había una especie de sonrojo al presentarlo en ese estado ante los ciudadanos. Una vez más se engañaban quienes accedían al poder o se mantenían en él por la represión.

Cuando Prestes comenzó a hablar se aturdieron ante el tono de su voz. Al oír sus palabras se dieron cuenta de que poseía una dignidad intocable, una fuerza invencible y plena seguridad y confianza. Allí se alzaba un hombre, inmensamente más grande que ellos, seguro de la verdad y justicia de sus ideas, convencido de la victoria sobre aquellos que hoy eran sus jueces. Hablaba el Caballero de la Esperanza, el héroe del pueblo, el líder de la liberación de Brasil.

Prestes respondió a las acusaciones, reconoció con orgullo ser miembro del Partido Comunista y, por ende, avanzadilla del movimiento de liberación del pueblo. Asumió solo la total responsabilidad del comienzo del alzamiento revolucionario de noviembre de 1935. Ante las preguntas sobre los colaboradores y sus ayudantes, los detalles sobre el levantamiento... Prestes guardó silencio, tal y como venía haciendo desde el mismo día de la detención.

Utilizó el escaso tiempo concedido para defenderse no solo para dirigirse a los jueces sino sobre todo para hablar al pueblo y decirle lo que él consideraba fundamental: «En la situación en que me encuentro deben saber todos que yo sigo combatiendo a todos aquellos que oprimen y explotan al pueblo».

Prestes fue conducido de nuevo a la celda individual, con 16 años de cárcel ante sí y victorioso ante todo aquel tropel de gente.

Olga le escribió:

Ante mí está tu cariñosa carta del 2 de septiembre y la de mamá del 21 de septiembre. Por la última sé de la paliza que te dieron camino del tribunal militar. Lo que pienso y lo que me duele no hace falta que te lo diga. Pero dime si te hicieron heridas internas, si te has curado ya y cómo te encuentras...

Luego Olga le contaba, como lo hacía en todas las cartas, lo mejor que le podía dar de sí: la vida de su hija.

Los cinco pasos de costumbre hacia adelante y hacia atrás en la celda significan para Anita de quince a veinte. Camina a pasitos, agarrada por ambas manos a las mías, hacia adelante y hacia atrás. A veces le canto nuestra canción de tok, tok. ¿Te acuerdas...? Últimamente tenemos luz hasta las ocho, cuando nos dieron la luz por primera vez Anita se espantó, no la conocía y comenzó a llorar en alto. Se acurrucó en mi regazo y allí se durmió. Era enternecedor, pero el hecho me entristeció porque pensé lo duro que le iba a resultar y el shock que iba a sufrir cuando fuera trasladada a otro mundo totalmente diferente, sin tener a su madre al lado. [...]

Carlos, faltan pocos días para que haga un año de mi llegada a Hamburgo y mi traslado a esta prisión de mujeres de Berlín. A pesar de no estar condenada por tribunal alguno sigo siempre aquí, en prisión preventiva. Ahora me voy haciendo a la idea de que voy a estar encerrada todavía bastante tiempo, pero ojo, no creas que por eso entierro todas mis esperanzas. Ya vendrán días mejores, mira lo que sucede en China.

—Anita, hoy tenemos que celebrarlo, es 7 de noviembre. ¿Pero cómo lo hacemos? Si te pudiera llevar al Frente Rojo.

—Da, da –decía Anita. Olga sonrió. En aquella celda solitaria Olga hablaba con Anita como si esta fuera capaz de entender.

—Hoy, compañera enana, vamos a ir al Mausoleo de Lenin, en Moscú. Ves, aquí, en este cuarto, vivió él de joven. Un cuarto sencillo: una mesa, una silla, la cama y un mapa con las dos mitades del mundo. Cuando seas mayor, Anita, verás cómo lo que enseñó Lenin se extendió por el mundo entero. Junto a su retrato, en el cuarto, están sus notas escolares, solo cinco, las mejores. Como primero de su clase, con una medalla de oro, abandonó la escuela. ¡Seguro que su madre estaba orgullosa de él! Ahora sé lo feliz y contenta que puede sentirse una ante una alumna aventajada. Lenin comienza sus estudios y ¿qué se puede hacer con este alumno aventajado? Le excluyen de los estudios universitarios porque utiliza la inteligencia para ayudar al pueblo, que vive en la miseria, y lo meten en la cárcel. No pasa mucho tiempo libre y lo encierran de nuevo. ¿Ves? La foto de una celda; esta vez estuvo dos años en una celda, aislado. Ante esto ¿qué significan estos meses nuestros? Nosotras dos estamos encarceladas porque ambas luchamos por lo mismo que él y nuestra celda es parecida a la de Lenin: el catre, la puerta con llave, la ventana de barrotes.

»Aquí están los muebles de su habitación de cuando fue refugiado político y tuvo que vivir en un pueblecito. Ves, pequeña, me he olvidado mientras tanto de muchas cosas, pero no de estos muebles: una basta mesa de madera, cuya pata rota la aseguró un aldeano con una chapa de hierro, una silla con un asiento de madera brillante y algo cuarteado. Una de las razones por las que queremos tanto a Lenin es por su sencillez. Muchas de sus habitaciones, en las que trabajó y vivió incluso después de la revolución, han sido reproducidas y todas carecen de lujo. Los grandes hombres son sencillos y humildes y, Anita, no me entiendas mal, cuando digo esto pienso en tu padre. Él es un gran hombre y sumamente discreto en sus exigencias personales. ¡Vaya, ya me he salido del tema!

»Mira, ahí hay una carta de Lenin al Museo Británico. Entonces vivía clandestinamente en Londres, la carta la firma Jakob Richter. Lenin era tan honrado y decente que fue obligado a apropiarse de su propio saber bajo nombre falso. Si algún enemigo te dice que tu madre ha quebrantado las leyes de Brasil, viviendo allí con un nombre supuesto, piensa: quien quiere ayudar al pueblo debe eludir las leyes de sus opresores.

»He olvidado muchas cosas del museo pero todavía me acuerdo de un billete gris y de papel corriente para una reunión en la que Lenin debía hablar. En ese billete de invitación él escribió alguna de las ideas a desarrollar en la intervención. Me acuerdo de este detalle porque nuestras invitaciones a aquellas tardes de las Juventudes Comunistas eran parecidas a esta de Lenin; de aquellos pequeños inicios surgió lo que más tarde fue la Unión Soviética, de igual modo de nuestros comienzos surgirá algún día una Alemania comunista.

»¡Y los manuscritos de Lenin! Siempre me ha sorprendido las pocas correcciones que hacía. Lenin debía tenerlo ya muy claro en la mente antes de escribir. ¡Cuando pienso en mis notas a la hora de hablar! Tras la visita al museo traté de imitarlo: primero pensármelo todo bien, hasta el final, y luego pasarlo al papel. Imposible, yo pienso al escribir y ahora, ves, ahora no puedo escribir nada, ahora debo retener todo en la memoria, y funciona.

Olga miró el reloj. «Casi se nos pasa la hora, allí deben ser ahora las diez. Comienzan a sonar las campanas del Kremlin y se inicia la manifestación en la Plaza Roja. Se abren las puertas, el comandante en jefe de la Armada Roja cabalga sobre un caballo... ¡Anita, no hay cosa más bonita que andar a caballo! Sientes cómo se mueve el cuerpo del caballo, le tiras de la brida y empiezas a galopar, entonces ves cómo se quedan atrás las nubes del cielo y cómo te azota el viento en el rostro, cabalgas feliz y contenta, quisieras cantar, gritar de alegría al cruzar el bosque de pinos verde-oscuros, al atravesar los campos o saltar el río, ¿pero a dónde íbamos? Ah, sí, el comandante en jefe cabalga despacio saliendo del portalón del Kremlin cuando tañen las diez campanadas. ¡Mira la multitud que se extiende por la gran Plaza Roja! Ahora todos cantan: "Patria, ningún enemigo debe dañarte...". Cuando seas mayor debes vivir estos momentos, Anita».

No mucho más tarde de su «celebración de noviembre» Olga supo que la querían obligar a destetar a su hija.

—¿Y a dónde va la niña? –preguntó Olga.

—Al orfanato –le contestó la vigilante.

—¡No! –gritó Olga.

No estaba segura de si con esto solo se le quería hacer sufrir.

De todos modos, pidió a la abuela que intensificara sus peticiones para hacerse con la niña. Escribió a Prestes:

> Te comunico una triste noticia, debo destetar a la pequeña, esto quiere decir que dentro de poco me van a quitar a Anita. Por las noches, a veces, se me duerme en el regazo, me quedo sentada sosteniendo a la enana...

Y terminaba la carta con su conmovedora valentía:

> Ahora debo acabar. Sabes, verdad, que me esperan semanas duras. La idea de que tú me acompañas en estos momentos me servirá de gran consuelo...

Las siguientes semanas fueron una tortura continua, los nervios de Olga estaban continuamente alterados y a punto de explotar.

Sabía que la abuela estaba haciendo lo imposible para hacerse con su nieta. Oyó que el estado de salud de doña Leocadia no era bueno. A pesar de todo Olga fue capaz de infundirle ánimo, le recordaba:

> Debemos pensar en la sabiduría de las palabras que Carlos me enseñaba: en una situación dada haz todo lo posible, con el resto hay que conformarse sin agobiarse demasiado porque perjudica a uno mismo. Madre, cuídate la salud. No sabes lo orgullosos que estamos los hijos de la fortaleza de la madre... [...] Sobre el futuro de Anita, por desgracia, no puedo añadirte nada nuevo, sigo moviéndome en la incertidumbre y en la duda...

Comenzó diciembre y su hija seguía con ella. Un claro día de otoño Olga estaba junto al catre mirando hacia la ventana abierta, en la pared apareció una pequeña y temblorosa mancha de luz solar traída por desacostumbrados reflejos.

—¡Mira, Anita! –dijo Olga emocionada. Hasta este día jamás había penetrado el sol en la celda. Anita saltó de la cama y corrió, por primera vez, en busca del beso del sol.

—Anita, tesoro mío –Olga la estrechó en sus brazos–, si ya corres. –Olga estaba radiante.

A partir de ese día no había quien tuviera quieta a Anita; gritando, feliz, trataba de caminar, tropezaba, caía, torcía el rostro, hacía una mueca, lloraba y comenzaba de nuevo a correr por la celda.

El 21 de enero, la llave giró en la cerradura a hora desacostumbrada. Entró en la habitación una funcionaria.

—Deme a la hija.

Olga se abalanzó sobre Anita.

—¡No! ¿Por qué?

—Deme a la niña.

—¡No!

—No se ponga así que ya lo sabe desde hace tiempo.

Olga estaba de pie con su hija en brazos, junto a la pared.

Cuando la vigilante intentó arrebatarle a la pequeña, Olga gritó:

—¡No, no y no! ¡Ustedes no se llevan a la niña, antes me matan que llevársela!

Olga golpeaba furiosa a su alrededor; temblorosa y sollozante corrió con su hija por delante de la funcionaria y se colocó en el rincón contiguo a la esquina de la cama. Apretando a aquella pequeña, espantada por el miedo, contra su pecho, Olga se defendía como defiende y protege un animal a su cría. Entraron nuevas funcionarias y golpearon a Olga.

—¡Decidme a dónde lleváis a mi hija, os lo ruego, os lo ruego, solo eso, a dónde la lleváis!

No hubo respuesta. Se cerró la puerta.

* * *

Para Olga comenzó la época más dura de su vida; no se hacía a la idea de que su hija estuviera lejos. A la mañana temprano veía a Anita sobre el borde de la cuna, y ella, en cuanto veía a su madre, tendía los brazos hacia ella con sonrisa embriagadora; entonces Olga la tomaba en sus brazos y la celda dejaba de ser una celda carcelaria. Cuando a Olga la aprisionaban las preocupaciones le bastaba una mirada a su hija que, escupiendo gritos de alborozo, chupeteaba su perro de peluche. Estrechaba a Anita contra su cuerpo y era feliz. Olga habría podido soportar el sacrificio de la separación con igual valentía que otras páginas de su dura existencia, pero el pensamiento de que Anita tuviera que ser educada para el fascismo en un orfanato y que ya no la volvería a ver –en caso de que viviera– le resultaba insoportable.

Olga ya no podía llorar. Aquella mujer, hasta ahora ejemplo de valentía, se pasaba horas enteras sentada en el taburete con los ojos cerrados y sumida en una indiferencia pasiva; el mayor enemigo del preso aislado, porque, aunque parezca que hace bien, que mitiga el dolor y es el mejor camino para soportar la prisión, en realidad te lleva a toda prisa al abismo. Pasan las horas, estás medio adormilada, vas narcotizando los sentimientos, vas apagándote... Para qué lavarte, para qué pensar, para qué obligarte o retener una fecha..., el día se mezcla con la noche, la noche se va apoderando del día. ¿Por qué no había tomado antes la decisión de dejar correr las cosas, de no tomar responsabilidad alguna consigo misma o con los demás?

Es difícil decir si fue un hecho concreto lo que la impulsó a salir de ese estado. Los días de embotamiento e insensibilidad se parecen a lo que les ocurre a los boxeadores en el ring tras un duro golpe. Los nazis se habían confundido y equivocado; Olga poseía mucha más fuerza de lo que el enemigo se imaginaba. Se levantó antes de lo previsto.

«Así no puedo seguir», dijo un día gritando y espantada ante el tono de su voz completamente raro y extraño por no usarla. «Estoy hecha una piltrafa, tengo que hacer gimnasia de nuevo». Y al doblar las rodillas ella misma se sorprendió de lo débil que estaba. Pensó desde cuándo llevaba sin hacer ejercicio y no supo dar con la fecha. Hizo gimnasia mordiéndose los labios y apretando los dientes hasta perder el equilibrio de cansancio y cuando trató de quitarse el sudor de la frente en aquella gélida celda se dio cuenta de que su rostro estaba sucio.

Se peinó los cabellos, se lavó con detenimiento y a fondo y cuando terminó de asearse se colocó junto a la pared, que a su vez era la pared de la celda contigua, para estar un poco más cerca de las demás compañeras.

Ahora vio su entorno con más claridad y se dijo: «Has estado a punto de hundirte. ¿Por qué? A causa de los agobios personales, y eso es lo que tú siempre has advertido a los demás, te ha apresado la indiferencia y la desgana. ¿Desde cuándo permites que los nazis te venzan, aunque sea provisionalmente? Esto no puede ocurrir nunca más. ¡Anita! Tras la derrota del fascismo se pueden examinar todos los orfanatos, y aunque haya crecido... pestañas tan largas, aquellos ojazos, ese gesto de la boquita, el adelantar los labios... Anita, Anita mía, ¿dónde estás?».

Olga tapó su rostro con las manos, antes de que fluyeran las lágrimas convirtió las manos en puños y apretándolos dijo en alto: «¡Diablos otra vez, domínate!».

A Anita la reconocería en cualquier parte y si su hija moría Olga sería una de esas madres, como había madres estos días en la guerra civil española, cuyos hijos morían bajo los puños fascistas. No podía dejarse romper, debía retomar la lucha de inmediato.

Así como el ciego aguza y educa su oído, el sordo afina la vista y aprende a distinguir los movimientos más finos y delicados. De igual manera, los presos en una celda individual oyen y distinguen cualquier ruido, cualquier movimiento de fuera.

Olga podía oír y distinguir el caminar de las distintas vigilantes por el pasillo y la manera que matraqueaba o hacía sonar cada una de ellas el manojo de llaves. Sabía si el que estaba ante la celda era el espía o la vigilante. Oía cuando alguien desplazaba la mirilla de la puerta, un ruido que era difícil de percibir.

Oía el ruido más ligero.

«Lilo Herrmann, visita», y se alegraba de que alguien se acercase a Lilo. Solo cuando oía llorar a niños tenía que toparse los oídos.

Olga llevó una fatigosa lucha incluso por las cosas más nimias pues, estando aislada, todas ellas son importantes y valiosas. Temporalmente no recibió más el periódico. Un buen día el papel higiénico, que eran trozos de periódicos viejos, contenía noticias políticas. ¡Qué alegría si el libro de la biblioteca no era una mamarrachada sino la narración de un viaje! Un trozo de mina de lápiz, un trozo de papel blanco adquiría un valor desorbitado porque es terrible no tener nada que hacer en todo el día. Había que prepararse, hacerse uno mismo el programa, para agarrarse a la vida.

Olga comenzaba el día con la repetición de sus interrogatorios. Ya durante el interrogatorio, que consistía en preguntas, constataciones falsas e intentos de confundirla, Olga dividía todo lo dicho en puntos. Y para no perder el número del punto doblaba un dedo en cada punto. Una antigua y experimentada compañera le había enseñado esto hacía años. Tras el interrogatorio y una vez de regreso en la celda, Olga repetía todos los puntos, aunque estuviera un poco confusa, hasta que los fijaba bien en la cabeza.

Se sentía contenta de comprobar que incluso en la época de decaimiento e indiferencia le siguió funcionando la memoria y repetía su «oración», como ella llamaba a esa repetición mecánica de mañana y tarde. A la «oración» seguía la hora de geografía; Olga viajaba de Berlín a Múnich, nombraba las estaciones y describía el cambio de paisaje. Luego viajaba de Leningrado a Moscú, de Londres a París, de Río de Janeiro a São Paulo. Durante largo tiempo se dedicó a los estudios militares que ella, en tiempos, con tanto empeño había memorizado: «Los revolucionarios sublevados se lanzan en paracaídas sobre los bosques de Berlín y se ponen en contacto con los compañeros de allí, los nazis tan solo ocupan tres arterias. Los trabajadores de Río de Janeiro asaltan la cárcel para liberar a los presos, pero ¿por qué lado, con qué método deben atacar?».

Olga no soñaba, llevaba a cabo y ejecutaba batallas y combates analizados y fundamentados científicamente. Aún eran más interesantes cuando tenía a su disposición papel y lápiz y podía dibujar los movimientos. Como colofón recitaba poesías. Por la tarde jugaba al ajedrez, las figuras las había hecho de pan amasado y remojado con saliva, las fichas de la compañera estaban teñidas de lila con bolígrafo y las suyas propias blanqueadas con pasta de dientes. Ahora ya no se enfadaba por perder el juego como antes ocurría con frecuencia cuando Carlos le ganaba. La única conversación que ahora le era posible era la llevada a cabo con la presa de la celda vecina por medio de golpes en la pared, peligrosa y posible solo a determinadas horas.

En febrero recibió una carta de París.

«Ahora no te defraudes», se decía y pensaba mientras le temblaba el corazón: si la abuela no ha recibido a la niña pensaré fuertemente en Carlos. Se tranquilizó a base de puño y fuerza de voluntad y abrió la carta. ¡Anita, mi Anita! ¡Qué a gusto te abrazaría y te manifestaría mi alegría! ¡Anita vive con la abuela y Lygia! ¡Anita! Pasearemos por praderas, cantaremos en manifestaciones...

Ya al día siguiente por la mañana contestaba a la carta de la madre y de Lygia:

> Por mi carta del 20 de enero, así como por las ropas, me imagino que habréis entendido que no estaba preparada para la separación. Debéis disculparme, por tanto, que las ropas de Anita se encontraran en ese estado... Por la descripción que hace Lygia de cómo Anita se aferraba a vosotras durante todo el día deduzco lo angustiada que estaba ante lo nuevo. Que no quisiera correr yo creo que dependía de su inseguridad. Me imagino que le habrá resultado muy difícil hacerse a otra lengua. Lo sé, es culpa mía, cuando menos le debía haber enseñado francés. Pero, entendéis, el lenguaje de los niños solo lo sé en mi idioma y además he pecado de optimista, nunca pensé que esta separación fuera a ocurrir realmente.

Olga estaba feliz y contenta por el entusiasmo con el que la abuela y Lygia hablaban de la niña, aunque en todo ello aleteaba un peligro, y ya en la primera carta, tras la separación, les advertía con toda seriedad:

> Mamá, has criado maravillosamente a cinco hijos y Anita no debe ser una «muñeca mal criada». Por favor, no te dejes llevar por una compasión equivocada porque le faltan padre y madre. En mi carta anterior os relataba mi combate contra la testarudez de Anita. Tiene que aprender que no se pueden tener todas las cosas. [...]
>
> Quisiera saber si duerme de noche, cuánto pesa, si tiene las mejillas sonrosadas, si habla y qué dice. Debéis contarme todo lo que a Anita le ocurra y no esconderme algo por no sé qué falsa consideración hacia mí. Incluso si está enferma quiero sufrir con vosotras y estar a su vera al menos con el pensamiento. [...]
>
> Miles de besos a Anita de mi parte, debe perdonarme el hecho de que se encuentre tan sola en el ancho mundo, no es culpa mía...

Después de que hubo acabado de escribir la carta a la madre, escribió a Prestes:

> Puedo decirte que entre el 5 de marzo de 1936 y el 21 de enero de 1938 han sido de los días más aciagos de mi vida. Una ante tales sucesos solo tiene dos opciones: claudicar o volverse aún más dura, y tú ya te imaginas que para mí solo existe la segunda. En todo esto me ayuda el hecho de que todavía soy capaz de distinguir entre la insignificancia de las cuestiones de la propia persona y aquellas otras generales que afectan a la historia de nuestro tiempo... Lo cierto es que en toda dificultad y momento negro hay algo bueno y hermoso. [...]
>
> Tal vez consiga mamá fotografiar para ti la sonrisa de Anita. Lygia dice que a todos los encandila y subyuga. ¿Sabes?, a veces he pensado que esa sonrisa suave y dulce de nuestra pequeña contiene un soplo de la felicidad de sus padres...

VI

«HOY LLEGA UNA CRIMINAL COMUNISTA, una fiera muy peligrosa», dijo la vigilante mientras alejaba a las penadas muertas de frío de los alrededores de las pequeñas estufas de hierro, que nunca lograban calentar aquellos grandes barracones donde vivían cien personas. Aquellas mujeres ateridas de frío se miraron las unas a las otras.

—Según su descripción tiene que ser una compañera muy buena.

—Cuando La Corneja nos dice esto significa que la nueva viene a este barracón.

Las presas políticas pensaron en las literas estrechas, montadas unas sobre otras. Si la compañera estaba algo perjudicada y enferma había que colocarla en un buen sitio, alejada de la ventana. Era el 15 de febrero y soplaba un viento gélido.

Olga viajó por Alemania sin saber dónde se encontraba ni a dónde la llevaban. No había razón alguna para pensar en un cambio a mejor y, sin embargo, el rodar de las ruedas despertó en ella un sentimiento de esperanza, en aquel movimiento desacostumbrado había un soplo de libertad.

Estaba más relajada que cuando la condujeron a una celda de la calle Barnim, en donde cada suspiro, cada mirada y cada pensamiento le recordaban a Anita. Sabía que iba a un campamento, allí viviría en contacto con otras compañeras y podría hacer algo. Sentía necesidad de estar con alguien, de hablar con personas, de tocarlas, y tenía ganas de trabajar, así podría distraerse de algunos pensamientos y cavilaciones. Por distintos medios y recovecos las presas lograron saber que la «inveterada criminal» era Olga Benario. Algunas la conocían personalmente, casi todas habían oído hablar de ella, de su sino. Todas se alegraron en el alma de que Olga fuera a su barracón. La fortaleza Lichtenburg en Torgau albergaba varios cientos de penados políticos.

—Debemos prepararle un recibimiento cordial –dijo la más mayor de las compañeras con las que había hablado La Corneja.

Una poseía todavía unos gramos de margarina, otra un trozo de pan, una tercera dos cucharaditas de mermelada... Cortaron el pan en rebanadas finas y redondas y lo montaron rellenando el medio con capas de azúcar, mermelada y margarina de modo alternativo.

—No esperéis a la Olga de antes, ha sufrido demasiado, nuestra tarea será consolarla y levantar su ánimo –dijo la más madura de la sala.

—Si está débil, mientras podamos haremos su trabajo.

—Si viene a la tarde podemos cantarle una canción a la llegada.

Cuando Olga atravesó el pesado portalón de entrada de aquel viejo edificio las presas estaban trabajando. Solo era novedad la alambrada eléctrica que recorría el muro. Un aire frío y húmedo surgía en forma de niebla de la cuenca del Elba y se aferraba a los pulmones.

«Aquí se entra, pero no se sale», fue el saludo de la dirección a la nueva penada. Olga calló. Durante los interrogatorios había oído frases parecidas y estaba acostumbrada a no dejarse impresionar; pero por el grado de brutalidad en el recibimiento, calculó lo que cabía esperar de ese lugar.

Tras ese saludo Olga fue conducida por la dirección a través de la puerta del edificio de enfrente. La vigilante subió con ella la escalera de piedra, cruzó el largo sótano, débilmente iluminado, y se quedó quieta ante una pesada puerta hasta que esta se abrió.

Olga se creció, como siempre que el enemigo la apuntaba con sus armas.

La ventana del búnker estaba a dos metros de altura y no solo estaba protegida con verjas sino también tapada con chapas de metal, cuyos pequeños agujeros en las junturas dejaban pasar un poco de luz. En la celda no se podía leer. La cama de piedra tenía un cabezal de madera. La vigilante le informó: el búnker significa un recrudecimiento del castigo, a las noches hay un jergón de paja, la comida consiste en pan y agua, comida caliente solo la reciben cada tres días. La vigilante, a la que por su voz chillona y pelo desgreñado apodaban La Corneja, observaba tensa el rostro de Olga.

Era una muchacha soltera de 30 años y había llegado a este puesto de Lichtenburg por un anuncio en el periódico que buscaba vigilantes para mujeres desamparadas. Las primeras semanas se había sentido infeliz y desgraciada en el nuevo puesto, no le agradaban ni la crueldad ni las lágrimas. Pero en cuanto estuvo en su mano determinar si había que hacer sufrir y llorar a las mujeres, que no eran gentes desamparadas y sí muy superiores a ella, disfrutó abusando de su poder y haciéndoles bailar al son de su silbato.

Le proporcionó satisfacción y placer la alabanza y loa de los agentes de las ss por su proceder. Comprendió enseguida que la brutalidad contra las presas del campo de concentración aceleraría su ascenso.

Observó que, en esta nueva presa, como ya le había ocurrido a menudo con las políticas, no había signos de lágrimas, lloros o pánico, por lo que añadió, venenosamente: «Las presas del búnker pasan la mayor parte del tiempo encadenadas», aunque sabía que esto no afectaba a Olga. La vigilante aún seguía estando en la celda y Olga le hizo un par de preguntas. La Corneja, que era curiosa, habló con la presa.

Mientras tanto las demás se habían enterado de la llegada de Olga.

Pero ¿por qué tardaba tanto?

Las compañeras se imaginaron que allí, en aquella guarida lóbrega, se encontraría una mujer rota, quebrada por el destino, una mujer a la que le habían arrebatado su hija y cuyo marido se encontraba a miles de kilómetros y en la cárcel.

Cuando apareció La Corneja le preguntaron por Olga. Aquella odiosa y aborrecedora vigilante era útil por ser una cotilla.

—¡Esa! –dijo La Corneja poniéndose con enfado las manos en las caderas–, ¡aún se permite la muy sinvergüenza discutir conmigo! ¡Como si la hubiera traído a un hotel! –Era demasiado idiota para comprender por qué brillaron al momento los ojos de las presas: Olga no estaba rota, Olga seguía siendo la vieja luchadora y combatiente. ¡Lo primero que había hecho en aquel temible búnker fue discutir con La Corneja!

Las presas políticas, entre las que se encontraba Sabo desde noviembre de 1937, lo tenían difícil en aquellas estancias comunitarias. Vivían 100 personas en cada sala, de noche había enfermas que gemían e insomnes que sollozaban. El día comenzaba con el aseo de las salas. El desayuno consistía en pan y café, el tiempo era tan escaso y aquellas abolladas jarras de aluminio quemaban tanto que no se podían agarrar con las manos y mucho menos beber de ellas. No cabía otra solución, o te abrasabas el paladar o renunciabas a aquel líquido caliente que tanta falta hacía. Las presas debían amontonar carbón, acarrear agua y limpiar todas las dependencias de la fortaleza. Carecían de útiles, solo tenían las manos para vaciar las estufas de los empleados o quitar la ceniza y los restos que estas vigilantes incultas y malas bestias tiraban por el suelo, envueltos en papeles.

Se helaban en aquellas gélidas salas y sufrían bajo aquel trato inhumano y rudo.

Las compañeras, a pesar de todo, cuidaban por las noches de las enfermas, consolaban y animaban a quienes sollozaban y ayudaban en el trabajo a las que les flaqueaban las fuerzas. No todas las presas políticas eran moralmente fuertes y valientes, existía el peligro de que algunas fueran debilitándose con el castigo y terminaran sucumbiendo. Había muchas que eran ejemplo para otras débiles y la atmósfera que creaban las primeras mantenía en pie a las segundas. Podían hablar entre sí y mientras les estaba permitido solían cantar; las noticias corrían de boca en boca e incluso se organizaron charlas políticas en secreto. Formaban un colectivo y eso era de gran ayuda.

Olga estaba completamente sola, para ella no viajaban las nubes por el cielo, ni tampoco veía el vuelo del pájaro migratorio ante su ventana enrejada. No oía grito alguno en el pasillo, ni pasos que intentara distinguir, no recibía periódicos y no podía ejecutar trabajo alguno. Le habían cortado todo contacto con persona alguna, incluso hasta aquellos breves minutos que tardaba la vigilante en encender la luz eléctrica o aquel penado silencioso en limpiar el cubo o traerle la comida.

Olga cuidaba, más que antes si cabe, de llevar a cabo un determinado programa durante el día aun en la más completa soledad, pero el día era largo, tenía 16 horas; 16 horas en las que estaba sentada sin hacer nada en una celda semioscura, helada de frío y muerta de hambre.

A las mañanas, todavía en el último sueño antes de levantarse, Olga no se atrevía a moverse para no disipar el poco calor almacenado durante la noche, el menor movimiento bajo la finísima manta le hacía sentir el rigor del frío. Al levantarse, sus dedos estaban rígidos y sus labios pálidos no paraban de temblar.

¿Quién puede darse cuenta fuera de lo que significa ese continuo tiritar? ¡Cuando alguien, estando en libertad, tiene que sufrir el frío sabe que aquello termina y que luego habrá un sitio donde calentarse!

En aquella celda Olga sabía que el frío que le atenazaba el cuerpo permanecería durante todo el día y la noche y a la mañana siguiente. No tenía fin, no disminuía, no se podía librar de él. Lo peor de todo era el frío, incluso el hambre enmudecía ante él y solo había otra cosa tan terrible como el frío: el no hacer nada, el aburrimiento. La inactividad, las horas vacías, castigaban el interior y el alma de igual forma que el frío el cuerpo.

En la celda no había ninguna distracción. El aburrimiento, el frío y el hambre ocupaban presente y futuro. Por las mañanas, despertarse era lo más duro, se le caía el mundo encima, le resultaba imposible pensar en la inmensa largura del día, superar el dolor y la monotonía; solo tenía una cosa buena, le acercaba un poco más al día de reparto del correo y esta vez podía haber algo para ella.

De la madre sobre Anita, de Carlos... No es verdad que todo diera igual, una carta de Carlos, y ella tendría de nuevo fuerza para varias semanas.

Estaba a finales de febrero, desde diciembre no había oído nada de Carlos, entretanto había ocurrido la difícil separación de su hija... En aquel amanecer gris, cuando los dientes castañeteaban de frío y el estómago se retorcía por el hambre, la avasalló un pensamiento: ¿habría sido asesinado? No quería pensar en esta posibilidad, pero, como comunista, ¿acaso iba a cerrar los ojos a la realidad? La Policía había intentado asesinarlo durante la detención, intentaban quitarlo de en medio y tenían muchas posibilidades para ello. Su vida dependía del entusiasmo con que se luchara desde fuera, no solo en Brasil sino en todos los países. Vargas era sensible a la opinión pública internacional. A Olga la iba invadiendo una ola de amargura y desvalimiento. Fuera se enfadaban por perder un tranvía o por la torcedura del tacón de una bota; dos trabajadores, quizá camaradas, se emborrachaban mientras ella, Prestes y miles más vivían al borde de la muerte; se reían y divertían como si no hubiera presos.

Si esas personas pasaran dos horas en aquel búnker, recibieran una de aquellas comidas, un par de golpes en la cara y un poco del trato que allí se daba, entonces sí se sentirían afectados y lucharían. ¿Pero eran incapaces, no había sensibilidad y corazón suficientes para imaginarse la situación de los penados sin sufrirla en su propia carne?

¡Carlos! Tenía delante su foto, su apabullante generosidad, su entrega, su fuerza de voluntad..., su pálido rostro fue enrojeciendo. Estaba a punto de avergonzarse de sus compañeros y esto era precisamente lo más peligroso de las espantosas condiciones del aislamiento: actúa corrosivamente, socava la moral y una corre el peligro de ir disolviéndose, que es lo que el enemigo espera. Todo dependía de ella, de si era capaz de defenderse y escapar del peligro. Lo que le había ocurrido esa mañana, aquellos pensamientos, aquella manera de encerrarse en sí misma y en su propio destino, no debía suceder otra vez.

A veces Olga se sumergía de tal forma en sus sueños que se olvidaba por minutos de su entorno.

...Yace en una cama de ensueño entre edredones suaves y cálidos. Suena el despertador, en vez de levantarse se ciñe la sobrecama alrededor del cuello y sigue durmiendo con los ojos cerrados. Luego se despereza del calor y llega sobre alfombras al cuarto de baño, abre el grifo y ¡qué delicia, agua caliente! Vierte en la bañera jugo de hojas de picea y el agua se vuelve verde; se introduce, se estira en la bañera y alcanza con su largura los límites de atrás y delante. ¡Qué relajante le resulta el líquido! Se seca con fuerza con una gran toalla de dibujos, está desnuda ante un espejo. Su cuerpo huele a frescura, se manifiesta elástico y sano. Se alisa el pelo con un peine blanco y se cepilla la melena hasta hacerla brillar. Apenas se vistió con lencería suave y fina y traje azul claro ajustado, agarró el molinillo de café. Los granos de café olían como ellos saben oler y a Olga se le hizo la boca agua.

Y Olga se enfadó. Era horrible, los juegos y recuerdos, en lugar de ayudarla, le hacían la vida más difícil; no podían terminar con un gran desayuno. Pero ¿podía haber acaso alguna idea que no reforzara su nostalgia y necesidad de salir, de libertad? Tuvo que reírse. ¿Cuándo había vivido entre edredones y agua caliente y olorosa? ¿Se habían convertido ahora esos en sus ideales? ¡Qué cosas hacía la prisión!

Entonces sus pensamientos volaron hacia Anita. Cuando se imaginaba su vida sin su hija sentía el tesoro que poseía, notaba que era precisamente Anita quien le daba fuerza y confianza y soñaba con aquel futuro feliz en el que alguna vez iba a vivir.

Cuando sintió asomar las lágrimas echó mano de un trozo de pan humedecido que había guardado –la actividad es el mejor remedio contra las lágrimas–, y en la oscuridad, fiándose más de las manos que de la vista, fue modelando un pequeño tren con locomotora y cuatro vagones. A mediodía, durante el reparto de la comida, aprovechando que la luz estaba dada, colocó su obra de arte en la cama de piedra y se alegró de lo bien que le había salido. ¡En cuántos trenes había viajado en su vida y en cuántos pensaba viajar aún! *Y el vagón gira y gira hacia el futuro, hacia el comunismo...*

Entre las vigilantes había una con la que las presas tenían buena relación. De igual modo que La Corneja, también ella había accedido al puesto leyendo un anuncio en el periódico. Y en cuanto tomó contacto con las penadas, a pesar de que desde las ss le habían informado que eran criminales y, por tanto, había que relacionarse con ellas con mano dura, ella se dio cuenta de que eran mujeres honestas y buenas personas. Esta vigilante hablaba con ellas.

«Entre nosotros, en la administración, se dan continuamente enfrentamientos y zancadillas, permanente chivateo; entre vosotras, no», dijo una vez suspirando. «Vosotras os ayudáis las unas a las otras, sabéis más que nosotras, de vosotras se puede aprender. Es una pena que seáis comunistas».

Un día las presas se dirigieron a esta funcionaria y trataron de convencerla. Tras varios días de titubeos, que constituyeron una prueba de nervios para las penadas políticas pues podía haber sucedido que hubiera revelado la propuesta a la dirección, dijo que sí: a la hora de repartir la comida en el búnker, la presa Gerda debía bajar acompañándola como ayudante. La vigilante la encerraría en la celda de Olga mientras ella seguía repartiendo la comida a las demás presas.

Olga se quedó como deslumbrada al dar la luz y no reconoció a quien entraba en su celda.

—Olga, ¿no sabes quién soy?

Olga se frotó los ojos y al instante ambas se abrazaron sollozando.

Gerda era una de aquellas muchachas del cuarto piso de Moscú.

Se amontonaban las palabras.

—Olga, ¿te acuerdas todavía de lo del miliciano y el billete en la calle?

—¿Cuando íbamos con patines?

—¿Los Subbotniks en la fábrica de química?

—¿En qué sala estás, en la de Sabo?

—Sabo está en la sala de al lado. ¿Cómo podemos ayudarte? Toma, regalos de las otras. Dos pañuelos, un trozo de pan, patatas cocidas y una gran preciosidad: un pequeño espejo.

—Dales un montón de gracias de mi parte. ¿Y qué ocurre en el mundo?

—Estamos aturdidas, sabes, hace un par de días Hitler ha invadido Austria.

—No sé nada, pero ¿cómo es posible? Cuenta.

Chirrió la puerta.

—Dios mío, sal fuera –la vigilante estiró a Gerda de la manga–, esto me puede costar el puesto.

—Gerda, saluda a todas de mi parte, diles que no bajen la cabeza, esta situación no es eterna.

El encuentro con la compañera, para Olga el suceso más hermoso de los últimos cuatro meses, quedó ensombrecido por los acontecimientos políticos. Resultaba duro no saber algo más y no poder comentar nada con nadie. ¿Cómo reaccionaría el mundo ante la toma de Austria por la fuerza? Los países capitalistas deberían comprender que Hitler no se iba a quedar ahí, que esta conquista formaba parte de sus preparativos para la guerra de igual modo que su apoyo militar a los fascistas españoles, aunque él siguiera repitiendo una y otra vez que lo hacía para garantizar la paz y la estabilidad en el mundo.

* * *

Poco después de la toma de Austria por Hitler llegaron los primeros presos de Viena al campo de concentración y las salas se fueron quedando más pequeñas.

Gerda supo que Olga debía abandonar por fin su aislamiento. Las compañeras se prepararon de nuevo para recibirla, pero por segunda vez la espera fue en vano. El búnker en el que hasta ahora había vivido Olga estaba vacío y nadie sabía a dónde la habían trasladado. Las vigilantes guardaban silencio. Circulaban rumores confusos sobre su puesta en libertad y sobre su muerte.

Supieron que todo el edificio de celdas estaba destinado a presos judíos y que a Olga la iban a alojar allí. Veían lo difícil que le estaban haciendo la vida. Olga fue trasladada a una pequeña celda saturada. Las presas, una vez que observaron a la intrusa de modo huraño, se apartaron de ella como si no existiera.

Había dos mujeres sentadas en un rincón que oraban en tono seseante; una tercera estaba acurrucada en el suelo, con la vista perdida hacia la pared y completamente sucia, rascándose el cuello continuamente y de manera rítmica. Dos muchachas jóvenes se agarraban de las manos temblando de miedo.

Una mujer mayor, pelirroja, a la que se le notaban las canas en la raya, se dirigió a las dos orantes y comenzó a vocearles: «Borrachas, bebedoras».

Olga creyó que la habían encerrado con locas. A los pocos segundos apareció la vigilante repartiendo tortazos a diestra y siniestra. Después de que desapareció, una de las jóvenes empezó a lloriquear señalando su cartera vacía. Le faltaban dos marcos, toda su fortuna. La pelirroja era prostituta y ratera, susurraban las dos orantes, y por esta acusación surgió un altercado en la celda que pareció aún más terrible porque se desarrolló en silencio y se interrumpió solo cuando oyeron pasos en el vestíbulo.

Una mujer bien aseada con una elegante chaqueta de traje observaba la escena, apretando los labios y torciendo la cara con suficiencia y asco, les dijo: «Cerdas».

Este fue el encuentro de Olga con las personas.

Esta encopetada señora, mujer del dueño de un gran almacén, creía haber encontrado en la recién llegada a una ciudadana de su clase. Pero Olga pareció no ver aquel dedo que le hacía señas ni su rostro despectivo. Miró a las que se golpeaban y les dijo en voz alta:

—¿Pero qué tonterías hacéis?

Su voz fresca sonó tranquilizadora y valiente. Sorprendidas, se detuvieron las litigantes.

—Es una tontería –repitió–, si reñimos entre nosotras nos hundimos. ¿Cómo os llamáis? –Se dirigió a las dos jóvenes que lloraban.

—Me llamo Lea.

—Yo soy Lore.

—Qué nombres más preciosos. ¿Sois amigas?

Ambas dijeron que sí con la cabeza.

—¿Por qué estáis aquí?

—Ladronas de bolsos –dijo la encopetada arrugando la nariz.

—Tú estás cabreada porque te han robado en el almacén, todavía tienes suficiente –dijo la pelirroja, y a continuación se dirigió a Olga–: ¿Tú qué buscas aquí? Tú eres alemana y nosotras austríacas.

—Piensa en los alemanes nazis –dijo Olga–, también ellos me han arrastrado a mí y me han encerrado aquí, por eso tenemos que mantenernos unidas. Yo estoy aquí desde mucho antes que vosotras y sé mejor cómo debemos organizamos para salir con vida. Lo primero de todo, no debemos zaherirnos sino ayudarnos, tenemos que ser como una pared.

—¿Como una pared? –preguntó Lea, y Olga tuvo que sonreír. ¿Desde cuándo no había sonreído?

—Digamos como un muro, el muro se compone de diversos ladrillos, cada ladrillo por sí solo es débil ante la vigilante, pero todos unidos en un muro resisten los ataques de la funcionaria.

—Os prohíbo que a mí me comparéis con un ladrillo –musitó una de las devotas amenazando al mismo tiempo con su dedo corto y grueso.

—Y yo, yo no me coloco delante de la vigilante ni como ladrillo ni como muro, y es que no quiero ser castigada de nuevo; es una carroñera –aclaró la pelirroja.

—Eso también sería malo –respondió Olga–, al contrario, nosotras debemos cumplir con exactitud las normas del penal para que no nos atribuyan cosas censurables y al mismo tiempo debemos aprovechar todas las posibilidades para aliviar nuestro encierro y nuestra existencia.

—Sí, pero ¿cómo? –preguntó la señorona.

—Por ejemplo, en el paseo respirar profundamente, en la comida masticar lentamente cada bocado, hacer gimnasia media hora al día e imaginarnos entretenimientos.

—Ya sabéis, yo no estoy loca –dijo la pelirroja–, durante cuarenta años no he hecho gimnasia, como mucho con otro en la cama, y ahora vienes con esta monserga.

Reprimió la risa.

—Eres flexible y no te va a resultar difícil –le contestó Olga.

La mujer desarreglada y sucia no intervino.

El primer intercambio se llevó a cabo sin orden ni concierto, era difícil escuchar, todo el mundo se interrumpía, metía baza a destiempo. Cuando se acabó, Lea y Lore agarraron el brazo de Olga.

Para la noche Olga ya se había hecho más o menos una composición de lugar y tenía una visión general de la situación. En aquellas angostas celdas del edificio amarillo se alojaban casi exclusivamente delincuentes judías: rateras, criminales sexuales, prostitutas, bebedoras. Todas carecían de lo que distingue a las presas políticas: la fuerza de una concepción del mundo, de un ideal, la solidaridad, la disciplina, el saber por qué están aquí y la fuerza de voluntad para combatir.

Olga no se hizo ninguna ilusión por el éxito de la primera conversación; por ejemplo, no había logrado descubrir quién era la que había robado los dos marcos.

«Hay mucho que hacer aquí», pensó poco antes de dormirse, «pero me gusta el trabajo». Agarró la bufanda, una de las cosas del único paquete que le habían entregado, y la colocó como almohada. Se agitó, estiró un poco de la bufanda y se tapó con ella nariz y boca. Aquella mujer andrajosa y sucia debía lavarse al día siguiente, no se podía aguantar el olor de la celda. A pesar de todo, Olga estaba con personas, que era mil veces mejor que estar sola.

Cuando Olga por fin recibió una carta de la abuela, vio que los extraños sellos llevaban cuño mexicano. Fue como un golpe. Se imaginaba a Anita en París, a Lygia empujando el coche por las orillas del Sena, paseando con Anita por bellos parques. Pero resulta que estaba tan lejos, aprendiendo una lengua que Olga no dominaba... ¡A ver si en el futuro no iban a poder entenderse entre sí! Ella también sabía que era importante apoyar la campaña sudamericana en favor de Prestes. México tenía un Gobierno progresista, era un bonito país. Como siempre, Olga leyó varias veces las frases sobre Anita, pero todo le parecía poco, escaso, quería saber más cosas de su hija.

> Quisiera saber si las manecitas de Anita se siguen pareciendo a las de Carlos y si las paletillas de los dientes se le han igualado. ¿Duerme bien, hace gimnasia todos los días, está morena? ¿Puede subir ya las escaleras? ¿Qué dice? ¿Cuánto pesa ahora? Seguramente ya se ha olvidado de su madre, pero está bien, porque si no sufriría...

Olga estaba sumamente agradecida a su suegra por todo lo que hacía por Anita y por sus cartas, pero se dio cuenta de que doña Leocadia, que tan estrictamente había educado a sus cinco hijos, estaba cayendo gravemente en el defecto de todas las abuelas, en mimar a los nietos. Por eso le escribió:

> Me parece necesario rogaros que eduquéis a la chiquilla desde el principio de tal manera que entienda que el mundo no gira a su alrededor. Es muy útil para su vida comprender que no se puede tener todo y que hay que vivir dentro de un colectivo...

Había comenzado el mes de abril y Olga seguía sin recibir carta de Prestes. ¡Cómo suspiraba porque llegara el día del reparto! Y cuando llegó, le resultó imposible dominarse y aparentar tranquilidad. Si Prestes vivía todavía, ella debería recibir carta. No, era mejor no esperar y así el desengaño sería más llevadero.

En las siguientes horas y días a ella misma le pareció sorprendente que hubiera sido capaz de responder a las exigencias planteadas por siete indefensas mujeres de la celda. Tuvo que acallar lloros, limar asperezas, calmar enojos, aclarar sospechas, desviar conversaciones, imponerse... a pesar de que ella estaba en mal estado de ánimo.

Estaban ya a mediados de abril y había llegado el día de escribir cartas; siempre le resultaba difícil mandar cartas personales con destino incierto. ¿Carlos estaba enfermo? ¿Vivía acaso? ¿Qué le podía decir? No tenía sus cartas para poder contestarle, miró el papel vacío que tenía delante y se asustó al oír su nombre.

Pocas veces una atención especial de los nazis significaba cosa buena...

Cuando Olga regresó a su celda con tres cartas de Prestes en la mano desbordaba una alegría tan grande y tan anegada en llanto que las demás se arremolinaron curiosas a su alrededor. Se le hizo costoso no poder estar a solas con sus líneas y sus escritos.

Naturalmente, el hecho de retener las cartas había sido una sencilla venganza, los nazis sabían la intranquilidad y el dolor que esto le producía. Debía contestarlas de inmediato porque era el día destinado a ello. ¡Cómo encauzar el aluvión de ideas y sentimientos! La extensión de las cartas estaba determinada por el número de líneas. Quería escribir durante todo el tiempo que le dejaran y después cortar las líneas y repartirlas por cartas.

Mientras las devotas bebedoras, que no tenían a nadie a quien escribir, musitaban sus plegarias y aquella mujer sucia se rascaba sin interrupción, Olga intentaba aislarse del entorno.

> Abril de 1938. Tras cinco meses, hoy recibo por primera vez tres cartas tuyas. No necesito decirte lo terrible que resulta no saber nada de aquel a quien más quiero en el mundo. [...] El 14 de febrero dices entre otras cosas que nuestra Anita debe ser educada en mi recuerdo. Evidentemente, aún en tiempos de esta separación mi gran deseo es comportarme de tal modo que ni tú ni Anita necesitéis jamás avergonzaros de mí. Pero quien debe ser ejemplo en el desarrollo de Anita evidentemente eres tú... Quiero confesarte que me resulta muy duro pensar lo menos posible en Anita, pero es el único camino que me queda para sobrevivir a este gran dolor... [...] Me pides un trabajo manual para ti. Querido, he pensado diversas cosas bonitas para ti. En mi programa de trabajo está una corbata de punto, y no necesitas mirarme con recelo, estarás muy guapo.

Prestes le escribía, como siempre, cartas llenas de amor y entusiasmo, a través de sus letras le comunicaba la confianza en el pueblo brasileño, y ella le respondía:

> Cuando estuve en la cárcel allí tuve la oportunidad de conocer los diferentes tipos brasileños, sus vicios y virtudes. Nunca olvidaré la conmemoración del día de la liberación de los esclavos, llevada a cabo por trabajadores, soldados y marinos apresados. Semejantes recuerdos me fortalecen y me animan a compartir tu optimismo en la valoración del ciudadano brasileño. [...]
>
> Qué bonitas son las dos poesías brasileñas que me has enviado. Las entiendo de maravilla, las has elegido para mí y sé lo que me quieres decir con ellas. Qué reconfortante y bello es saber que los mejores sentimientos humanos son iguales en todos los pueblos del orbe y que solo toman expresiones distintas siguiendo su cultura y manera de ser propias. Por lo demás he traducido al alemán ambas poesías. La titulada *Los viejos árboles* se adapta bien a muchas de mis ideas de los últimos meses. Se alcanza tal grado de madurez interna que a uno le permite decir: queremos envejecer sonriendo, como envejecen los árboles fuertes... [...]
>
> Piensa que en el fondo somos ricos y que poseemos algo de lo que muchas personas, incluso las que andan libres por la vida, carecen. Cuando he leído hoy tus líneas he sentido con fuerza esta idea...

Olga propuso a las demás levantarse media hora antes y hacer ejercicios de gimnasia. Al principio solo aceptaron Lea y Lore, más tarde se unió la pelirroja y también convenció a las devotas. Solo la arrogante rechazó la idea. A la mujer sucia y descuidada no le preguntaron porque parecía incapaz de emprender algo. Pero entre apuntarse y realizar mediaba el gran abismo de la debilidad de la voluntad. A las mañanas, cuando todas dormían y Olga las tenía que despertar, cosechaba insultos y calabazas.

«Chúpame», le decía la pelirroja dándose media vuelta enseñando el trasero a Olga. Las mismas Lea y Lore, que veneraban a Olga desde el primer día, la miraban suplicantes con rostros adormecidos y en los que todavía no se había dibujado el dolor del nuevo día.

Olga seguía dura. Solo la lucha contra las propias debilidades preserva a las penadas de su hundimiento. Lea y Lore obedecieron y entre las tres sacaron a la pelirroja de la cama. Olga solo dejó en paz a la señorona; todas las demás, las bebedoras devotas, las jóvenes rateras de bolsos y la prostituta, se dejaron ayudar y convencer; la orgullosa, si alguna vez decía algo, hablaba solo de que sus amistades y «conexiones» la sacarían y libertarían; la señorona odiaba a Olga. Va a ser la primera que caiga, pensaba Olga, porque desprecia y se aísla del colectivo y solo se aferra a su orgullo.

A las presas del edificio amarillo les estaba prohibido trabajar; Olga intentaba ocuparlas y distraerlas. Intentaba convencer a la sucia, que recibía la mayor parte de los golpes de La Corneja, para que se lavara, sin éxito alguno. Se hacía insoportable vivir con ella. Olga insistió una y otra vez para que revisaran su estado anímico. El respeto por Olga creció considerablemente cuando, al fin, logró que la alejaran de la celda a la enferma.

Tras haberlas condenado semanas enteras a no hacer nada, un buen día se determinó que «la casa judía», como los nazis denominaban al edificio amarillo, debía trabajar. Entonces las penadas conocieron todos los edificios, fregaban cocinas, pasillos, celdas y salas. Una vez, Olga estaba con otras, de rodillas, tratando de alisar con un pequeño cepillo el suelo de la sala del edificio de la administración, suelo que un poco antes habían rayado a propósito con un estropajo de virutas de metal. Con mucho trabajo y fatiga iban avanzando trozo a trozo sobre el parqué. Tardaron horas en realizar el trabajo. Cuando Olga se estiró y enderezó su espalda para aliviarse de sus dolores, se colocaron a su lado un par de botas negras y con sus tacones forrados de hierro comenzaron a dibujar nuevos rizos en la madera, imitando a los patinadores en las pistas de hielo. «¡Montón de cerdas vagas, malditas mierdas, a empezar!».

Una de las muchas humillaciones contra las que hay que crearse una coraza interior, no ahogarse en el odio y en la exasperación, para que el enemigo no te muerda en la yugular y tú puedas sobrevivir.

* * *

El número de presos fue creciendo paulatinamente. Un buen día, sin previa información, Olga fue tomada de su celda y, con unas sesenta mujeres, llevada a una nueva sala y nombrada responsable de la misma.

Todo lo que hasta entonces había logrado a base de trabajo en una pequeña celda debía intentarlo con un número mayor de mujeres. Era importante para las demás tener una responsable que se preocupara de repartir con equidad la comida y que luchara por conseguir una enfermería para las enfermas y librar a las débiles de su trabajo. Pero lo que más admiraban las mujeres era que la responsable tuviera siempre tan buen humor y tanta confianza.

Para Olga resultaba muy difícil conseguir un mínimo de disciplina y una buena convivencia entre 60 mujeres. Echaba en falta el contacto con compañeras políticas, que en esa sala no había. Las 200 presas judías del edificio amarillo estaban totalmente aisladas de las penadas de los demás bloques.

Una vez Sabo pudo ver a Olga, su amiga, sin que esta se diera cuenta. Era al atardecer, después de que las políticas habían regresado del trabajo. En el patio había un montón de carbón que las presas del edificio amarillo debían palear al sótano. Fuera estaba ya oscureciendo. Sabo estaba de pie en la ventana enrejada de su sala y veía a Olga trabajando entre un grupo de mujeres desconocidas para ella. Se detuvo un momento para retirarse el pelo de la frente, a su lado trabajaban dos muchachas jóvenes.

En ese momento, Sabo, que deseaba ver con más nitidez el rostro de Olga, oyó cómo del piso inferior salía una canción; su letra no era política porque estaba prohibido cantar canciones reivindicabas. A pesar de todo, a Sabo se le enterneció el corazón, era la canción que ellas entonaban cuando alguien abandonaba el penal, algo que ocurría rara vez. Pareció que Olga también escuchaba la canción. Se paró, se volvió y, a la luz del farol, que colgaba a la entrada del sótano, Sabo la vio nítidamente.

Los ojos de Olga brillaban más claros que de ordinario en aquel rostro sudoroso y ennegrecido. Se sintió emocionada y sorprendida por aquella melodía que la arrebató por unos segundos. Sabo permaneció en la ventana hasta que se hizo de noche. Sabía que Olga tenía que trabajar duramente, no solo corporalmente, y se imaginaba lo difícil que le debía resultar estar entre criminales contrarias a toda disciplina, que se escupían, se inculpaban, se robaban y que se hacían la vida imposible unas a otras.

Una vez una compañera de Sabo se encontró con Olga de camino a la enfermería. Estuvieron solas unos segundos.

—Olga, es una pena que no estés con nosotras.

—Sí, pero donde estoy necesitan ayuda. Se pueden hacer muchas cosas con estas mujeres si se tiene paciencia y se intenta una y otra vez. Aunque pudiera cambiarme no las dejaría abandonadas.

Sabo sonrió al oír eso de Olga.

—Allí donde otros encuentran motivos para despreciar a la gente, Olga encuentra pepitas de oro.

Cuando las primeras presas políticas llegaron a su sala fue un día inolvidable para ella. Las saludó con tanto entusiasmo y cariño que las compañeras jamás olvidaron ese recibimiento. Desde que hacía dos años abandonara la celda de las madres, antes del aislamiento, esa era la primera vez que podía mantener un diálogo político con personas de pensamiento afín. Sus ideas se reafirmaron y completaron.

A las demás compañeras también les parecía lo más peligroso la amenaza de guerra. Hoy ya nadie contaba con una pronta liquidación del fascismo, en definitiva, era la forma de dictadura que había elegido el capitalismo monopolista para mantenerse en el poder. Pero ¿por qué se le había permitido elegir esa posibilidad? ¿Tan débil estaba la clase trabajadora?

No, la clase trabajadora no había estado débil, por eso la clase dominante había echado mano del terror, de la violencia, de la mentira y del engaño refinado. Tenían miedo de la fortaleza del movimiento revolucionario. El fascismo jamás debería haber llegado al poder en Alemania si la clase trabajadora se hubiera unido, si el SPD (Partido Socialista) y el KPD (Partido Comunista) hubieran combatido las crecientes medidas reaccionarias que iba adoptando la República de Weimar. La clase trabajadora debía aprender para el futuro.

Las noticias más importantes que llegaban desde fuera de los muros del campo de concentración eran las que hablaban de la existencia de células clandestinas del partido en las fábricas, que combatían contra el régimen de Hitler y lanzaban periódicos y hojas volantes. Olga sabía que en cada una de esas acciones los compañeros de fuera se jugaban la vida, pero ni la fina red de la Gestapo, ni las terribles mutilaciones y torturas a los compañeros apresados pudieron ahogar esa resistencia y oposición. Siempre surgieron nuevos grupos.

Por los nuevos -parte no poseía ninguna experiencia carcelaria- Olga pudo valorar lo mucho que habían madurado bajo esas condiciones de vida. Olga se preocupó sobre todo de las jóvenes que, al poco de conocerla, se acercaban a ella a pedirle ayuda y consejo. Tuvo muchas conversaciones y diálogos con la joven compañera austríaca Lisbeth.

—Te faltan dos botones del vestido; ven, te los coso -le dijo Olga cuando Lisbeth, durante el tiempo libre de un domingo, se quedó sentada en la mesa sin hacer nada y mirando a las musarañas.

—¿Por qué? Es igual -respondió Lisbeth.

Olga buscó aguja e hilo.

—Mira, también he encontrado una lima para tu pala. Yo lo hago. Tienes unas manos preciosas; a lo mejor encontramos material y hasta puedes coser algo para tu pequeña.

El domingo siguiente ambas estaban juntas y Lisbeth cortaba un sencillo vestido para su hija de dos años de la que la habían arrancado violentamente con la deportación. No se cansaba de hablar de ese tema y de si podría enviar el vestido.

—No te desesperes -le dijo Olga-. Mira, lo mejor es protegerte desde el principio: que te dicen que no, no les des el gustazo de llorar o de que te vean derrotada y compungida. Tienes que hacerte a la idea de que cualquier pequeñez, en relación con los nazis, es lucha antifascista. Mientras estés dispuesta a no mostrar lágrimas, lamentos, a no ceder, estás venciendo, y eso es lo que más te ayuda.

—Jamás voy a poder actuar como tú.

—Tú puedes hacer lo mismo que yo, hace falta que lo quieras. ¡Ya estás llorando! Es un vestido precioso. ¿Cómo es tu hija?

—¿Mi niña? De ojos negros y pelo rubio.

—Deberías bordar algo delante.

—No hay hilo.

—Mira, cuando me arrebataron a mi Anita conservé un delantalito por el simple hecho de tener algo suyo. Lo había cosido yo y había bordado alguna cosilla en él, lo arrancamos y para ti. Mira, Anita tiene, al contrario que tu hija, ojos claros y pelo oscuro. ¿Ves? Estoy casi a punto de llorar y tú antes me habías dicho que no era sentimental.

Las dos se inclinaron sobre su trabajo en silencio hasta que Lisbeth dijo susurrando:

—¿Crees que más tarde mi hija me lo echará en cara?

—¿Por qué? –Olga la miró sin entenderla.

—Si no hubiera sido comunista no estaría ahora aquí y ella tendría a su madre.

Olga agarró a Lisbeth por los hombros.

—Muchacha, cómo puedes decir eso ahora; una cosa así no se piensa ni estando totalmente desesperada. Los únicos culpables de que tú estés aquí son los fascistas, ellos son quienes te han separado violentamente de tu hijita, a ellos es a los que tienes que aborrecer. Tu hija solo puede recriminarte algo si tú te hundes aquí, si te arrepientes de luchar por algo grande que exige sacrificio. Mira, nuestras ideas son tan justas como antes, tan generosas como al principio, aunque estén los nazis en el poder; y porque nuestra visión del mundo es la justa yo te digo que los fascistas no permanecerán largo tiempo en el poder, ninguna forma de capitalismo permanecerá largo tiempo en el poder. Siempre estuve orgullosa de ser comunista, en la Juventud Comunista, en la Unión Soviética, en Brasil... pero cuando más orgullosa me siento es ahora.

Olga calló por un momento y luego tomó la mano de Lisbeth.

—Siento la misma nostalgia de Anita que la que tú sientes por tu pequeña y, sin embargo, pensar en mi hija me da valor. Cuántas veces sueño con lo bello y revolucionario que va a ser el futuro para la nueva generación.

—Te lo agradezco –le dijo Lisbeth.

Las agujas de hacer punto se movían ágiles en las manos de Olga. Lisbeth ribeteaba el vestido con pequeñas puntadas.

—Si no llega con lo del delantal –dijo Olga–, tomaremos un par de hilos de la corbata de Carlos. Él no se va a dar cuenta si es un poco más corta. Aquí tienes. Atención, que viene La Corneja.

Se levantaron de sus asientos como mandaban las normas.

Al lunes siguiente las inquilinas de la casa amarilla tuvieron que limpiar el pozo de las letrinas, algo que ya de por sí era desagradable, pero que el comportamiento de La Corneja, que ahora se encargaba de la vigilancia de la «casa judía», hacía todavía más desagradable.

Una presa metía el caldero en el pestífero estanque y la siguiente se lo pasaba a la siguiente; Olga, debido a su estatura, estaba junto al carro para darle el cubo a la de arriba. Encima del carro se encontraba Lisbeth con la compañera Martha, una tejedora de un barrio de Viena, que se entendía de maravilla con Olga.

La Corneja le gritó a Lisbeth: «¡Holgazana, trabaja más rápido!», y la golpeó con un bastón en la cara, ya que estaba demasiado lejos para darle un tortazo. A Lisbeth se le escapó un quejido y siguió trabajando mordiéndose los labios. El ambiente era apagado, todas sufrían el rigor de La Corneja. Al darle Olga el cubo a Martha ambas musitaron algo, Martha apretó a Olga los dedos que agarraban el asa. La Corneja se acercó a ambas con ojos enfurecidos y voz chillona cuando ya Olga le alargaba el cubo a la siguiente. Martha resbaló en la tabla embadurnada de mierda que atravesaba el carro y el contenido del cubo cayó sobre la vigilante. Durante un minuto todas se quedaron paralizadas. Los ojos de Olga indicaban que ahí no había habido ningún descuido.

—La culpable soy yo –dijo Olga en alto–, no he alargado lo suficiente el brazo.

—Nadie es culpable –dijo Martha delante de la enfurecida Corneja–. Me he resbalado, me asusté cuando usted gritó.

Llovieron insultos, pero la moral de las presas estaba como transformada. Olga vio la estría en la cara de Lisbeth, que formaba un pequeño hoyo al sonreír.

* *
*

La alegría personal que Olga vivió en el otoño de 1938 fue recibir dos fotos de Anita. Le dolía ver delante de sí a aquella niñita, que pronto cumpliría dos años, encarrilada en un desarrollo en el que la madre apenas si tenía parte. A pesar de todo se sentía feliz y orgullosa. Hambrienta, tomaba de nuevo una y otra vez las fotos en sus manos observando cada rasgo y cada milímetro de su diminuto rostro.

Al acercarse el segundo año de la deportación de Brasil, Olga logró, por medio de una presa de la enfermería, mandarle un saludo a Sabo: la compañera ocupada en la enfermería le había transmitido a Olga que Sabo no andaba bien de salud. Olga estaba intranquila. ¡Si pudiera ver a Sabo siquiera una vez!

Su deseo se cumplió meses más tarde, cuando el gélido viento invernal azotaba el patio; habría sido mejor que no la hubiera visto.

Como todos los años, los sótanos de la fortaleza se habían inundado con las aguas del Elba y Sabo estaba de pie, cuando Olga pasó por delante de la entrada, en una larga cadena de presas achicando el agua con botes de mermelada vacíos, cadena que subía por las escaleras hasta llegar fuera y verter el agua en el campo cubierto de nieve. Un trabajo sin sentido, un método más, especialmente doloroso, de los muchos utilizados por la dirección, pues apenas vaciado se llenaba de nuevo.

Olga al principio no reconoció a Sabo. Su figura diminuta y encorvada se parecía a la de una anciana que, sin levantar la vista, trabajaba a toda prisa; cada vez que le daban la lata se dibujaba un gesto de dolor en su cara y es que aquella asa delgada y fría del cortante metal se clavaba en su mano y, para colmo, cada vez se iba derramando agua sobre aquel vestido suyo ya mojado y helado. Cuando Olga supo quién era se le hizo difícil reconocer en esa mujer a su querida Sabo. Pasó por delante muy despacio sin que Sabo se fijara. Aquella imagen quedó grabada largo tiempo en el corazón de Olga y se vio un tanto aliviada cuando se enteró de que Sabo, tras un accidente, debía dejar provisionalmente aquel penoso trabajo.

Siempre que Olga, por casualidad, contactaba con las presas políticas preguntaba por Sabo.

—Si se empieza a hablar de Brasil ella aprieta los labios y guarda silencio –decía una compañera–, pero políticamente está fuerte como siempre y en sus horas buenas aporta mucho. ¡Cómo se conoce la literatura alemana! Si empieza a hablar de Goethe parecemos unas huérfanas.

La aplicación de Sabo y su pasión por los libros era tan fuerte que a pesar de su mal estado siempre los pedía. En una carta a Minna escribía:

> Qué despacio transcurren los negros días de noviembre, siempre esperando. El viaje de Nansen al Polo Norte me produjo frescura en el verano caluroso, espero con alegría que ahora también termine la noche ártica más larga y oscura.
>
> Poco antes de la detención me había propuesto leer la novela española Don Quijote, pero me fue confiscada junto con

> otros libros y ya no la he vuelto a ver. Me alegraría si pudiera leerla algún día...

Y tras su accidente escribía:

> 10 de febrero de 1939. [...] Yo misma utilizo ahora el más enérgico «tengo que» para aprender francés. Y aunque no puedo esperar dominarlo, me alegro si llego a leer y entender lo que leo; y es que aprender lenguas me produce gran placer. La lengua es el primer portalón para entender a otros pueblos...

Olga, que se preocupaba continuamente de Sabo, se dirigió a Prestes:

> Por lo demás, quisiera pedirte que te interesaras nuevamente de si mi amiga tiene noticias de su esposo y que hagas todo lo posible para que ella al menos tenga ese consuelo...

También para Olga los libros eran muy importantes. Tras haber leído en los ratos de ocio una obra de teatro de Bernard Shaw, escribía a Prestes que le había gustado mucho y añadía a modo de crítica:

> Él hace preguntas y muestra lo urgente que es encontrar una solución, pero no aporta respuestas. La última obra que he leído ha sido *Gil Blas* de Lesage. Estoy encantada con la graciosa presentación de los personajes y sus historias, a esto hay que añadir que durante la lectura me he imaginado la cara que tú pondrías leyendo este libro y los comentarios que harías a diferentes puntos... [...] Tus comentarios a tus lecturas me hacen mucha gracia, pero como no quiero que me retengan otra vez la carta por haberme pasado en líneas, no puedo entrar en ellos...

Prestes aprendió alemán en la cárcel y envió a Olga una traducción al portugués de *Zarzarrosa* de Goethe.

Ella se alegró enormemente de aquellas líneas en alemán escritas con su propia mano, de ordinario recibía los escritos traducidos previamente al alemán y de ello se encargaba Leocadia en México, y es que Olga no podía recibir en el campo de concentración cartas en otro idioma que no fuera el alemán.

El cumpleaños de Olga, el primero en Alemania que no pasaba en celdas de aislamiento, fue todo un acontecimiento, ya que muchas mujeres, también entre las acusadas por crímenes, le agradecieron con obsequios su ayuda y amistad.

Días más tarde del cumpleaños de Olga, se llevaron a Lisbeth del campo de concentración y ya nadie supo más de ella.

A la conquista por Hitler de Austria siguió en otoño de 1938 la anexión de la zona de los Sudetes, que pertenecía a Checoslovaquia. Esta nueva conquista por la fuerza se llevó a cabo con el consentimiento de los Gobiernos inglés y francés, que le permitieron atacar sin intervenir.

Hitler les había prometido que no iba a plantear nuevas exigencias en Europa y que no iba a violar Checoslovaquia por segunda vez, según afirmaba Inglaterra. Por la aceptación de la anexión de los Sudetes se habría logrado impedir la guerra revanchista con la que Hitler amenazaba. Se había conseguido garantizar la paz.

Las compañeras del campo de concentración se habían enterado de esas matizaciones por las nuevas penadas encarceladas, y estaban muy afectadas.

«No se entiende», decía Olga. «Dice que en lo sucesivo renuncia a toda conquista en Europa, lo mismo dijo tras la conquista de Austria. ¡Ni el más tonto le creería la misma mentira dos veces! Como si en él hubiera muerto ese espíritu revanchista, que tanto le gusta inspirar al pueblo, y preparar la guerra contra la Unión Soviética. Si Inglaterra y Francia le dejan hacer lo que quiere, Hitler va a golpear a la Unión Soviética. Todos ellos se equivocan en una cosa: la Unión Soviética no va a dejarse golpear ni invadir».

A mediados de marzo de 1939 ocurrió la segunda invasión de Checoslovaquia por Hitler. Esta vez ocupó todo el país. Cada intervención militar suponía medidas terribles y tenía espantosas consecuencias para los comunistas y progresistas de las naciones invadidas, así como auténticas carnicerías contra los judíos. El terror creció también en Alemania, los campos de concentración se quedaban pequeños para albergar a todas las víctimas de Hitler. A pesar del hacinamiento, Lichtenburg resultaba pequeño. Hitler lo había previsto: en la primavera de 1939 tuvieron lugar los primeros transportes de personal al nuevo campo de concentración para mujeres en Ravensbrück, cerca de Furstenberg.

VII

Olga y Martha discutían un día sobre cuál era el mes más bello.

«Tal vez mayo es más bonito que junio y julio», decía Olga, «en mayo hay días en que todavía quedan flores en los árboles y ya han brotado los saúcos o, ¿sabes?, la belleza de un lago en primavera, unas nubes blancas reflejándose en su azul y las débiles ramas del sauce colgando como queriendo tocar las suaves olas...».

El tercer año de cárcel ese paisaje se hizo de pronto realidad para ella. Un domingo de mayo de 1939, Olga estaba a orillas del lago; las olas bañaban las ramas temblorosas de los sauces en aquella bahía ribeteada de juncos y cañas; nuevos tilos brotaban entre la delicada hierba; el sol calentaba. En ese paisaje la vida no podía ser tan horrible como en Lichtenburg; solo la vista del lago sería una fuente de inmensa alegría que nadie podría arrebatarle.

Junto a Olga estaban Lea y Lore, felices de estar otra vez con ella.

Las barracas de madera de la gran plaza eran sencillas y pobres, pero, con todo, a Olga le parecían bastante mejor que la lóbrega fortaleza, con sus gruesos y húmedos muros. Por las ventanas entraban la luz y el aire y al salir del edificio de un solo piso se pisaba ya tierra blanda y suave en lugar del duro suelo del patio empedrado. El bosque guiñaba y afloraba tras la alambrada electrificada y, sobre todo, el lago estaba tan cerca que pertenecía al solar del campo de concentración.

Aunque la bestialidad de los nazis se había ido agravando paulatinamente, y no había razón alguna para contar con un cambio a corto plazo, a la más mínima ocasión renacían en el corazón de Olga esperanzas y alborozos. Pero enseguida oyeron ladrar a los perros. Las bestias se acercaron a las presas enseñando los dientes y las primeras filas de mujeres retrocedieron, Lea y Lore se aferraron a Olga gritando. En el último segundo, antes de que los bichos saltaran al cuello, la vigilante grito: «¡Atrás!».

Allí estaba La Corneja con uniforme de las ss, la pistolera a un lado, el quepis sobre un rígido pelo peinado hacia atrás y botas altas marchando con paso dentado hacia las penadas.

Estiró el brazo en dirección a las barracas: «Las animales judías al bloque 11, las cerdas comunistas al bloque 1 y siguientes».

¿Seguían reflejándose todavía las nubes del cielo en las aguas del silencioso lago? ¿Cantaba aún el diminuto pájaro escondido en el espeso cañaveral?

Los pies desnudos se hundían a cada paso en la arena caliente abrasada por el sol del verano. Las plantas de los pies se habían endurecido, pero a pesar de todo, millones de granitos rusientes corrían por el empeine. Las mujeres casi no lo sentían, la misma carga sobre las costillas, el calor abrasador taladrando la cabeza y la fatiga del corazón hacían más soportable el inmenso dolor de las sangrantes yemas de los dedos.

Cada ladrillo que tenían que sostener esas manos heridas era como si alguien frotara aquellas llagas en carne viva con ásperos papeles de lija. A ese dolor insoportable había que añadir el sufrimiento de largas horas de sed. Las mujeres miraban hacia el cielo abrasador; la ola de calor duró días. Faltaban horas aún para el mediodía y las gargantas estaban ya secas y apergaminadas, la lengùa yacía en la boca grande y pesada.

—Nubes –musitó Lore mirando el centelleante horizonte mientras entregaba el ladrillo a Lea–. ¡Si se acercaran rápidas!

La atmósfera era tan limpia en la zona del lago Schwedte que la embarcación, cargada de ladrillos, se reflejaba en el agua con todo detalle.

—Nubes –murmuró otra vez Lore. Lea pareció no oír. Estaba tan solo a un paso del agua. ¡Qué gozada poder meterse en el agua con los pies ardiendo, inclinarse sobre el lago y formando un cuenco con las manos beber, beber y beber...!

Lea se iba chupando el sudor salitroso de sus labios agrietados. Ayer fue terrible, hoy posiblemente ya no podría aguantar. «En los momentos difíciles debes pensar en algo bonito», le había aconsejado Olga. Lo más bello del mundo era beber un vaso de agua fría, estaba sedienta y soñaba continuamente con el agua.

A Lea le temblaba todo el cuerpo. Transcurrió una hora terrible. Lea tenía la vista clavada en el agua: beber, beber y mojarse las manos, allí terminaría su inmenso dolor. El sol, que se había parado sobre ella, giró de repente como una rueda y haciendo remolinos se precipitó en el agua. El mismo sol tenía sed.

—¡Lea! –gritó Lore espantada. Era tarde, el ladrillo yacía en el suelo entre las dos.

La Corneja soltó a Hasso de la cadena, miró fijamente a la pasmada Lea y tras una pequeña pausa le dijo al perro: «Hasso, bebe». La Corneja se reía a carcajadas por su ocurrencia. Naturalmente todas esperaban que hubiera gritado: «¡Hasso, muerde!».

El perro saltó al agua y bebió ávido chasqueando con la lengua. Las sedientas mujeres se volvieron suspirando. La Corneja observó a Lea.

—Tienes la lengua seca. ¿Quieres beber?

Lea afirmó con la cabeza sin decir palabra. Sus ojos negros pendían suplicantes del rostro de La Corneja, sus labios dibujaron el inicio de una sonrisa, toda ella era infantilmente conmovedora.

La Corneja se le acercó:

—Esto está prohibido, es decir, tú quieres hacer lo que está prohibido, por tanto, mereces un castigo. –Levantó el látigo. El golpe no encontró a Lea, antes de que Lore o las demás lo impidieran se había refugiado en el agua, se arrodilló y bebió.

—¡Hasso, muerde!

Las mujeres gritaron en la orilla para no oír los angustiosos gritos de la muchacha.

Aquella noche Olga compartió el lecho con Lore. Sostenía en brazos a la sollozante muchacha y le acariciaba el pelo.

—No llores, pequeña. Está en la enfermería, yo misma la he llevado, las nuestras le van a inyectar medicinas milagrosas, le van a dar de comer y le van a coser las heridas de la cara con puntos finos y delicados, ella va a curarse, pero tú tienes que ser valiente y estar tranquila, las demás también quieren dormir, no llores más, Anita.

Lore se acurrucó en la cama metiendo la cabeza bajo la manta para que nadie pudiera oírla y arrimó su rostro húmedo por las lágrimas al pecho de Olga.

—Me has llamado Anita.

—Duerme, hija mía, duerme.

Olga había trasladado a la herida en brazos a la enfermería. Echaron fuera a las dos y les amenazaron con castigar a todo el bloque, para las judías no había sitio en la enfermería. Olga permaneció con Lea quieta ante la puerta, aunque le costara la vida debía salvar a la muchacha. Lo más importante era acercarse a Doris, que siendo penada trabajaba como médico en la enfermería. Esa chica era tan hábil y capaz que el mismo Dr. Sonntag, un traidor de igual condición que Kogel, el director del campo de concentración, se dirigía a ella con cierta frecuencia en asuntos médicos.

Su ayuda clandestina para con las enfermas, por la que se arriesgaba a duros castigos, había salvado la vida de algunas. Ella no sabía que Olga la esperaba fuera.

Sintió que pasó por delante Jozka, la maravillosa amiga de Praga.

—¿Olga, querida, qué te sucede?

En breves instantes puso el problema en conocimiento de las compañeras que trabajaban en la enfermería. La herida grave fue admitida, existía el peligro de que al día siguiente el Dr. Sonntag se enterara y Olga y las demás fueran enviadas al barracón de castigo. ¡Quién no temía ese lugar de tortura donde los tormentos y horrores adquirían grados superlativos y donde para soportarlos se requerían fuerzas sobrehumanas!

Miedo ante los perros, miedo a los golpes, miedo por las brutalidades del Dr. Sonntag y del señor Kogel; Sepp había dicho, hacía ya 15 años, que Olga había nacido sin conocer el miedo.

Ahora sabía Olga lo que era tiritar por dentro, el estrangulamiento de garganta, la maldad, el temblor de rodillas; pero, también, solo ella y nadie más sabía que, al mismo tiempo, había aprendido a superarse en fracciones de segundo; a pesar del miedo nunca había dejado de actuar por temor.

Olga oyó el repiqueteo de la lluvia en el tejado, la sala se fue enfriando lentamente, una auténtica bendición tras el día de calor.

¿Qué hora podía ser? Tenía que dormir, pero le resultaba costoso. Muchas de las agotadas por el trabajo del día seguían todavía despiertas. Los suspiros y quejidos no cesaban, la noche acentuaba el dolor, el palpitar, las punzadas y la quemazón en las yemas abiertas y despellejadas de los dedos. Para este bloque no había vendas, a las noches solo se esparcía yodo sobre las heridas. Como responsable del bloque, Olga luchaba con todos los medios a su alcance por conseguir que, al menos, las penadas más débiles, ancianas y enfermas trabajaran solo en el interior del barracón y no en las penosas labores del exterior. Cuando lo conseguía resultaba poco menos que una salvación.

«¡Responsable del bloque!».

Con eso intentaban los nazis hundirla. Era la responsable de 300 mujeres, y por cada contravención de las estrictas normas por las penadas, ella podía ser castigada.

Se requería una gran fe en las personas para hacer frente a las dificultades de las primeras semanas. En el bloque judío había muy pocas compañeras políticas. Muchas de las presas no entendían por qué estaban encerradas; las leyes nazis impedían, por ejemplo, a una judía casarse o tener por amigo a uno que no fuese judío. Quien quebrantara este precepto o incluso lo hubiera contravenido antes de existir podía ser arrastrada a un campo de concentración.

En las comidas, 300 mujeres hambrientas se abalanzaban sobre cinco cubos de comida y en su lucha por coger algo se quitaban las escudillas de la mano; se robaban las unas a las otras vestidos, zapatos, ropa y las mantas de la cama. Algunas caían aleladas, se negaban a escuchar a nadie. Otras corrían gritando hacia las alambradas eléctricas y había que retenerlas con violencia.

¡Cómo le habían ayudado Lea y Lore a colocar a aquellas hambrientas en filas para coger la comida! Las enfermas y ancianas delante. Las penadas, que robaban o se quejaban por naderías, aprendían a avergonzarse de su comportamiento.

Amas de casa, esposas de comerciantes y gentes de oficio, maestras, artistas... comenzaron a respetar a las comunistas. Mujeres que al principio se pegaban por un trozo de pan traían a Olga emocionantes regalitos: una flor encontrada trabajando fuera, una cestita tejida con cañas, una zanahoria cruda...

Las mujeres del bloque, del que Olga era responsable, no solo aprendían a soportar las fatigas, sino también a conocer el papel del fascismo. Desarrollaban nuevas cualidades de carácter y esperaban vivir un mundo mejor y más progresista, esperaban colaborar para conseguirlo. ¡Algunas de ellas! Otra parte, que evidentemente odiaba el fascismo, solo tenía un deseo: ¡ojalá siguiera todo como antes, como cuando a ellas les iba bien! Si los nazis no hubieran actuado contra los judíos y, por tanto, no les hubiera tocado a ellas, puede que ahora no estuvieran tan en contra de Hitler. ¡Como antes...! No entendían que su ansiado «como antes» llevaba ya el sistema nazi en la sangre; no comprendían que tras la destrucción del fascismo jamás volverían a los tiempos que ellas vivieron. Fue ya media noche para cuando, por fin, hubo silencio en la barraca. Las mujeres dormían sobre sus espaldas y las manos heridas descansaban con las palmas hacia arriba, apoyadas sobre la manta. Olga sacó con cuidado su brazo de debajo de los hombros de Lore, le apartó el mechón de pelo de la frente y se colocó de lado.

«Buenas noches, Carlos. ¡Por favor, escríbeme! Duerme bien, Anita mía. Un beso, no me olvidéis...».

Olga se sobresaltó, el despertador estaba puesto a las cuatro y media, no podía ser ya esa hora. Eran las dos.

Ordenó en filas a las mujeres tambaleantes por el sueño y el dolor mientras, fuera, se oía la voz gritona de Kogel.

«¡Revista!».

Miles, todas las inquilinas del campo de concentración, iluminadas por focos de luz, se habían reunido en la gran plaza. Un penado había escapado del bloque de castigo. Las mujeres tiritaban de frío en medio de un aguacero impresionante. ¡Ya había pasado aquel día de verano con su calor abrasador! Horas eternas. Poco a poco fue clareando. Kogel salía de vez en cuando, permanecía ante aquellas figuras oscuras y torcía el morro con desprecio.

Las penadas no ofrecían ningún bello espectáculo. Cuando sonaron las sirenas, hicieron las camas rápidamente y se colocaron la chaqueta o el traje a rayas de los presos encima del pijama, saliendo fuera sin peinarse por no tener tiempo para ello. Las gotas corrían por los mechones y los ojos cansados y de grandes ojeras estaban inflamados.

«Vais a permanecer aquí hasta que el piojo sea encontrado».

Aquella revista de horas, en la que una no se podía mover, era uno de los castigos preferidos de Kogel. Olga había ejercitado con su bloque cómo se podía aliviar el hecho de tener que estar de pie, por medio de la posición, el desplazamiento de peso y una buena respiración. También ayudaba pensar en algo bello para olvidarse una de sí misma y de su entorno. Claro, las mujeres empezaban a dudar de si había algo bonito en la vida estando Kogel delante de ellas, viendo los enjutos rostros de las compañeras, los vigilantes, los perros, el vallado con las calaveras y el signo de las ss. Tal vez era preferible cerrar los ojos, pero... una podía caerse.

Olga aguantaba con muchos dolores. En Lichtenburg había tenido un ataque biliar y ahora le volvía a doler el mismo lado. Se mordió los dientes, a lo mejor era solo el hambre. Sus pies se habían hinchado y la piel parecía reventar.

Transcurrió la mañana.

No había desayuno, la última comida fue medio litro de sopa la noche anterior. Seguía lloviendo con más intensidad.

Algunas cayeron al suelo, pero estaba prohibido trasladar a las desmayadas.

Más tarde, ya en libertad, le gustaría encontrarse con algunos de ellos: La Corneja, Kogel, Sonntag. No los mataría al instante, sería demasiado sencillo, sufrirían poco. Los abofetearía, tortazo va y tortazo viene; no, tocar sus repugnantes rostros sería asqueroso. Los dejaría tres días al sol sin agua con un gran perro al lado para que los mordiera en cuanto se movieran. Deberían aguantar en postura de revista hasta que desfallecieran y luego les daría con el látigo.

¡Por favor, Olga, no te pierdas en planes de venganza! A los tiranos se les lleva ante los tribunales y a los peores se les fusila, pero tú, Olga, tienes otras cosas que hacer que andar repartiendo mandobles.

Otras dos de la fila se desplomaron al suelo. Olga observaba a las vigilantes y giró con cuidado la cabeza a un lado; quien movía un miembro era castigado.

Rosel Menzer todavía seguía en pie, pero la parte superior del cuerpo se tambaleaba de un lado para otro como movida por una suave brisa; un negro mechón de pelo colgaba en su cara y ella trataba inútilmente de apartarlo. Junto a ella estaba Ruth Grunspann. Había que ser tan joven como Ruth, a la que llamaban Pajarito, para hacer lo que hizo.

Ruth miró alrededor, levantó la mano como un rayo y le apartó a Rosel el mechón de pelo. Las demás habrían hecho igual, solo que esta después de hacer lo anterior le sacó la lengua a la vigilante. Olga se enfadó ante esa bobada y se propuso hablar en serio con Ruth.

Y, mira por dónde, Olga se sintió mejor; el propio dolor y la paralizante miseria del entorno cedieron por unos instantes porque Ruth había conseguido salir victoriosa a su manera.

Era una de aquellas que no se dejaban vencer. Como joven socialista, Ruth trabajó en Wedding, Berlín. Apresada por los nazis, condenada a varios años de cárcel y tras cumplir el castigo trasladada al campo de concentración de Ravensbrück. Rosel aguantaba todavía. Pertenecía a las antiguas compañeras del bloque 11; políticamente había sido activa desde joven y Pajarito dependía de ella como de una madre.

Las horas fueron pasando lenta y penosamente. Nadie sabía la hora que era, en aquel cielo pardo y gris era difícil leerla.

Por fin sonó: «¡Marcharse!».

Recogieron del barro a las desmayadas y las colocaron en el suelo de los barracones ya que las camas no se podían manchar. Las compañeras se arrodillaron y las desvistieron. No hubo ni comida ni cena, estuvieron 36 horas sin comer entrando ya con hambre en ese ayuno forzoso.

* * *

Berlín, agosto de 1939. Querida mamá, querida Lygia... Cuando me escribáis enviadme las cartas provisionalmente a la antigua dirección: Policía Secreta del Estado, Berlín, calle Prinz-Al brecht; mejor añadid apartado II A I.

Ahora estoy otra vez sola con mis pensamientos y deseos con todos vosotros. De nuevo los días se me hacen eternos, pero tranquilos, no permito que decaiga mi estado de ánimo...

¿Qué sabéis de Carlos? Hace ya seis meses que me escribió la última carta. Vuestro continuo modismo en las cartas, «está bien pero no puede escribir», me está preocupando. Querida mamá, ¿está enfermo o algo parecido? No tenéis derecho a ocultármelo.

A mi Anita del alma le decís que su madre piensa mucho en ella y que cada noche antes de dormir se imagina cómo sería sostener sus pequeñas manitas y besar sus mofletes.

Os abraza de todo corazón: Olga.

Había sido trasladada repentinamente a Berlín. Las cosas más queridas, como las fotos de Anita y Carlos, tuvo que dejarlas allí. Durante el interrogatorio, que duró varias horas, fue sometida a una brutalidad creciente.

Antes de evacuarla de Ravensbrück había sucedido algo que ahora, en el aislamiento, rumiaba.

Con la llegada de presas al bloque de castigo, que estaba enfrente de su barracón, había visto a Sabo en la última fila. Martha, que pertenecía a la columna de reparación y que por eso andaba por todos los rincones, le contó más tarde que una reunión de compañeras, organizada por Sabo, había sido delatada. En el campo de concentración colgaba un anuncio: «Quien extienda bulos y haga propaganda de ideas comunistas será castigado con la pena de muerte». Que tras este hecho Sabo no fuera juzgada no quería decir mucho, las penadas del bloque de castigo solían, sin juicio, ser torturadas hasta la muerte.

No conducía a nada seguir pensando en ello, se dijo Olga en la celda de la cárcel de Berlín, y se colocó las manos en los ojos tratando de hacer desaparecer las imágenes. No lo consiguió. Veía a Sabo jadeante en una carrera de resistencia arrastrando el largo y pesado cordel para construir carreteras. Sabo se desploma... Sabo estaba muy lejos de Olga.

Olga atribuía sus nuevos interrogatorios por la Gestapo a la amenazadora situación política originada por Hitler.

En la celda de aislamiento recibió el *Volkischer Beobachter.* «Guerra», se deducía de todas sus páginas. A ella le pareció cuestión de días que Hitler diera la orden de invadir. El destino individual se le antojaba pequeño y poco importante ante los trágicos sucesos políticos.

Nada, ni la derrota de los antifascistas en la guerra civil española ni las rapaces invasiones de Hitler en otros países, quitaba a Olga la fe en la victoria del comunismo. Solo que su confianza ya no encerraba la convicción de que viviría esos tiempos. Había pensado muchas veces sobre esas cosas. Esa discusión interna no cambiaba su concepción del sentido de la vida. Actuar como una comunista era toda su riqueza. Con mano sosegada escribía Olga, poco después del inicio de la guerra, a doña Leocadia:

> Sin duda alguna que para mí se avecinan tiempos más duros. Pero no pienses que voy a agachar la cabeza. Procuro comportarme siempre de manera que Anita jamás tenga que avergonzarse de su madre. En mí misma va creciendo día a día la convicción de que puede que no vea más a mi hijita. Ahora cada uno debe sobrellevar su destino y yo entiendo que nos estamos jugando otras cosas que el corazón de una madre llena de nostalgia...

Olga levantó los ojos. Unos surcos de agua corrían desde el amanecer por los cristales empañados.

Toda Alemania estaba envuelta en lluvias. Las espigas de los campos doblaban sus cabezas ante el paso de las borrascas y se tumbaban en el suelo.

En la calle del campo de concentración se reunían los diversos arroyuelos formando un pequeño lago. Era domingo y todas las inquilinas del bloque de castigo fueron requeridas para arrastrar ladrillos.

Sabo iba en la última fila, dos compañeras la ayudaban a sostenerse. Cuando por la mañana temprano avisaron a la vigilante de que Sabo tenía fiebre, la funcionaria, dando un golpe con el puño en la mesa, respondió: «Otra vez esa cerda que se quiere escaquear, nada, a trabajar».

Sabo trabajó dos horas, sus pasos se fueron acortando paulatinamente y la respiración se fue haciendo más espesa y lenta.

«Venga, a correr», la vigilante se colocó a su lado, «a ti te voy a dar alas».

Sacando fuerzas de flaqueza, Sabo corrió tambaleante por la orilla del camino; luego se cayó al suelo, rota. Su cuerpo se quedó desplomado sobre el ladrillo que llevaba, la cabeza colgándole por delante y su pelo nadando en una charca.

Horas más tarde las compañeras pudieron llevarla al barracón. Doris diagnosticó una pulmonía grave y les comunicó a sus compañeras preocupadas que, en gran parte, su vida dependía de sus ganas de vivir.

Las compañeras siguieron visitándola en secreto y respiraron al ver que Sabo abría los ojos. Al principio la enferma no sabía dónde se encontraba, levantó las desolladas manos y pidió: «Tengo bastante sed, dadme un limón». Las compañeras bajaron la vista desamparadas. Sabo, al darse cuenta de dónde estaba, se disculpó por el ruego, se fijó en todas las de la fila y se despidió. Las compañeras trataban de infundirle ánimo, ella rechazaba con la cabeza.

«Arthur, Arthur mío»... Sus ojos se cerraron de nuevo.

Sabo ya no quiso vivir más.

Un par de semanas después de la muerte de Sabo, acaecida en el otoño del 39, Olga regresó al campo de concentración y con la primera compañera que tropezó fue Jozka.

Los nazis habían apresado a Jozka un día después de la invasión de Praga por Hitler, en marzo de 1939; estaba acostumbrada a enfrentarse valerosamente al enemigo;

en su trabajo como edil en el Ayuntamiento de Praga y responsable de la revista revolucionaria de mujeres *Die Saerin*, de igual modo que en manifestaciones, había demostrado cientos de veces su valor y entereza. Tampoco se calló ante las torturas de la Gestapo; sus respuestas nos hablan de una valentía sin igual. Fue torturada hasta la extenuación. Era una de las tres compañeras checas que llegaron ya en 1939 al campo de concentración de Ravensbrück; se las condujo al bloque de las políticas número uno y la vigilante les eligió los trabajos más denigrantes.

Jozka, hija de trabajadores y con una juventud dura, padecía dolores de cabeza que fueron empeorando con los malos tratos de la Gestapo. Un día le sobrevino un ataque de jaqueca limpiando los retretes. Enjuagando la taza se le cayó por descuido el trapo dentro y taponó la cañería.

Para preservar a todas del duro castigo, se declaró ella culpable y tuvo que estar muchas horas sola en posición de revista. Era curioso –o tal vez no, tal vez era natural– que todas las comunistas resistentes utilizaran el mismo truco para sobrellevar el castigo: pensar en algo bello que les aguardaba en el futuro.

Jozka soñaba con el día en que Alemania y Checoslovaquia fueran socialistas, en su amada y querida ciudad de Praga, en su gran marido y en sus amistades, tan cerca de ella y que seguían sin saber nada de su situación.

Mientras ella seguía a la vista de todos de pie en la gran plaza, Olga pasó por delante y la saludó con la mirada. Su sonrisa, su ternura y su amistad le enviaban un mensaje de fuerza y valor a aquella desconocida mujer, que llevaba en su ropa de penada el signo rojo de las políticas. El silencioso saludo de respuesta de Jozka indicaba que era una sorpresa agradable. Reconoció de inmediato a la compañera Olga Benario. En el bloque 1 el nombre de Olga le había llamado varias veces la atención. Jozka se acordaba ahora de la lucha por su liberación en 1937. Una tarjeta con la fotografía de la joven madre con su hijo tras las verjas de la ventana de la cárcel se vendió como aportación solidaria.

Tras este primer encuentro silencioso ambas buscaron los medios para reunirse más veces y los encontraron a pesar de las estrictas normativas del campo de concentración.

—Qué bueno que estés otra vez aquí. –Agarró a Olga del brazo–. Nos espera mucho trabajo. Ha llegado un grupo de presas checas, varios meses en manos de la Gestapo, día y noche, no han visto a nadie más fuera de esas malas bestias. Han perdido la fe en que en Alemania aún existan personas. Incluso las políticas se han contagiado de estas ideas. –Jozka seguía hablando rápido y sin interrupción–. Tienes que ayudarnos para que se aclaren, hablar con ellas en los ratos libres en la calle. Hemos organizado varios grupos entre las compañeras para estudiar y analizar el movimiento internacional de los trabajadores, tal vez se pueda establecer que tú les hables de tu experiencia.

* * *

Durante todo el invierno siguieron trabajando fuera, incluso en los días más duros y desfavorables. En los días más crudos de enero las penadas padecieron temperaturas de hasta 20 grados bajo cero con una chaqueta larga y fina sobre el uniforme de presidiaria, quitando nieve. Olga sabía en qué estado vendrían las mujeres del trabajo, pudo robar tres trozos de carbón y los escondió cuidadosamente. Eso hizo que el barracón se calentara un par de grados durante un momento. Intentó conseguir de las penadas que trabajaban en la enfermería ungüento para sabañones. Estaba contenta de que se hubiera echado la niebla, porque cuando ocurría eso a menudo mandaban entrar a las mujeres al barracón para evitar el peligro de fuga.

Hoy solo se reforzó la vigilancia. Kogel apareció envuelto en un abrigo de piel de zorro y protegido por gruesos guantes. «Meter adentro a las desmayadas y dadles inyecciones». Yacían inconscientes por el frío en las habitaciones, los pasillos y la antesala de la enfermería. Siguieron llevando a mujeres, pero en cuanto se recuperaban un poco debían abandonar la enfermería y a la mañana siguiente tenían que estar de nuevo en el tajo.

Olga había intentado librar a Lea, que tenía la mitad de la cara paralizada y no veía de un ojo, del duro trabajo del exterior, pero sin resultado.

¡Cuántas murieron ese invierno trabajando! ¡Cuántas veces las supervivientes contaron los días que faltaban hasta la primavera y añoraron la época templada! ¡Por muy duro que fuera el verano con su ardor de sol y su terrible sed, era más llevadero que ese infierno! Y cuando terminó el invierno confiaron que fuera el último en Ravensbrück; no se podían imaginar que pudieran soportar otro tan horrible y mortal como ese.

* * *

Martha encontró en primavera el segundo tomo de *Guerra y paz* de Tolstoi en un montón de papel de desecho. Entregó el libro a Olga. Carecía de cubierta y las hojas estaban enmohecidas, pero Olga lo estrechó contra su corazón como si fuera un viejo amigo y organizó al momento un círculo de lectoras; se apuntaron cinco compañeras, entre otras Jozka. Se acurrucaron escondidas detrás de los jergones de paja, que arrastraron hasta la sala de estar, porque no había suficientes literas para todas, y lo iban leyendo alternativamente; una sexta hacía guardia mientras las demás escuchaban conmovidas el relato. ¡Todavía existían las palabras amables y el lenguaje bello!

A Jozka se le humedecían los ojos con frecuencia. Apenas había ido durante siete años a la escuela del distrito minero de Mahrisch-Ostrau; luego fue criada y ordenanza en una fábrica; se le hizo sumamente difícil y penoso formarse. Pero llegó a ser redactora jefa de *Die Saerin* y procuró adquirir un estilo directo, capaz de penetrar en el corazón de los lectores. Había sido una suerte que el compañero Fucik[6] trabajara en el mismo edificio. Siempre la ayudó en sus artículos con infinita paciencia y creatividad aunque él mismo tuviera ya mucho trabajo. Encontró otra buena ayuda en los libros; obras de Barbusse, Gorki y Tolstoi. Jozka lanzó una mirada a Olga, tan concentrada en el libro en medio de un entorno tan brutal e inhumano que había olvidado dónde se encontraba.

Cuando le tocó el turno a Martha levantó la voz entusiasmada y resonó apasionadamente en la sala: «¡Ellos son culpables de que todos perezcamos..., los ladrones!».

Aquel mismo día la llamaron para decirle: «Así que nosotros somos ladrones que tratamos por todos los medios de echaros a perder. Somos demasiado indulgentes». Fue arrojada a una celda del búnker donde las condiciones eran aún más duras que en el bloque de castigo. Olga se consideraba partícipe y trató de convencer a los nazis inútilmente de que Tolstoi había escrito esas palabras 70 años atrás.

A finales de verano Olga cavilaba con algunas otras compañeras qué podían hacer para ayudar a superar a

6. Julius Fucik, periodista, combatiente checo de la resistencia.

muchas penadas la angustia que sentían ante el invierno que se les avecinaba. ¿Por qué no organizar una velada y satisfacer así esa hambre de alegría y gozo que sentimos? Era una ocurrencia inteligente y la idea gustó a todas las que se les comunicó. Hertha, una compañera austríaca, estaba dispuesta a escribir algo para la ocasión.

Se trataba de la persecución de los negros cimarrones y el *sketch* gustó a las actrices. Fueron ensayando en el más absoluto silencio, hambrientas, tensas, con la angustia de ser descubiertas. Las mesas del salón de día se convirtieron en escenario. Los vestidos fueron haciéndose poco a poco con cañas del lago Schwedte que, escondidas bajo la ropa, iban entrando en la barraca. ¡Qué efecto causaban en aquel ambiente las faldas cortas de caña! Aparecían las piernas huesudas, cubiertas de heridas y cicatrices, pero ¿a quién podía molestar?

La obra se tituló *Schum-Schum*. En la escena principal dos personas se salvaban de un naufragio por medio de una tabla de madera. La mujer se desmayaba y el hombre desesperado trataba de despertarla por todos los medios. Nada resultaba hasta que de pronto tuvo una idea. Solo gritó una palabra: «¡Revista!» y al momento la mujer volvió en sí. ¡Cuántas ganas de reír había entre los espectadores! Olga recitó algunas poesías de Heine, Moricke y Holderlin y afloraron lágrimas de profunda emoción.

Pero aún ahí, en esas circunstancias, se dio el soplo. Estaba visto que era productivo denunciar a las penadas antifascistas.

Una vieja prostituta se había enterado del acto y lo había delatado a los nazis. Llovieron castigos, algunas compañeras fueron llevadas al búnker y durante tres días no se comió en todo el bloque judío. En el barracón de las políticas padecieron hambre y se arriesgaron por llevar en secreto algo de comer a las compañeras.

Días antes había llegado al campo de concentración un nuevo grupo desde Polonia y Checoslovaquia; entre ellas había algunas que eran muy jóvenes. Las alojaron en el barracón 1. Jozka les explicó la situación del barracón 11 y les transmitió la determinación de las políticas de entregar a las judías una ración diaria de pan. Las nuevas miraron boquiabiertas: pero cómo, ¡aquel alimento con el que soñaban y que esperaban desesperadamente!

Dudaron, pero al final se manifestaron de acuerdo: «Sí a las polacas, checas y austríacas del bloque 11, pero no a las alemanas».

Jozka habría podido repartir como ellas deseaban, pero no lo hizo. No solo se trataba de alimentar a las hambrientas sino también de ser ejemplo para las compañeras jóvenes. Jozka quería conseguir que las penadas se sacrificaran conscientemente por las comunistas alemanas. Solo entonces se habría conseguido dar un gran paso en la resistencia y los nazis habrían fracasado en su intento por romper la solidaridad internacionalista.

Jozka les contó cómo ella hacía diez años estaba en la estación de tren Wilson de Praga para recoger a 400 pequeños de trabajadores alemanes. Niños y niñas estaban pálidos e infraalimentados. Las mujeres de los trabajadores de Praga los acogieron en sus casas y gastaron su dinero para alimentar a aquellos pequeños hambrientos mejor de lo que ellos mismos comían de ordinario; cuatro semanas más tarde regresaban aquellos niños cargados de regalos y con vestidos nuevos. Jozka miró a aquellas jóvenes que la escuchaban y les dijo: «Aún hoy día no me arrepiento de esa ayuda, aún hoy día siento alegría cuando recuerdo aquellos rostros de los pequeños y leo las cartas de agradecimiento que nos escribieron las mujeres de los trabajadores alemanes. Al contrario. También los trabajadores alemanes enviaron alimentos y ayuda a los mineros checos en huelga y precisamente enviaron y ayudaron quienes apenas tenían para sí. Ya veis, nosotras continuamos en acción. En el campo de concentración compañeras de todas las naciones arriesgan su vida por las demás».

Las jóvenes comunistas, muchachas de 17 y 18 años, aportaron su pan. «Para todas las del bloque 11». Algunas incluso lo hacían sollozando porque se les hacía duro soportar el hambre.

Los nazis intentaban sembrar el odio entre las pequeñoburguesas judías en contra de las comunistas, y les decían: «Sabéis que habéis sido castigadas porque la comunista que vive entre vosotras ha organizado una velada». Pero la siembra no fructificó. Cuarenta mujeres judías y veinte compañeras del barracón de las políticas fueron encerradas seis semanas largas en el búnker a causa de la velada bajo amenaza de veinticinco bastonazos diarios. Las palizas oficiales las había introducido Himmler[7], responsable de todos los campos de concentración, en diciembre de 1939, como regalo de Navidad. Las apaleadas debían ir contando los golpes en voz alta y si se equivocaban o no lo hacían no se contaba el batacazo. Junto al comandante del campo de concentración y miembros de las ss debía estar presente también el médico. ¡Así eran de humanos! Su función consistía en tomar el pulso a las mujeres que ante la paliza caían sin sentido en aquel barracón de madera. Si una de aquellas desmayadas no recuperaba el sentido tras arrojarle un caldero de agua, se aplazaban los restantes golpes a otro día. Las consecuencias de esa tortura eran: piel resquebrajada, heridas profundas, daños dolorosos en los riñones. El médico no trataba esas heridas.

7. Heinrich Himmler, militar y político alemán (1900-1945). Fue jefe de las ss desde su fundación, jefe de la Gestapo y de todas las fuerzas de la Policía del Reich. Bajo su inspiración se organizaron los campos de concentración nazis. Al finalizar la contienda trató de huir, pero fue capturado y se suicidó.

Olga fue destituida como responsable del bloque. Sufrió mucho porque otras fueron encerradas en el búnker y ella recibió un castigo más suave, aunque la idea hubiera partido de ella y hubiera participado activamente en la preparación; de todas formas, no se hizo reproches por haber organizado la velada. Los nazis castigaban a lo loco y sin tener razones, castigaban por castigar. La lectura del libro de Tolstoi, la tarde animada... formaban parte de la resistencia contra la barbarie fascista.

Esta vez lo tuvieron difícil para celebrar el 7 de noviembre, las demás seguían todavía en el búnker. Olga preparó como regalo para el bloque político un periódico que contenía un comentario sobre la situación política actual.

El ejército de Hitler había conquistado, en medio año de guerra, Polonia, Dinamarca, Noruega, Bélgica y Francia. Los aviones de Hitler iban arrojando bombas noche tras noche sobre los ciudadanos ingleses matando miles de niños y mujeres.

La Unión Soviética había exigido de las potencias occidentales, hasta poco antes de declarar la guerra, formar un frente común contra Hitler para detener la agresión del fascismo. Las naciones de Occidente no solo rechazaron la oferta, sino que suscribieron un acuerdo con Hitler permitiéndole la invasión de Checoslovaquia. Solo tras el rechazo por segunda vez de Inglaterra y Francia a aceptar las propuestas de la Unión Soviética para garantizar la paz se acogió esta última al pacto de no agresión, ofrecido por Alemania.

«A quien propaga el comunismo le espera la pena de muerte».

La víspera del 7, y de modo inesperado, a Olga se le llamó a la administración y, estando en posición de firme, según mandaban los cánones, el funcionario le preguntó:

—¿Tiene usted una hija?

Olga se quedó paralizada de espanto, cual estatua de hierro. ¿Le habría ocurrido algo a Anita?

—Haga el favor de comunicar a sus familiares que no está permitido enviar fotografías.

El funcionario retorció la foto en sus manos mirando a Olga fijamente mientras tanto. Luego la rompió en dos.

Fueron unos segundos angustiosos, seguidos del consuelo de que nada le había ocurrido, la tensión de ver la foto en sus manos y finalmente la desilusión... Le resultó difícil dominarse.

¡Si le dejara marchar! Pero no, la foto rota yacía sobre la mesa y él seguía mirándola.

—No, no es posible una niña tan guapa y con zapatos de charol, mejor vestida que mi nene.

Olga suspiró.

—Usted también tiene hijos, ¿puedo ver la foto?

Jamás había ido tan lejos con un ruego a los nazis.

—Sí –dijo el funcionario.

Olga se sorprendió tanto que se le paró hasta la respiración antes de acercarse con dos pasos a la mesa. La ruptura no había afectado al rostro: ¡su Anita! Mejillas redondas, ojos grandes, melena espesa, piernas rectas y firmes. Observó con detenimiento aquella foto que no podía coger con las manos. No hizo caso del requerimiento del funcionario cuando le dijo: «Atrás». Continuaba todavía allí, de pie, cuando el empleado la arrojó a la papelera; ella seguía mirando fija, petrificada, a la mesa ya vacía.

Durante ese día no dejó de pensar en su hijita. Se fueron diluyendo aquellos rasgos que vio durante segundos en la foto. ¿Cuándo celebraría el encuentro con Anita y su padre? ¿Qué haría Carlos ese 7 de noviembre? Cuánto mejor le irían las cosas a ella, a pesar del sufrimiento, que a su marido, encerrado en una habitación, aislado y solo.

* * *

Por tercera vez condujeron a Prestes de la cárcel al tribunal. Su aspecto aún era peor que hacía tres años, cuando fue juzgado. Sus jueces no llegaban a entender cómo era capaz, a pesar de todo, de mantenerse en pie. No lo comprendían porque ellos eran personas de buen vivir y defensoras de intereses personales, representantes de un orden social corrupto. Prestes, que llevaba años sin hablar y que tras el proceso señalado volvería otra vez a la lóbrega mazmorra, dijo lo que en aquellos momentos le pareció más importante:

—Quisiera aprovechar la ocasión que se me brinda para honrar la memoria de una de las fechas más importantes en la historia de la humanidad, el 23 aniversario de la Revolución rusa que liberó a su pueblo de los tiranos.

De rabia y asco ante su inquebrantabilidad y porque aún seguían pronunciando e invocando su nombre millones de personas sudamericanas, lo agraviaron con mentiras y lo condenaron a 30 nuevos años de cárcel.

—Dieciséis o cuarenta y seis es lo mismo. Significa la pena de muerte, no hay nadie que resista –dijo un periodista al abandonar la sala del juzgado.

—Dieciséis o cuarenta y seis años da lo mismo, no existe diferencia, porque antes van a tener que soltarlo, el fascismo no va a aguantar tanto tiempo –dijo Olga meses más tarde, al enterarse por la madre de Prestes de la condena impuesta. Era la primera carta que le entregaban desde hacía ya tiempo y pasaron semanas hasta obtener el permiso para escribir a doña Leocadia, concretamente en marzo de 1941.

Querida mamá, querida Lygia, hoy puedo responder a vuestra carta del 27 de diciembre. No hace falta que os diga la alegría que he sentido al recibir vuestras líneas. Por lo que respecta a Carlos soy de la misma opinión que vosotras. Lo importante es que esté bien de salud y mamá no debe preocuparse demasiado porque Carlos tiene una fuerza de voluntad a prueba de bombas y eso es casi lo decisivo en nuestra situación. Me hacen feliz las noticias que relatáis de Anita. Decís que tiene coleta y que se la vais a cortar para llevarla a la guardería. Me alegra lo de la guardería y que sea más traviesa que diez chavales juntos, solo me preocupa que pueda molestar demasiado a mamá...

Alegre, vital y en contacto con otros niños... así debía crecer Anita. Había cumplido cuatro años y cuatro meses. Con el sonido de la lluvia Olga se acordó de que fue detenida hacía cinco años, años que ya nadie le iba a devolver.

—Olga, sigues absorta. –Lea apoyó la mano en su hombro.

—Gracias.

Lea se sorprendió por las palabras y por el tono de su voz.

La mirada de Olga se dirigía hacia el muro oscuro y gris. Había creído ver allí una palabra como las de la pantalla de cine, una palabra que comenzando con letras pequeñas se iba agrandando por momentos hasta ocuparla por entero. La palabra era: «Huida».

Olga había mencionado tan a menudo la posibilidad de escaparse que tardó breves segundos en imaginar su realización, pero fueron segundos felices, emocionantes. Las compañeras la habrían ayudado en la preparación y en la detallada y minuciosa ejecución. Olga estaba segura. Ella no habría contado solo con sus recursos como la presa que huyó; incluso había empezado ya a hablar con alguna compañera. Era deportista y tenía conocimientos militares, podía escalar, correr, nadar, disparar y orientarse en un descampado; a pesar de todo el sufrimiento ella no se veía como una penada, sabía presentarse en público y hablaba varios idiomas. Podía escapar a Polonia y desde allí irse a la Unión Soviética. Creía en la posibilidad de la huida, pero estaba segura de que no escaparía. Lo había sopesado durante noches enteras y si todavía seguía pensando en esa posibilidad era porque imaginarse el plan le parecía irresistible. La operación encerraba acción, valor y muchas otras cosas muy en consonancia con su manera de ser. Pero por las noches también pensaba en todas aquellas compañeras que se quedaban en el campamento e iban a morir por causa de su huida; los castigos iban a ser más duros de lo que fueron cuando escapó aquella otra. Olga posiblemente alcanzaría la libertad con la fuga. Con ayunos totales y largas horas de pie en posición de firmes podrían acabar con un buen número de compañeras. ¡Cinco años! Si hubiera sabido lo que estos años iban a suponer de sufrimiento y bestialidad tal vez no habría sido capaz de aguantarlos. Pero los cinco años habían pasado y dejado su huella inolvidable y valiosa. Una persona en la vida puede esconder sus cualidades, disimularlas, no permitir introspecciones en su interior..., pero en un campo de concentración nadie escapa al examen. Aquí, donde uno a diario se juega la vida y la muerte, la solidaridad o el provecho propio, aquí no queda más remedio que mostrar quién es quién. Pues bien, en esta escuela de la vida Olga había convivido con mujeres que se convirtieron en heroínas. En el campo de concentración era héroe quien mantenía su dignidad y no se la dejaba arrebatar; un héroe superior, más valiente y fuerte que el que ella jamás se habría podido imaginar. Entre ellas había mujeres que apenas sabían leer y escribir y otras que dominaban varios idiomas y eran ilustradas. Había mujeres delicadas, enfermizas, fuertes y robustas. A todas las unía una cosa: el odio contra el fascismo y la fe y confianza en que sería vencido. Pero en el campo de concentración Olga había conocido por primera vez la que, tal vez, era la cara más temida del fascismo.

Allí Olga comprendió qué es lo que puede hacer de una persona un sistema como el fascismo. La Corneja o el mismo Kogel no habían nacido con un revólver en la mano o sedientos de muerte y venganza. Ella misma había vivido ese desarrollo. ¿Qué habría sido de La Corneja sin el fascismo? Con toda seguridad no sería aquella bestia anormal y taimada que ahora era; evidentemente, cada nazi era responsable de sus acciones, nadie debía aducir que quien era culpable era el sistema y no él o ella; pero más peligroso y peor que los casos individuales era el sistema que educaba a la gente en la villanía, en la mentira y en el asesinato. ¡Convertía a los seres humanos en bestias!

¡Cinco años! El trato fue empeorando paulatinamente. Ya no podía ser peor y más brutal: hambre, frío, trabajo hasta la extenuación, horas de pie en posición de firme, sin comer, encerradas en el búnker o en el barracón de castigo.

Las mismas penadas, que tanto habían padecido, no se podían imaginar –porque eran personas– que para los fascistas lo hecho hasta entonces solo era el inicio de un nuevo camino.

* * *

«Desean que seamos más eficaces», dijo el Dr. Irmfried Eberle a su asistente contemplando el sello numerador 17.500. «Ahora estamos en marzo. En días ya 17.500 piezas». Se rascó el bigote con el dedo. «Quizás comiencen a llegar 2.000 personas al día».

Para cuando terminaron el trabajo era medianoche. ¡Aún más rápidos! Esto no puede ser, pensó Eberle. Había organizado todo el trabajo allí y hasta entonces había funcionado bien. Himmler lo había felicitado personalmente.

Había elegido un buen lugar. Bernburg era una ciudad silenciosa, tranquila y pequeña. Los edificios se erguían junto a los viejos puentes y la chimenea de ladrillo, de 48 metros, de la caldera de aquel edificio, «mi sanatorio», como a él le gustaba llamarlo, pertenecía también al paisaje de la ciudad, como el castillo, la osera o los hallazgos de Solvay, mundialmente conocidos por sus productos químicos.

El sanatorio y centro sanitario existente desde hacía 85 años se alzaba a orillas de la ciudad. Aquel complejo de edificios, pensado para 40 pacientes, estaba rodeado por un jardín semejante a un aparcamiento en el que trabajaban los enfermos psíquicos. Un muro alto los separaba del exterior. Nadie en aquella ciudad había notado ningún cambio dentro de las instalaciones.

Cuando el hombre de las SS, el Dr. Eberle, llegó en otoño de 1940 con su bastón de mando, aisló un gran edificio doble de las demás casas del complejo, que siguieron destinadas a los pacientes. En diciembre de 1940 tomó posesión de su obra con satisfacción; solo más tarde necesitaron unas pequeñas mejoras.

Los que acababan de llegar, 80 en cada grupo, habían dejado los autobuses con cristales opacos en el jardín, junto al edificio II de los hombres. Habían llegado de noche, cuando ya los pacientes estaban en la cama. De los pisos más altos de las casas del entorno algunos ciudadanos habían observado la llegada regular de autobuses y un montón de gente bajando de ellos. Más tarde se levantó un garaje nuevo y grande en aquella casa de la caldera. Los autobuses entraban al jardín por el camino de atrás y se detenían en el garaje, cuyas puertas se cerraban enseguida. Mientras se bajaban los 80 últimos los primeros ya habían penetrado en el edificio por una segunda puerta pequeña. Luego un corredor largo, subir una escalera y una serie de puertas. Entraban en el vestuario donde se desnudaban y de allí al cuarto del médico, para ser examinados. Allí se les estampaba un número entre los omoplatos. Luego bajaban las escaleras, dos veces ocho peldaños, y atravesaban el sótano abovedado hasta llegar a un cuarto con azulejos de más o menos cuatro por tres metros cuadrados. El Dr. Eberle había discutido con los camaradas de las ss y determinado: si se les aprieta bien pueden entrar los 80 del autobús de una vez. Estaban muy prietos en aquella habitación cerrada con llave y hermética, que tenía boquillas de ducha en el techo pero carecía de desagüe en el suelo. Eberle sonreía satisfecho, la estancia no se podía prolongar por más tiempo. Presionó la palanca en el cuarto de al lado, se abrió la botella de gas y el contenido se extendió por los tubos saliendo por las seis boquillas del techo. Minutos más tarde estaban ya en la sala de disecciones aquellos cadáveres que según el número estampado interesaban al doctor para sus investigaciones médicas. Los otros muertos eran trasladados en vagonetas, a través de carriles, hasta los hornos crematorios.

El habilidoso Irmfried Eberle, a pesar de todo, no podía esconder a los habitantes de la ciudad de Bernburg una cosa: el humo espeso que salía por la chimenea.

* * *

Tocaba escribir en aquel día de invierno de 1941. ¡Cuántas lágrimas se derramaban en aquellas horas, cuánta nostalgia, amor, valentía y grandeza encerraban aquellas cartas sencillas de madres, esposas e hijas a sus seres queridos!

En aquel barracón 11 había silencio ese domingo por la tarde; solo se escuchaba el suave carraspeo de las plumas, suspiros reprimidos, un sollozo apenas contenido y el susurro de Rosel. Temía que sus cartas pudieran ser destruidas por ilegibles, de ahí que dictara a Olga. A Olga no le permitían escribir cartas.

La situación de Olga, tras la invasión de la Unión Soviética por Hitler en junio de 1941, había empeorado todavía más. Desde la Gestapo de Berlín había llegado la orden de castigarla con los trabajos más duros. Para colmo se le prohibió mandar cartas. Ahora escribía con letra clara y recta la carta que Rosel mandaba a sus hijos. Al principio del papel, formando una especie de arco, estaban impresas unas normas del campo de concentración.

> Cada presa preventiva puede mandar y recibir una carta o postal al mes... No se pueden recibir paquetes, sea cual sea su contenido... Cartas difíciles de leer no se pueden someter a censura previa, por tanto serán destruidas... No tiene sentido solicitar dimisiones en el campo de concentración.
>
> Mis queridas hijas:
>
> Siempre estoy pensando en vosotras, sobre todo en los años de vuestra infancia; tal vez fui demasiado dura, pero eso se debe a que no sé manifestar mi ternura. Mi único deseo era y sigue siendo el hacer de vosotras mujeres de bien. Espero haberlo conseguido. Ilse, quisiera que me dijeras todo y no me escondieras nada, no quiero estar alejada de vuestra vida. Me alegro de que os entendáis bien. Ruth, ¿sigues leyendo mucho? Es importante, aprender es algo que siempre se necesita, yo envidio a todos aquellos que saben. Me alegro en el alma de que mi ópera preferida te haya impresionado. Como madre me siento orgullosa de que mis hijas sean mujeres inteligentes y maduras.

—¿Qué ópera es? –interrumpió Olga a su amiga.

—*Fidelio*. ¡Cuánto me gusta la música! Venga, sigue escribiendo. «Mantened limpios y ordenados armarios y camas. Que no os entre la polilla. Cuando vuelva quiero terminar vuestros vestidos. Ruth, ¿sigues asistiendo a la hora de coro?».

—Rosel, piensa que son 30 líneas.

—Escribe más junto, ahora viene lo principal. Me he dado cuenta, por la carta, de que Ruth está preocupada por los éxitos del Ejército de Hitler en la Unión Soviética, por tanto, escribe: «Querida Ruth: entiendo que te agobies tanto por tu hijo y que dependas tanto de él». Sabe qué quiero decir con «tu hijo» –dijo Rosel interrumpiéndose en el dictado–. «Pero tú eres joven e inexperta, con los pequeños hay que contar con que tengan fiebre. Estoy convencida de que la muchacha tiene la fuerza suficiente para superar la enfermedad. No pierdo la esperanza de ser otra vez dichosa».

—Cuántos nombres –sonrió Olga–. Sabo hablaba siempre del «abuelo», tú escribes «muchacha», Martha la llama «mi hermano». Jozka la nombra «Ruda», que significa Rudolf y rojo a la vez; todas os referís al mismo país y todos los destinatarios saben el país al que os referís.

Cuando Olga escribió el nombre, el remitente y el número 2.928 de la presa, Rosel dijo: «Ya está».

Ruth Grunspan se acercó a la salida, Lore desapareció detrás del barracón. Rosel miró alrededor con sigilo y afirmó con la cabeza. Olga desplazó el pliego de carta y debajo apareció una hoja en blanco. Olga comenzó a dibujar. Calcaba los mapas del *Volkischer Beobachter* siempre que otras penadas le colocaban algún número debajo. Se levantó. Su diminuto atlas no le era en absoluto simpático. Las tropas nazis en el invierno de 1941 se habían adentrado ampliamente en la Unión Soviética. Estaba convencida de que en la retaguardia del ejército fascista combatían los partisanos rusos. Cuando en el campo de concentración se fue agriando el ambiente debido al avance de las tropas hitlerianas, Olga les dijo a sus amigas: «Estoy segura de que los nazis no viven en paz en los territorios ocupados, os doy mi palabra de que el pueblo no permanece pasivo. Existe resistencia en los pueblos y acciones militares en los bosques. Nadie me va a convencer de que el hombre soviético no se defiende».

Hoy, día de escribir, su atlas, que había pasado de mano en mano, debía convertirse en una hoja codiciada, en un mapa con más detalle. Iba a despertar alegría y emoción. Olga sabía en qué regiones combatían los partisanos.

Jamina, una valiente compañera polaca que trabajaba en la sastrería, lugar donde se remendaban los uniformes de los soldados heridos y muertos, al arreglar un bolsillo roto, encontró en él un papel. Desplegó la hoja doblada en mil partes y, tras leer los primeros renglones, levantó la chaqueta de negras manchas de sangre hasta el pecho, abrió los botones de su vestido y escondió en su cuerpo el fenomenal hallazgo. Su rostro enrojeció de alegría, no se lo podía creer: en su pecho, cuyo corazón le pareció latir demasiado alto –como si quisiera traicionarla– escondía una octavilla del Ejército Rojo. Se dirigía a los soldados alemanes y les informaba de la lucha exitosa de los patriotas rusos en la retaguardia.

Esa octavilla la tenía ahora Olga. En Ucrania y en muchas regiones entre la frontera polaca y Moscú estaban resultando eficaces las federaciones de partisanos. El lápiz, sin copia debajo, iba marcando con trazo seguro la división en el papel. Olga conocía de memoria el mapa de la Unión Soviética. Las zonas donde combatían los partisanos las marcó de rojo.

El invierno de 1941 fue para las penadas aún más duro que el anterior. En uno de aquellos terribles y gélidos días comentaban Rosel, Martha, Jozka y Ruth en la calle del campo de concentración: «Olga no va a sobrevivir, ayer trabajando se desmayó», decía Rosel. Las cuatro miraron llenas de odio aquel muro de nieve de dos metros de altura. Olga, por estar adscrita al comando de trabajo exterior, lo tenía más difícil, paro aun y todo para ella resultaba más duro quitar nieve que arrastrar carbón, quitar matorrales o levantar casas. El trabajo que hacían no tenía sentido, se les ordenaba palear la nieve de un lugar a otro: al día siguiente hacían el mismo trabajo pero al revés, es decir, trasladarla al lugar del día anterior. El trabajo solo tenía una finalidad: castigar.

—La fuerza de voluntad de Olga no hay quien la rompa, pero creo que su cuerpo se derrumba. –Rosel vio cómo las demás estaban a punto de llorar.

—No lo puedo creer –dijo Jozka–, es una de las mujeres más respetadas del campo de concentración y ahora que el Ejército Rojo está en una situación difícil ella sigue teniendo fe en la fortaleza de la Unión Soviética y, además, tiene la maravillosa capacidad de transmitir su confianza a los demás. Esto es muy importante, la necesitamos.

—Los mismos cerdos de las ss le tienen respeto, me he dado cuenta siempre de la especial rabia de La Corneja y del mismo Sonntag frente a ella –dijo Ruth–. ¿Pero cómo podemos ayudarla?

Callaron. Temblaban de frío en aquel invierno de hielo.

Frecuentemente, las compañeras cambiaban, tras el recuento y antes de ir a la puerta, a unas compañeras enfermas por otras; jamás habían faltado mujeres dispuestas a sustituir a compañeras debilitadas y a cargar sobre sus hombros con 12 horas de trabajo duro para aliviar un poco la vida de sus amigas enfermas. El problema era que Olga era demasiado conocida para hacer el trueque.

Los nazis continuaron con los castigos en medio del terrible invierno. Al comprobar la vigilante de la ropería, que cuidaba con rigor la prohibición de hablar que pendía sobre las judías, que dos mujeres del bloque 11 musitaban, todas las mujeres de dicho bloque tuvieron que permanecer fuera desde el mediodía. El gélido viento golpeaba su rostro con copos de nieve haciéndoles derramar lágrimas de frío; quien se atrevía a llevarse la mano a la cara era golpeada y pisoteada. Cuando, al fin, pudieron entrar en la barraca, al caer la tarde, les costó separar del suelo a las 50 mujeres desmayadas.

Pocos días más tarde le fue entregada a Olga, a pesar de la prohibición de correo –tal vez por la habilidad de una penada o quizá debido a un fallo de la administración–, una carta de Prestes. Con los dedos llenos de heridas por el frío, Olga alzó el sobre. En cuanto leyó la carta corrió hacia Rosel y abrazó a su amiga. Todas las políticas de la barraca se acercaron a Olga, por lo visto tenía una buena noticia.

—Imaginaos, él ha tenido visita, una verdadera visita, y además de un compañero.

Olga se lo imaginaba... Prestes es recogido de su celda, un viejo amigo y compañero de lucha se le acerca, se dan largamente la mano sin querer soltarse y acto seguido se abrazan sin verjas ni estorbos en medio. Cambian impresiones en alusiones: el compañero informa a Prestes sobre la situación mundial sin que el vigilante se dé cuenta de la conversación política. Carlos manifiesta lo que piensa. El compañero se sorprende y conmueve porque Prestes, a pesar de años de aislamiento y celdas de castigo, examina la situación con objetividad.

¡Qué bello habría sido que Olga supiera que el visitante era Blas Roca, el secretario del Partido Comunista de Cuba! Cuando Olga recibió la carta de Prestes el compañero Roca estaba ya en la capital de Uruguay, en Montevideo. Allí informaba a los camaradas en una sala abarrotada de gente, sobre el secretario general del Partido Comunista de Brasil y miembro del Comité Ejecutivo de la Internacional Comunista, Luiz Carlos Prestes; sobre su eterno optimismo y su admirable capacidad de, a pesar de estar encerrado en una celda tras barrotes, ser capaz de formarse una clara visión de la situación política mundial.

Olga leyó en alto a las amigas la carta de Prestes y les dijo con ojos brillantes:

—Atentas, él va a salir antes que nosotras, el ambiente entre la gente de Brasil, por lo visto, es tal que Vargas no puede seguir con su línea reaccionaria y tiene que orientarse más en dirección de los países que luchan contra Hitler.

Olga siguió hablando de Brasil hasta que las demás comenzaron a reírse.

—¿Por qué os reís? –preguntó extrañada.

—Parece como si estuvieras presente –respondió Rosel–, como si la carta de Prestes fuera un manual de política.

—No, no estuve presente, pero lo he vivido cientos de veces; Carlos me lleva escribiendo ya casi seis años desde la cárcel y sé lo que significa este pequeño cambio. La carta finaliza: «Un beso cariñoso... ach, esto no os importa». –Olga se había puesto roja.

Todavía seguía poniéndose colorada y es que amaba y quería a su hombre como el primer día porque había sabido conservar su limpieza interior, su dignidad. Todo intento por parte nazi de ensuciarla, humillarla y denigrarla fracasó.

Estaban en una larga fila desnudas y tiritando. Olga miró a su alrededor. ¿A quiénes habían traído de pronto a esta revisión médica? A todas las penadas del bloque 11, a muchas enfermas graves y a aquellas que tras el trato inhumano habían enloquecido en el campo de concentración. ¿Y por qué precisamente a estas? ¿Las judías y las enfermas? El Dr. Sonntag, la Dra. Herta Oberheuser –todos ellos temidos– y algunos otros médicos desconocidos estaban presentes.

El Dr. Sonntag –posiblemente estaba de nuevo borracho– fue sacando de la fila con la curva de su bastón a esta y aquella mujer, a quien le parecía bien, y las mandó girar de derecha a izquierda, las observó irónicamente y se perdió en chistes jocosos y comentarios soeces.

«Olga, sigues tan guapa como siempre. Esta acción se había pensado como elemento de denigración, pero tu mirada permanece altiva y digna, no te avergüenzas, sigues con la cabeza erguida y todas secundan tu ejemplo».

Cuando en el local comenzó a reinar intranquilidad por el examen médico, la administración difundió el rumor de que a estas penadas se les preparaba para un traslado y surgió entre ellas cierta esperanza. Habían vivido una horrible experiencia en Ravensbrück. Había penadas que habían sucumbido al hambre, habían fallecido heladas, habían muerto a consecuencia de palizas y malos tratos, otras asesinadas a tiros, algunas enfermas liquidadas por medio de inyecciones. Aún era desconocida la destrucción sistemática por las cámaras de gas y los hornos crematorios.

* * *

En el día de su cumpleaños, 12 de febrero, Olga trataba de demostrar a aquellas mujeres ateridas de frío que lo peor ya había pasado, que el invierno quedaba atrás, que en marzo ya no se podía hablar de frío. Por tanto, 14 días más, y punto final a aquel calvario.

—¿Sabéis?, me digo con frecuencia viéndome helada de frío: tú, idiota, tú piensas que el invierno es tu peor enemigo, pero va a resultar mucho más terrible para los fascistas que se han adentrado muchos kilómetros en la Unión Soviética. –Demasiados para su desgracia–. Y entonces me alegro temblando.

—¡Sí, como que el Ejército Rojo lo va a conseguir! –objetó una de ellas.

—Ellos están preparados especialmente, son mucho más duros. ¡Qué bueno sería estar ahora con el Ejército Rojo o con los partisanos, detrás de los nazis, y atacar a los fascistas en los bosques día y noche; meter el miedo en el cuerpo a gente como Kogel y Sonntag!

—Todo esto lo van a pagar –dijo Ruth pensando en la conexión existente entre los comandos exteriores con el personal civil.

—Aquellas de nosotras que sobrevivan van a tener que trabajar duro –dijo Olga.

Las compañeras guardaron silencio. No debía haber dicho «las que sobrevivan», pensó y añadió de inmediato:

—Dentro de 14 días celebraremos la primavera.

En aquel momento entró Jozka y corriendo hacia Olga la abrazó:

—Casi llego tarde, no tenía papel.

Jozka saco una bolsa rasgada de harina de debajo del mono de presidiaria:

—Mi regalo.

Signos de escritura cubrían aquel papel ajado. Los cuentos de Jozka eran famosos entre las presas, así que todas adivinaron el regalo.

—En el barracón hablo una mezcolanza de checo, polaco, ruso y alemán tratando de entenderme con todas, pero voy olvidando mi idioma materno, espero recuperarlo más tarde, cuando asuma de nuevo la dirección de *Die Saerin* –aclaró Jozka–. Este es un buen ejercicio.

No, sus cuentos eran bastante más que un buen ejercicio. Encerraban sus sueños sobre el paisaje, su país, los recuerdos de la naturaleza que tanto amaba, hablaban de las hermosas cualidades de los héroes verdaderos y proporcionaban a las presas consuelo y belleza.

—Jozka, tú misma debes leernos el cuento. ¡Lo haces tan maravillosamente bien! –Olga le dio la bolsa y Jozka comenzó a leer.

Era un espectáculo fantástico el ver cómo seguían el relato aquellas mujeres envueltas en las mantas, acurrucadas y escondidas tras los jergones, cubriéndose las orejas con pasamontañas hechos por ellas mismas o con trapos alrededor de la cabeza.

No se daban cuenta del blanco aliento que Jozka exhalaba con su lectura porque habían cerrado los ojos.

—Era una vez...

Seguían atentas el cuento de aquella muchacha bella y valiente a la que fuerzas malignas tenían encerrada en una jaula, vigilada por lobos veloces...

La voz de Jozka se hizo más suave. De nuevo sintió un inmenso dolor de cabeza, se colocó un pañuelo por delante de aquellos ojos claros y aquel rostro fino y enjuto con su amplia frente e hizo una mueca de dolor.

Fue el último cuento de Jozka.

Empeoró su estado de salud. Durante meses las compañeras lograron esconderla del enemigo más peligroso de las penadas, la Dra. Herta Oberheuser, la médica del campo de concentración. Las inyecciones de Oberheuser solo servían para dos cosas: o para experimentar con penadas o para hacerlas callar para siempre.

Una vez que Jozka yacía con fiebre en su litera, oyó una canción. Desde muchas gargantas subía hacia el cielo, nítido y fuerte, un canto ruso. Jozka gritó: «Esto solo puede significar una cosa, que el Ejército Rojo ha llegado».

Corrió a la ventana y vio el patio lleno de mujeres; tranquilas, conscientes, sanas y fuertes, con la mirada hacia el horizonte, seguían cantando. Jozka no supo que se trataba de un traslado de presas y cantó con ellas. Seguía aún cantando cuando llegó Oberheuser con su inyección letal. Trató de defenderse en el último segundo. Fue inútil, la arrojaron en una celda oscura del búnker y las compañeras ya no la vieron con vida.

* * *

Comenzó la primavera. Si hubiera dependido de los nazis seguro que habrían ordenado colgar delante del sol una inmensa lona negra para que sus rayos no proporcionaran alegría y relajo a aquellos rostros rotos y helados.

Ya a primeras horas de la mañana soplaba un viento suave de marzo. Quien entre las presas podía permitírselo se quedaba fuera. Nadie atendió a aquel camión con toldo negro que llegó al campo de concentración, incluso nadie se fijó en él aunque sus frenos chirriaron al detenerse.

«¡Listos para el traslado, listos para el traslado!».

Durante segundos se paralizó el campo de concentración. Se seguía gritando los números: judías, enfermas, enfermas psíquicas, eran aquellas presas que en diciembre fueron examinadas por los médicos.

Olga, Ruth y Rosel no se hallaban entre las llamadas.

Las incluidas sollozaban. «¿Qué van a hacer con nosotras?».

Olga se puso en contacto con las antifascistas.

«Tenemos que evitar que cunda el pánico. Vamos a dar crédito a la información de la administración, es decir, una parte va al hospital y las demás a un campamento de trabajo, va a ser mejor».

Enrollaron el toldo del camión y amigas que habían expuesto varias veces la vida las unas por las otras se abrazaron sollozando antes de separarse. Luego llegaron las enfermas. Una mujer paralítica fue llevada en camilla desde la enfermería y al ver a las compañeras reunidas movió los ojos en señal de saludo. Al momento dos hombres de las ss agarraron a la enferma y la arrojaron al camión por encima de las cartolas laterales. La sonrisa de sus ojos se trocó en contrariedad. A Olga le rechinaron los dientes. Era ya demasiado, primero aquella sonrisa valiente de niña al ver a sus amigas, luego la bestialidad... «Aquello jamás lo olvidaré, aunque el jamás puede ser corto para mí».

—Este transporte no va ni al hospital ni a un campamento de trabajo –dijo Olga a Martha y a las compañeras del bloque político que no estaban en la lista de las convocadas.

—¿Entonces adónde, adónde? –preguntó Martha mirando un tanto desesperada.

—Por qué andar con rodeos, somos comunistas: es un transporte camino de la destrucción.

Martha replicó:

—No pueden hacer esto. Nos pueden dejar morir aquí, pero meternos en un camión y llevarnos a alguna parte para destruimos sistemáticamente sería ya demasiado, bestial, horrible.

Esa tarde Olga habló a las llorosas mujeres del bloque judío.

—Pero ¿qué pasa con vosotras, por qué estos lamentos? Nuestra vida siempre está amenazada, de esto hemos hablado con frecuencia. Mientras no tengamos pruebas vamos a admitir que son traslados normales. Estamos tan apretadas que así no podemos continuar, tienen que alojarnos en alguna otra parte. Además, ya sabéis: quien se queja va a los perros, es decir, la devoran.

Al llegar el camión por segunda vez al campamento, a pesar de las palabras de Olga, se metieron corriendo en la barraca y se escondieron llorando detrás de las literas.

Olga salió fuera.

Era el mismo camión, pero no resonó ninguna llamada indicando ir al acercarse al furgón.

—Veis –dijo Olga al regresar otra vez al barracón–, no ha traído a nadie.

—¿Entonces por qué ha venido?

—Ha traído material. –Olga no dijo qué tipo de material había traído...

Un montón de ropa usada de presas, docenas de pares de zapatos, gafas, prótesis dentarias, pequeños recuerdos personales, entre ellos un registro de libro bordado: «A la querida mamá». ¡Qué orgullosa se había sentido la compañera ante el bordado de su hijita! Jamás se apartó de él, incluso cuando subió al camión lo llevó consigo en la mano.

Esa noche, al dar Olga las buenas noches a Carlos y a Anita, lloró.

Un segundo transporte en dirección a lo desconocido abandonó el campamento. Entre quienes habían quedado se encontraban Rosel, Olga, Ruth, Lea y Lore.

El ambiente en el bloque judío era de desesperación. Olga tenía poco tiempo para pensar en sí misma, trataba de aliviar a las presas de sus graves depresiones.

Era más consciente que algunas de las mujeres no políticas de que el fin se acercaba, pero no pensaba en él. Mientras la muerte no estuviera a un palmo de las narices vivía con el objetivo de sobrevivir al fascismo y animaba a las demás a hacer lo mismo. Su calma y el comportamiento de algunas otras compañeras del bloque 11 ayudaron a preservar a las mujeres del derrumbamiento total. Ayudó también que aquel camión de toldos oscuros no volvió más veces.

Creció la esperanza, igual las demás vivirían. No se podía transportar a todo el campamento, a miles, a cientos de miles, a la muerte.

La Pascua estaba a la vuelta de la esquina; en los días de fiesta, tras el recuento de la mañana, se autorizaba a pasear por las calles del campo de concentración. Les esperaban dos días sin trabajo y una comida mejor. Brillaba el sol y el ambiente había mejorado.

El domingo de Pascua el recuento de la mañana duró mucho más de lo usual. Cuando al fin pudieron moverse y pensaban únicamente en juntarse con las demás compañeras en la calle del campamento, ver otras caras distintas a las del propio bloque, hablar con otras gentes en secreto, escribirse cartas o regalarse pequeñas cosas... sonó: ¡Todas las penadas a los barracones y seis domingos sin comer por obstruir la canalización!

Solo después de algunas horas pudieron salir fuera. Y ya en la calle supieron, por las compañeras que tenían acceso a la cocina, por qué las habían castigado. Lo de la canalización era una excusa. El lunes de Pascua iba a haber una noche de confraternización a gran escala entre los camaradas de las ss y necesitaban la ración de carne de seis domingos de las penadas.

El lunes de Pascua los nazis se dedicaron a la preparación de su velada. Prepararon las salas e hicieron 80 pasteles, a las presas las dejaron un tanto a su aire. El sol seguía luciendo y las mujeres estuvieron paseando por la calle recta del campamento, con hambre pero felices. Incluso se atrevieron a hablar en grupo y las políticas entonaron suavemente una de sus canciones preferidas, que provenía de la guerra civil española, la canción del batallón Thalmann.

—Nos ocurre lo que a los pájaros –dijo Ruth–, cuando tenemos hambre es cuando mejor cantamos. ¡Olga, allí te llama alguien!

—¿Por qué no cantas? –le preguntó extrañada Rosel al verla de nuevo en su grupo.

Y Olga cantó como las demás. Solo cuando las penadas volvieron a los barracones Olga convocó a las compañeras del bloque.

Las mujeres la miraban y sabían que les aguardaba algo difícil. Olga calló y cuando al fin habló casi ya no hizo falta.

—Mañana llega el camión del toldo negro. Todas vamos a montar en él.

Se agarraron del brazo y formaron un semicírculo en silencio junto a la ventana. Aún quedaban ocho compañeras en el bloque.

Quien habló primero fue Rosel:

—¿Crees que es el final?

—Nunca hay que creer que es el final antes de que lo sea.

Por la noche se reunieron otra vez en la calle con las compañeras del bloque de las políticas y decidieron no informar a las personas incluidas en la lista y que estaban graves en la enfermería.

Mientras llegaba el eco del loco vocerío de los nazis, que estaban en plena celebración, dijo Olga:

—Lo más importante es convencer a todas de que a pesar de lo difícil de la situación la Unión Soviética vencerá. Ahora tenemos que darnos cuenta del trabajo que nos espera.

Estaban demasiado emocionadas para poder decir algo. Rosel abrazó a su amiga de Dresden y buscó el monedero que había trenzado Olga y alguna otra cosilla de otra compañera.

—Hemos llegado al final, dales esto a Ilse y Ruth. Bésalas de mi parte y diles que deben mantenerse siendo buenas comunistas.

Olga se quedó paseando con sus amigas de la barraca política. Estaba callada, les entregó el trozo del pañuelo azul de las mujeres brasileñas, una pequeña estrella roja hecha por Lea del mango del cepillo de dientes y otras pequeñeces, para ella cosas importantes. Las fotos de Carlos y Anita las guardó para sí. Al dar las últimas «buenas noches» a las compañeras las abrazó diciendo: «Hay que luchar por la vida hasta el final». Había comentado con otras la posibilidad de huir durante el transporte y proyectado el plan correspondiente. Ahora que todas se dirigían a la muerte le parecía justificado.

De noche, en la litera, mantuvo por última vez una conversación con Anita y Carlos.

> Queridos, mañana necesito toda mi fuerza y mi voluntad, no puedo pensar en cosas que me destrozan el corazón, que me son más queridas que mi propia vida, por eso me despido hoy de vosotros.
>
> Me resulta, pequeña, impensable no poder verte, no poder estrecharte otra vez entre mis ardientes brazos. Me gustaría peinarte, trenzarte la coleta –¡ah no, ya te la han cortado!–; no, así estás más guapa, con el pelo más libre y un poco más salvaje. Lo primero de todo te endurecería, te haría más fuerte, tendrías que correr en sandalias o descalza, retozaríamos fuera las dos. Tu abuela no estaría muy de acuerdo, pero nosotras nos entenderíamos muy bien. Tienes que cuidarla y respetarla durante toda tu vida, como lo hacemos tu padre y yo. Cada mañana haríamos gimnasia...
>
> Carlos, querido, querido, ¿tengo que renunciar para siempre a tu inmensa riqueza? ¡Aunque ya no me tocaras, pero si me miraras o sonrieras...! Os amo tanto que estoy agradecida a la vida por haberme dado a vosotros; solo ese feliz encuentro con vosotros, los tres juntos, que tantas veces he imaginado, no se ha podido realizar. ¿No voy a poder ver lo orgulloso y feliz que estás de Anita? Mi querida Anita, mi querido esposo, mi Garoto, hoy lloro debajo de la manta para que nadie lo oiga, hoy me pasa como si me fallaran las fuerzas para sobrellevar esto tan horrible y precisamente intento ahora despedirme de vosotros, para no desfallecer en los últimos momentos que me esperan. Después de esta noche quiero vivir para el corto futuro que me aguarda. Voy a dormir para estar mañana entera. Os beso por última vez.

Olga intentó no pensar en nada, el corazón comenzó a golpear más sosegadamente, sintió agradecida cómo el sueño adormecía sus sentimientos.

De pronto se despertó sobresaltada. ¿Cómo podía estar adormilada las últimas preciosas horas que le quedaban de vida? ¿Qué pasará mañana a estas horas? El cerebro ya no pensará más, la boca que hoy respira se quedará abierta para siempre, los ojos ahora emborronados de lágrimas se volverán opacos, la vida se está acabando, no la vida de alguien sino la tuya, ¡la tuya! ¡No, no, no! Quiere seguir viviendo, no puede morir, quiere gritar, vocear, huir, esconderse.

No había salida.

Es mejor que me mate antes de que vengan los nazis, salir corriendo hacia las alambradas electrificadas...

Ahora le parece oír la orden de La Corneja tal y como ya se lo había imaginado otras veces: «¡Quitad la electricidad!». El cuerpo crispado y tenso sería soltado de la valla y La Corneja diría: «Bien, una menos para comer».

Cuando vio el rostro de La Corneja ante sí y pensó en Kogel y Sonntag se tranquilizó. Se quitó el sudor de la frente: ¿qué había pasado? ¡Temores de muerte!

¡Carlos, Anita, perdonadme! Musitó sus palabras maravillosas: Sabo, el partido, solidaridad, el Ejército Rojo...

Olga agarró a Lea y a Lore. Las muchachas habían gritado y golpeado a su alrededor al tener que subirse al camión. Ahora permanecían sentadas, sin moverse, apoyadas en el hombro de Olga, como si durmieran. Si Olga estaba tan tranquila y tan amable con ellas, si podía contarles cuentos y sonreírles, es que no caminaban hacia la muerte. Ya les había dicho que iban a un nuevo campamento. Olga jamás las engañaría.

Llevaban ya varias horas en camino. Se habían parado dos veces y en ambas Olga había sacado en la semioscuridad del camión papel y lápiz y escrito: «Estamos en Buch, cerca de Berlín, ahora partimos de Dessau, no nos están tratando mal».

Cuando el camión vuelva con las ropas al campo de concentración las compañeras de Ravensbrück se fijarán en los números de las presas y extraerán el papel de la costura y así sabrán el camino por donde discurre el camión.

En la tercera parada Olga no supo determinar dónde se encontraban. En medio de la oscuridad se habían parado en un garaje. Bajaron allí y por una pequeña puerta entraron en un edificio. Cuando en la antesala de la habitación del médico les ordenaron desvestirse Olga pudo esconder rápidamente el trozo de papel con la indicación de su ruta no totalmente acabada en la costura.

¡Cómo le habría gustado cumplir su última tarea!

EPÍLOGO

Un libro sobre Olga no se puede acabar sin hablar de las personas que ella más amó.

Ni Prestes en las mazmorras de Brasil ni quienes cuidaban de Anita supieron nada de la muerte de Olga. Cuando Anita tenía seis años murió la abuela a la que tanto había querido la niña. El día del entierro de doña Leocadia no se trabajó en la capital de México, el pueblo acompañó a la mujer, a la que apodaron «madre heroica», en su último adiós. Solo uno faltó en esa gran manifestación de tristeza de cientos de miles de personas: su querido hijo. Miembros del Gobierno mexicano solicitaron del brasileño que autorizaran a Prestes a despedirse de su madre, pero el Gobierno brasileño rechazó el ruego. Dos años más tarde, en abril de 1945, bajo presión del movimiento popular, el Gobierno reaccionario tuvo que abrir las puertas de la cárcel y soltar a Prestes. Cuando tras nueve años de cárcel saludó por primera vez el mar, los montes y el cielo, se olvidó del horrible pasado y pensó en Olga y Anita, en una vida compartida por los tres.

Prestes, muy debilitado físicamente, no paró de trabajar. «Carlos no tiene calendario», decían los compañeros. Para él no había domingos y festivos. Cuando salió de la cárcel, el Partido Comunista Brasileño, durante muchos años perseguido y difamado, contaba solo con 3.000 miembros. Seis meses más tarde se celebraron las elecciones. El partido obtuvo 600.000 votos y Prestes fue elegido senador en el Parlamento. Por ese tiempo se enteró por primera vez de que Olga había sido asesinada. No lo podía creer. Conocía su valor, su capacidad para encontrar una salida en situaciones difíciles, y había contado con que sería capaz de escapar de los nazis. Habían pasado ya diez años desde que se separó de ella y a pesar de todo ese golpe le afectó tanto como si ella hubiera vivido hasta el último momento con él. Un futuro sin ella le pareció un terrible cambio en su vida.

Solo una breve noticia de un periódico informaba de la próxima llegada de Anita a Brasil. Eso bastó para que el 28 de octubre de 1945 se juntaran en el aeropuerto miles de personas para saludar a la hija de Prestes. La presencia de tanta gente no influyó en él. Prestes avanzó hasta el avión, prescindiendo de lo que ocurría a su alrededor.

La tripulación miró inquieta ante la multitud que avanzaba. Se habló y se retuvo a todos los pasajeros, solo a una pequeña muchacha todos le hicieron hueco. Corrió y saltó el último peldaño de aquella escalera arrimada al avión poco antes. Tenía la frente de Olga, su misma boca, su manera de andar... La tomó en sus brazos, era la hija que Olga había parido, que tanto quería y amaba, su niña.

—Hijita –le dijo.

Apretó su cabeza contra sus hombros y restregó su rostro en la áspera chaqueta. Por el movimiento del cuerpo de la pequeña, que le agarraba con sus brazos, sintió que Anita lloraba.

La gente silenciosa bajó la vista.

Comenzaba una hermosa época para ambos. En cuanto Prestes se libraba del trabajo iba con Anita al puerto, a los montes, a aquella cascada de agua pequeña y plateada, todos ellos caminos que había recorrido con cierta frecuencia con Olga. La mano de Anita descansaba en la de su padre, ella le hacía preguntas y él le respondía con seriedad y respeto, como si se tratara de una conversación entre mayores. Pero lo que más le gustaba a Carlos, cuando Anita estaba bien, era bajar corriendo los montículos o hacer diabluras con el perrito que le había regalado en recuerdo a los escritos de Olga, que amaba tiernamente a los cachorros de los animales.

En mayo de 1947 se prohibió de nuevo el Partido Comunista. Prestes tuvo que esconderse y Anita preguntaba a diario por su padre. «Está de viaje, pero pronto volverá. Sé aplicada en la escuela, él se alegrará», le decía Lygía a aquella muchacha, haciendo las funciones de madre. Los compañeros quisieron darle una alegría a Prestes y llevarle a su hija, pero era imposible, allí donde iba la hija estaba la Policía vigilante. No la dejaban ni a sol ni a sombra, a través de la hija querían detener al padre. Vivir así era difícil y doloroso, sobre todo para una niña; el padre quería para su hija un medio más acogedor y le propuso a Lygia que marchara con Anita a la Unión Soviética.

Prestes tuvo que vivir durante nueve años en la clandestinidad, durante nueve años lo buscó la policía incesantemente y sin resultado alguno.

A partir de 1956, aunque el partido seguía siendo ilegal, la situación se aflojó un tanto y Prestes, al que las autoridades habían dado varias veces por muerto para esconder ante el mundo su incapacidad, pudo abandonar su escondite.

Anita se encontraba en Moscú en su último año escolar. Fue un día soberbio para el padre cuando supo que había aprobado el examen final y había sido premiada con la medalla de oro. ¡Qué feliz se habría sentido Olga!, pensó sin saber que ella, una vez, teniendo a Anita en sus brazos, en la cárcel, había soñado con esa distinción.

Anita habría podido regresar a Brasil, pero ¿merecía la pena desarraigarla de aquella vida a la que se había acostumbrado y meterla dentro de un clima peligroso para los comunistas? Anita misma fue quien se decidió enviándole una carta. «Quisiera volver y ayudarte, papá». Cuando pisó Brasil de nuevo con 19 años su primer trabajo político fue hacer una campaña en favor de Prestes que, una vez más, tuvo que esconderse de la policía. Así como antes había luchado la madre por el hijo, combatía ahora la hija por el padre. Se movió de reunión en reunión exigiendo la libertad plena para Prestes y lo consiguió con la ayuda de todas las gentes progresistas. Por fin el padre pudo vivir libremente con Anita y Lygia en Río de Janeiro.

* * *

Berlín, diciembre de 1959. Rostros jóvenes miran hacia el orador, esperan impacientes sus palabras.

Una gran pancarta cuelga en la pared de una sala abarrotada: «Saludo fraternal al líder del valiente pueblo brasileño, al Caballero de la Esperanza».

El compañero Prestes ha venido a Alemania para hablar a nuestros estudiantes. Ha visitado Ravensbrück, ha estado a orillas del lago, ese lago que tanta nostalgia levantó en el corazón de Olga, la cala poblada de cañas donde tan duramente tuvo que trabajar su esposa. También ha estado en Friedrichsfelde, en la tumba de su amigo Arthur Ewert, muerto hace medio año. Ha visitado nuestras fábricas, las más bonitas de la ciudad, y se ha alegrado por esta savia joven.

Su última tarde en Alemania la dedicó al libro sobre Olga. Expuso sus recuerdos emocionado, tierno y de manera sencilla. Puso a disposición las cartas de Olga tal y como las había conservado en la cárcel.

Un año después, en enero de 1961, pude yo abrazar a Anita. Seguía pareciéndose a ambos, al padre y a la madre. Posee la mirada de Prestes y su manera de hablar; es alta y delgada y tiene el pelo espeso y obstinado de Olga, cambios rápidos de expresión facial y unos preciosos dientes blancos. Es un tanto callada, pero cuando habla de Brasil, de sus relaciones con su país, se vuelve animada y locuaz.

Anita, tal vez tú no entiendas la emoción de los viejos compañeros, pero hace exactamente 32 años que los vigilantes de la cárcel de mujeres de la calle Barnim te arrancaron de los brazos de Olga. Y aquello que tanto deseaba aquella noche se ha cumplido: está ante mí una joven luchadora por la libertad de su pueblo.

* * *

Quisiera agradecer a todos los amigos que conocieron a Olga y que me hablaron de ella. Antiguos miembros de la Unión de Juventudes Comunistas del distrito de Neukölln de Berlín, siguiendo mi propuesta, intercambiaron recuerdos. Se reunieron más de treinta compañeros. Uno de ellos se colocó delante y desdobló un pendón; lo saludamos en silencio, era el pendón del grupo Budjonny, al que tanto cariño tenía Olga. El pasado se hizo presente de una manera viva. Apareció Olga en las primeras filas de la manifestación ya en las épocas de estudiante, contenta, inteligente, valiente y siempre presente. Pedí a todos aquellos que, sin duda, conocían sus debilidades mucho mejor que yo que las expusieran para tener su verdadero rostro. Los compañeros asintieron y callaron, cavilaron pero siguieron en silencio. No encontraban debilidades dignas de mención. En Moscú encontré a amigos de Olga que habían trabajado con ella en el Comité Comunista Internacional, el piso resultaba pequeño para acoger a tantos. Hablaron del congreso del activo Komsomol en el que participó Olga por primera vez, de su trabajo político, la recordaron transportando ladrillos con entusiasmo en el *Sabbotnik*.

De los otros ladrillos, que durante 12 largas horas tenían que descargar de las gabarras bajo el látigo de los vigilantes, contaron las compañeras de Olga que sobrevivieron al campo de concentración. Erika Buchmann, que en su libro *Frauen von Ravensbrück* cuenta y recoge lo acontecido en este campo de concentración y que conoció a Olga de joven en Munich, nos habla de ella. María Kuhn presentó dibujos del tiempo que estuvo con Olga en el campamento. Martha envió sus colaboraciones desde Austria, y Margot, que había compartido con Olga la celda de las madres en la calle Barnim, también nos habló de Olga. Minna Ewert escuchó sin pestañear recuerdos de Sabo y Arthur; luego, ella misma comenzó a hablar del duro pasado. Contó cómo ella en mayo de 1947 obtuvo por fin el permiso para viajar a Brasil y recoger a su hermano enfermo que, a pesar de los esfuerzos de los médicos por sanarlo, ya jamás se puso bien. Cuando acabó de hablar de Arthur y quiso mostrarnos las cartas de Sabo, sus manos comenzaron a temblar y las lágrimas cubrieron su rostro amable y cargado de años.

¡Toda esta gente maravillosa quería a Olga! Continúan adelante con el trabajo para el que Olga vivió y murió, por eso este libro no debe ser un libro triste.

Entre las cosas que quedan de aquellos tiempos macabros de los campos de concentración existe un pequeño tren, hecho de pan en la soledad de la noche.

Pero el vagón gira y gira, hacia el futuro, hacia el comunismo.

Este libro,
OLGA BENARIO
UNA VIDA POR LA REVOLUCIÓN,
se terminó de diseñar, componer y maquetar en Bilbao,
en el taller gráfico de MONTI DISEINU GRAFIKOA,
utilizándose la familia tipográfica Celeste
creada por Chris Burke en 1990,
82 años después de que Olga Benario fuera trasladada,
con varias compañeras, del campo de concentración de Ravensbrück
al campo de exterminio de Bernburg
donde fue ejecutada en una cámara de gas; todavía hoy, su valentía
sigue siendo un faro de resistencia contra la opresión.